Die Haftung des Rechtsanwalts gegenüber Dritten für fehlerhafte Auskünfte im koreanischen und deutschen Recht

Europäische Hochschulschriften Recht

European University Studies in Law

Publications Universitaires Européennes de Droit

Band/Volume **6814**

Kaeun Kim

Die Haftung des Rechtsanwalts gegenüber Dritten für fehlerhafte Auskünfte im koreanischen und deutschen Recht

Eine rechtsvergleichende Untersuchung über die Haftung aus culpa in contrahendo

PETER LANG

Berlin · Bruxelles · Chennai · Lausanne · New York · Oxford

Bibliografische Information der Deutschen Nationalbibliothek
Die Deutsche Nationalbibliothek verzeichnet diese Publikation in der Deutschen Nationalbibliografie; detaillierte bibliografische Daten sind im Internet über http://dnb.d-nb.de abrufbar.

Zugl.: München, Univ., Diss., 2024

D 19
ISSN 0531-7312
ISBN 978-3-631-93208-7 (Print)
E-ISBN 978-3-631-93346-6 (E-PDF)
E-ISBN 978-3-631-93347-3 (E-PUB)
DOI 10.3726/b22664

Verlegt durch Peter Lang GmbH, Berlin (Deutschland)
info@peterlang.com

Diese Publikation wurde begutachtet.

www.peterlang.com

Vorwort

Die vorliegende Arbeit wurde im Wintersemester 2024/25 als Dissertation von der Juristischen Fakultät der Ludwig-Maximilians-Universität München angenommen. In erster Linie darf ich mich bei Herrn Prof. Dr. Stephan Lorenz sowohl für dessen Unterstützung, als auch für fachliche Begleitung bedanken, was mir während meiner gesamten Forschungsarbeit von unschätzbarem Wert war. Ohne seine ständige Hilfe wäre dieses Werk nicht möglich gewesen. Er, den ich als Wissenschaftler und Mensch am meisten bewundere, war der größte Unterstützer dieses Abschlusses. Ich möchte auch dem zweiten Gutachter, Herrn Prof. Dr. Anatol Dutta für seine Begutachtung danken. Ein besonderer Dank geht an Frau Doris Kohlmann von Promotionsamt, die mir eine große Hilfe war.

Zu Dank verpflichtet bin ich auch Herrn Prof. Dr. Dres. h.c. Ulfrid Neumann mit seiner Frau für ihre Unterstützung und ihre Herzlichkeit, die mir sehr geholfen und meinen Aufenthalt unvergesslich gemacht haben. Daneben möchte ich auch Frau RA Dr. Nathalie Thorhauer mit ihrer lieben Familie herzlich für ihre wertvolle Mithilfe danken. Mein Dank gilt noch sowohl all die Kollegen, die ich in der Uni kennengelernt habe, als auch meine Freunde, besonders Yewon und Jisu, die mir im Chaos der Pandemie eine große Stütze waren. Erwähnt sei noch, dass Herr Prof. Dr. Ho-Young Song mich bei der Aufnahme meines Promotionsstudiums stark unterstützt hat. Für die Erstellung des Gutachtens zur Bewerbung für ein DAAD-Stipendium bin ich auch Herrn Prof. Dr. Hyeong-Kyu Lee und Herrn Prof. Dr. Kye-Chan We dankbar. Letztlich möchte ich der LMU München und dem Verlag Peter Lang dafür danken, diese Schrift zu veröffentlichen.

Es ist mir eine große Ehre, diese Doktorarbeit meinem Vater, meiner Mutter und meiner Schwester Eunhee zu widmen, denen ich mit jedem Dank verschuldet bin.

Nun würde ich mich von Deutschland verabschieden, was die Quelle all meiner Traurigkeit, der Zuneigung und der Frustration und der Hoffnung in den letzten Jahren war. Dieses Land hat mir die Möglichkeit gegeben, mich neuen Herausforderungen für das Wachstum zu stellen, und es hat dafür gesorgt, dass ich mein Studium in Gesundheit und Sicherheit beenden konnte. Für alles, was es mir gegeben hat, und für alles, was es mir nicht gegeben hat, danke ich ihm.

Inhaltsverzeichnis

Abkürzungsverzeichnis

Abs.	Absatz
AcP	Archiv für die civilistische Praxis
a. F.	alte Fassung
Anw-Bl.	Anwaltsblatt
Art.	Artikel
AT	Allgemeiner Teil
Aufl.	Auflage
AZ	Aktenzeichen
Bd.	Band
BeckOGK	Beck Online Großkommentar
BeckOK	Beck Online Kommentar
BGB	Bürgerliches Gesetzbuch
BGH	Bundesgerichtshof
BGHZ	Bundesgerichtshof Zivilsachen
BRAO	Bundesrechtsanwaltsordnung
BT	Besonderer Teil
BT-Drs.	Drucksache des Deutschen Bundestages
bzw.	beziehungsweise
c. i. c.	culpa in contrahendo
DB	Der Betrieb
ders.	derselbe
d. h.	das heißt
Diss.	Dissertation
DS	Die Sachverständigen
Ed.	Edition
etc.	et cetera
f.	folgende
ff.	fortfolgend
Fn.	Fußnote
FS	Festschrift
ggf.	gegebenenfalls
h. M.	herrschende Meinung
HB	Handbuch
Hrsg.	Herausgeber
hrsg.	herausgegeben

HUFS	Hankuk University of Foreign Studies
i. S. v.	im Sinne von
i. V. m.	in Verbindung mit
insb.	insbesondere
J.Japan.L.	Zeitschrift für Japanisches Recht/Journal of Japanese Law
JURA	Juristische Ausbildung
JuS	Juristische Schulung
JZ	Juristenzeitung
KBGB	Koreanisches Bürgerliches Gesetzbuch
KOGH	Koreas Oberste Gerichtshof
Komm	Kommentar
KoKomm	Kommentar zum koreanischen Bürgerlichen Gesetzbuch
LG	Landgericht
LMK	Lindenmaier-Möhring – Kommentierte BGH-Rechtsprechung
MDR	Monatsschrift für Deutsches Recht
m. E.	meines Erachtens
MünchKomm	Münchener Kommentar zum Bürgerlichen Gesetzbuch
n. F.	neue Fassung
NJW	Neue Juristische Wochenschrift
NJW-RR	NJW Rechtsprechung-Report Zivilrecht
Nr.	Nummer
NZM	Neue Zeitschrift für Miet- und Wohnungsrecht
OLG	Oberlandesgericht
OR	Schweizerisches Obligationenrecht
RG	Reichsgericht
RGZ	Reichsgericht in Zivilsachen
Rn.	Randnummer
S.	Seite oder Satz
sog.	sogenannt
u. a.	unter anderem
Urt.	Urteil
usw.	und so weiter
v.	von
v. a.	vor allem
VersR	Versicherungsrecht (Zeitschrift)
vgl.	vergleiche
WM	Wertpapiermitteilungen, Zeitschrift für Wirtschafts- und Bankrecht

WPO	Wirtschaftsprüferordnung
z. B.	zum Beispiel
ZHR	Zeitschrift für das gesamte Handelsrecht und Wirtschaftsrecht
ZIP	Zeitschrift für Wirtschaftsrecht
zit.	zitiert als
ZR	Zivilrecht
z. T.	zum Teil

Teil 1. Einleitung

Angesichts der zunehmenden Spezialisierung durch Arbeitsteilung sind die Teilnehmer am Rechts- und Geschäftsverkehr vielfach auf fremde Informationen angewiesen.[1] Insofern gewinnt in einer arbeitsteiligen Gesellschaft die Auskunftserteilung durch Experten eine überragende Bedeutung.[2] Der Rechtsanwalt als Auskunftsgeber spielt auch im Rechtsverkehr eine große Rolle. Daher ist es nicht verwunderlich, dass ein anwaltliches Gutachten in vielen Lebensbereichen genutzt wird. Das Risiko der Falschheit des Gutachtens selbst ist allerdings nicht auszuräumen.[3] Eine solche Problemlage zeigt sich deutlich, wenn beispielsweise fehlerhafte Auskünfte vom Rechtsanwalt ihre Empfänger dazu veranlassen, gewisse Vermögensdispositionen zu treffen. Freilich geschieht dies häufig in der Weise, dass diese falschen Auskünfte bei Vertragsverhandlungen gegenüber der Gegenpartei unmittelbar abgegeben oder vom Auftraggeber (Mandanten) an fremde Dritte (die später Geschädigten) weitergeleitet werden. Falls die Einschaltung von Experten in die Vertragsverhandlungen oder einen Vertragsabschluss aber zur Entstehung von Schäden führt, stellt sich die Frage nach ihrer Haftung für fehlerhafte Auskünfte (sog. **Auskunftshaftung**). Entsteht dem Auftraggeber ein Schaden, lässt sich dieses Problem relativ einfach dadurch lösen, dass man ihm den Anspruch aus dem zugrundeliegenden Vertrag einräumt, Schadensersatz zu verlangen. Dieses Problem wird jedoch deutlich komplizierter, wenn etwa durch falsche Auskünfte der Schaden nicht seinem Auftraggeber, sondern dem Dritten zugefügt wird, an den die Informationen weitergegeben wurden.[4] Das liegt vor allem daran, dass zwischen Rechtsanwalt und Dritten keine vertragliche Beziehung vorliegt. Aus diesem Grund wäre eine Anspruchsgrundlage für die Geschädigten schwer zu begründen. In diesem Zusammenhang ist von großer Bedeutung, wie eine Haftungsgrundlage herauszufinden ist, aufgrund derer die jeweilige Haftung den Rechtsanwälten als den dafür Verantwortlichen zugerechnet wird.

---

1 *Kim*, Expertenhaftung, S. 1.

2 *Lee*, Dong-A Law Review 60 (2013), 99, 99; *Choi*, The Journal of Property Law 11/1 (1994), 131, 131; *Kim*, The Korean Journal of Civil Law 25 (2004), 3, 3.; *Choi*, Dan-Kook Law Review 23/1 (1997), 243, 243; *Do/Kim*, Ho-Seo Journal of Social Sciences 18/1 (1999), 103, 105; *Koch*, AcP 204 (2004), 59, 59; *Gellmann*, S. 1; *Pinger/Behme*, JuS 2008, 675, 675.

3 *Tarman*, S. 2.

4 *Koch*, AcP 204 (2004), 59, 60.

Hierzu gehören vor allem Fragenkomplexe derart, welche Anspruchsgrundlagen zum Schadensersatz in Betracht kommen.

Das Hauptziel der vorliegenden Untersuchung besteht somit darin, dieses Problem im Rahmen der beruflichen Anwaltshaftung für die Auskünfte ausführlich darzustellen und rechtsvergleichend zu analysieren, um festzustellen, wie das Problem in den jeweiligen Rechtssystemen mit verschiedenen Deliktsregeln zutreffend gelöst werden kann. Dafür wird ein rechtsvergleichendes Erkenntnisinteresse verfolgt, wobei hier das deutsche und das koreanische Rechtssystem als Forschungsgegenstand in Bezug genommen werden. Kurz: Das Thema der vorliegenden Studie lautet „Die Haftung des Rechtsanwalts gegenüber Dritten für fehlerhafte Auskünfte im koreanischen und deutschen Recht". Vor dem Hintergrund der unterschiedlichen Rechtslagen in der Gesetzgebung sowie der Rechtsanwendungspraxis zielt diese Untersuchung letztlich darauf ab, mithilfe der Rechtsvergleichung die dogmatischen Haftungsgrundlagen der Auskunftshaftung in beiden Rechtssystemen klar herauszuarbeiten.

Die Arbeit gliedert sich in folgende drei Teile.

Im ersten Teil wird die bisherige Diskussionslage im koreanischen Recht erläutert. Im Hinblick auf die deliktische Lösung, die in der Praxis bevorzugt wird, werden ihre Haftungsvoraussetzungen dargestellt und bewertet. Dabei können auch die vertraglichen Ansätze wie die Konstruktionen des Vertrags mit Schutzwirkung zugunsten Dritter und die Dritthaftung aus c.i.c. als vertragliche und vorvertragliche Lösung identifiziert werden.

Im zweiten Teil geht es ähnlich wie im ersten darum, den theoretischen Rahmen dieser Studie abzugrenzen. Dabei gilt es, die dogmatische Haftungsgrundlage der Auskunftshaftung des Rechtsanwalts gegenüber Dritten im deutschen Recht aufzuzeigen. Blickt man auf die Diskussion zur Auskunftshaftung des Rechtsanwalts in Deutschland, so lassen sich grob zwei verschiedene Lösungsansätze identifizieren, die sich durch den Dualismus des geltenden Rechts aus Vertrags- und Deliktsrecht auszeichnen.[5] Der erste Lösungsansatz orientiert sich an der vor- und vertragsrechtlichen Haftung (vertragliche Lösung), während der zweite die deliktsrechtlichen Haftungsnormen als Rechtsgrundlage nehmen (deliktische Lösung). In Bezug auf den deliktischen Lösungsweg stehen §§ 823 und 826 BGB im Mittelpunkt. Zu den vertraglichen Lösungen gehören die Rechtsinstitute des stillschweigend geschlossenen Auskunftsvertrags zwischen Rechtsanwalt und Dritten sowie der Vertrag mit Schutzwirkung zugunsten Dritter. In diesem Zusammenhang ist auch die Eigenhaftung von Experten wie Rechtsanwalt aus

---

5 *Bell*, S. 148.

c.i.c., die durch die vorvertragliche Sonderverbindung als vertragsähnlich charakterisiert wird, zu erörtern. Hier steht im Mittelpunkt, die abstrakten Voraussetzungen des § 311 Abs. 3 BGB, in dem die Haftung gegenüber Dritten aus c.i.c. verankert ist, genauer zu konkretisieren. Im Vordergrund steht auch die Frage, ob und inwiefern durch § 311 Abs. 3 S. 2 BGB die Auskunftshaftung sachgerecht gelöst werden kann.

Im letzten Teil wird zunächst dargestellt, welche Lösungswege die beiden Rechtsordnungen zur Verfügung stellen, wie sie dogmatisch strukturiert sind und welche theoretischen Defizite zu beobachten sind. Dann sind für beide Rechtssysteme zu beleuchten: 1) Gemeinsamkeiten der jeweiligen dogmatischen Konstruktionen von beiden Ländern, 2) Vorteile und Nachteile der länderspezifischen Lösungswege in praktischer Hinsicht. Auf dieser Basis wird letztlich versucht, einen eigenen Lösungsvorschlag zu erarbeiten. Zu erwähnen ist auch, dass es in Korea keine allgemeinen gesetzlichen Regelungen über die Dritthaftung von Sachverständigen wie Rechtsanwälten gibt. Angesichts dessen, dass das koreanische Zivilrecht unter dem Einfluss der deutschen Rechtsordnung steht und seine Wissenschaft dieses Institut aus Deutschland übernommen und weiterentwickelt hat, stellt sich die Frage, ob sich die c.i.c. nach der Schuldrechtsreform in Deutschland für die anwaltliche Dritthaftung im koreanischen Recht fruchtbar machen lässt.

Teil 2. Die Haftung des Rechtsanwalts gegenüber Dritten für fehlerhafte Auskünfte im koreanischen Recht

Im zweiten Teil der vorliegenden Arbeit wird die bisherige Diskussionslage im koreanischen Recht ausführlich untersucht. Zunächst handelt es sich um die Definition einiger Begriffe wie Auskunftshaftung, die in dieser Arbeit thematisiert werden (Teil A: Gegenstand der Untersuchung). Im Hinblick auf die deliktische Lösung werden ihre Haftungsvoraussetzungen im KBGB nach Ansicht der herrschenden Meinung und Rechtsprechung dargestellt und theoretisch bewertet (Teil B: Deliktshaftung). Als vor- und vertragliche Lösungen werden die Konstruktionen des Vertrags mit Schutzwirkung zugunsten Dritter (Teil C: Vertrag mit Schutzwirkung zugunsten Dritter) und die Dritthaftung aus c.i.c. erörtert (Teil D: Die Dritthaftung aus c.i.c.). Hierbei geht es vor allem darum, ob der Anwendungsbereich dieser vertraglichen Ansätze sich auf die Auskunftshaftung des Rechtsanwalts gegenüber Dritten erstrecken können, obwohl die deliktische Generalklausel im KBGB einen umfassenden Vermögensschutz zubilligt. Schließlich werden Fazits aus der Untersuchung gezogen (Teil E: Fazit).

A. Gegenstand der Untersuchung

I. Definition

Ziel der Arbeit ist es, wie bereits erwähnt, die anwaltliche Auskunftshaftung gegenüber Dritten haftungsrechtlich darzustellen und rechtsvergleichend zu analysieren. Für die weitere Untersuchung ist es daher in erster Linie geboten, einige Begriffe mithilfe der deutschen Literatur deutlich zu klären, da diesbezüglich sich keine einheitliche Definition in der koreanischen Literatur finden lassen. Zwar lässt sich keine eindeutige Definition in der koreanischen Literatur finden. Aber die in der deutschen Literatur gebrauchte Definition kann für das koreanische Recht fruchtbar gemacht werden, da kein großer Unterschied zwischen den anwaltlichen Tätigkeiten (z. B. Beratung, Auskunftserteilung oder Gutachtenerstellung) und Funktionen in beiden Ländern besteht.

Wie in Deutschland kann auch ein Rechtsanwalt in Korea gegenüber seinem Auftraggeber (Mandanten) oder anderen Personen haften, wenn er seine Pflichten aus Vertrag oder Delikt schuldhaft verletzen.[6] Das heißt: Die Anwaltshaftung als Oberbegriff umfasst die Haftung des Rechtsanwalts gegenüber seinem Mandanten oder Dritten.[7] Darunter fällt die Auskunftshaftung des Rechtsanwalts. Bei der Auskunftshaftung handelt es sich im weiteren Sinne um die Haftung des Rechtsanwalts für verschiedene Arten von Informationen (z. B. Rat, Gutachten, Expertise, Stellungnahme usw.). Die vieldiskutierte Problematik liegt vor allem in der Auskunftshaftung des Rechtsanwalts als Experten gegenüber anderen Personen, bei denen keine vertraglichen Beziehungen zum Rechtsanwalt bestehen. Dafür ist ein klassisches Beispiel wie folgt: Ein Rechtsanwalt wird in die Vertragsverhandlungen des Auftraggebers mit einem Dritten eingeschaltet und in diesem Rahmen ein Gutachten erstellt, um einen Vertragsschluss zwischen seinem Auftraggeber und dem Dritten zu fördern. Im Vertrauen auf das allerdings fehlerhafte oder unrichtige Gutachten trifft der Dritte einen für ihn nachteiligen Vermögensdisposition und dadurch Schäden erleidet.[8] Derartige Fälle zeichnen sich dadurch aus, dass der Rechtsanwalt über sein Gutachten den Vertrag zwischen seinem Auftraggeber und dem Dritten beeinflusst.[9] Zugleich geht es um die Doppelproblematik von Vermögensschutz und Drittschutz.[10] Als Begriff für diese Fälle, in denen die Eigenhaftung des Rechtsanwalts für falsche Auskünfte gegenüber Dritten (Nichtmandanten) in Betracht kommt, wird in dieser Arbeit der Ausdruck „**Dritthaftung**“ (im engeren Sinne) benutzt.

II. Wichtige Kriterien für die Feststellung der Dritthaftung (Expertenhaftung)

In dieser Arbeit handelt es sich vor allem um die Dritthaftung im weiteren Sinne der Angehörigen von in der Gesellschaft als herausgehoben angesehenen Berufsgruppen. Bei der Feststellung der Dritthaftung dieser Berufsgruppen wie Rechtsanwälte, Wirtschaftsprüfer und Steuerberater sollten folgende Kriterien

---

6 Vgl. z. B. KOGH, Urt. v. 17.11.2022 – AZ 2018Da300364 (zur Deliktshaftung gegenüber Mandanten).

7 *Lee/Bae*, Yeung-Nam Law Journal 6/1–2 (2000), 277, 277; *Yoon*, Dong-A Law Review 55 (2012), 227, 230.

8 *Kim*, The Korean Journal of Civil Law 25 (2004), 3, 5; *Choi*, The Journal of Property Law 11/1 (1994), 131, 132; vgl. *Honsell*, in: FS Medicus (1999), S. 211, 211 f.; *Büttner*, S. 28 f.; *Damm*, JZ 1991, 373, 375.

9 *Kersting*, S. 108 f., 121 f.

10 *Damm*, JZ 1991, 373, 374.

berücksichtigt werden:[11] Die hierzu gezählten Berufsgruppen umfassen grundsätzlich die staatlich geprüften und ggf. vereidigten Sachverständigen. Mit anderen Worten: Die genannten Experten müssen in erster Linie die gesetzlich erforderlichen Qualifikationen durch langzeitige Berufsausbildung haben.[12] Zweitens bilden die Experten dieser Gruppen nach Sondergesetzen Selbstorganisationen und die Angehörigen treten ihnen obligatorisch oder ggf. freiwillig bei (z. B. §§ 64, 78 Rechtsanwaltsgesetz). Diese Verbände haben auch eigene Ordnungen, die die Berufszulassung und Berufsaufsicht streng regeln. Die Mitglieder können von Organisationen sanktioniert werden, wenn sie gegen diese Regelungen verstoßen (z. B. §§ 109 ff. Rechtsanwaltsgesetz). Drittens sind für diesen Kreis der Experten entsprechende Fachkenntnisse in einem Spezialgebiet erforderlich. Experten üben mit Fachkunde ihre Tätigkeiten unabhängig aus (z. B. § 2 Rechtsanwaltsgesetz, § 1 BRAO). Zugleich wird Experten im Rahmen ihrer Tätigkeiten ein großer Beurteilungsspielraum eingeräumt. Die Sachkompetenz aufgrund der besonderen Sachkunde und Unabhängigkeit liegt dem besonderen Vertrauen Dritter in die persönliche Verlässlichkeit der Experten und die beruflich erteilten Auskünfte zugrunde. Letztens können die berufsmäßigen Tätigkeiten von Sachverständigen ebenfalls sich auf öffentliche Interessen oder soziale Gerechtigkeit beziehen. Deshalb wird ein hohes Maß an Öffentlichkeit erwartet (z. B. § 1 Abs. 1 Rechtsanwaltsgesetz).

Angesichts dieser Eigenschaften bedarf es für die Beurteilung der Haftung von Experten einer eigenen berufsspezifischen Rechtsdogmatik. In der Tat können diese Kriterien ggf. zu einer haftungsrechtlich und rechtsdogmatisch schärferen Haftung von Experten als anderen Berufstätigen führen.[13] In den Fällen des Rechtsanwalts spielen die oben dargestellten Kriterien oder Merkmale, die überwiegend auf der Zugehörigkeit zum professionellen Berufsstand und daraus entstandenen Verlässlichkeit beruhen, auch eine wichtige Rolle und dienen dazu, eine Haftungsgrundlage der Dritthaftung des Rechtsanwalts und seine Pflichten sowohl rechtspolitisch als auch rechtsdogmatisch zu rechtfertigen.

---

11 *Choe*, Seo-Won Journal of Social Science 12 (1992), 281, 282 f.; *Choi*, Dan-Kook Law Review 23/1 (1997), 243, 244 ff.; Komm/*Ki*, § 750 KBGB S. 636; *Do*/*Kim*, Ho-Seo Journal of Social Sciences 18/1 (1999), 103, 103 f. Siehe auch MünchKomm/*Emmerich*, § 311 BGB Rn. 216; *Lammel*, AcP 179 (1979), 337, 359 ff.; *Damm*, JZ 1991, 373, 373; *Herrmann*, JZ 1983, 422, 422 f.; *Ebke*, JZ 1990, 688, 688; *Leyens*, JuS 2018, 217, 217 f.; *Tarman*, S. 8; *Faust*, AcP 210 (2010), 555, 562 f.; *Kersting*, S. 40 ff.

12 *Mertens*, VersR 1974, 509, 509 ff.

13 *Grunewald*, JZ 1982, 627, 630.

III. Haftungsgrundlagen – § 750 KBGB als Ausgangsnorm

1. Sondergesetze

Bei anderen Sachverständigen wie Gutachter oder Wirtschaftsprüfer regeln einige Sondergesetze eine Schadensersatzpflicht dieser gegenüber Dritten.[14] Beispielsweise haftet ein Wirtschaftsprüfer gemäß § 31 Abs. 2 des Gesetzes über die externe Abschlussprüfung von Aktiengesellschaften für Schäden, die dem Dritten entstanden sind, wenn der Wirtschaftsprüfer wichtige Sachverhalte versäumt oder in einem Bestätigungsvermerk eine falsche Aussage gemacht und dadurch einem Dritten Schaden zugefügt hat, der sich auf diesen Bericht verlassen und ihn verwendet hat. Charakteristisch für dieses Recht ist eine Beweislastumkehr.[15] § 31 Abs. 7 Gesetz über die externe Abschlussprüfung von Aktiengesellschaften besagt: „Zum Ausschluss einer Schadensersatzpflicht hat der an der Abschlussprüfung beteiligte Wirtschaftsprüfer nachzuweisen, dass er seine Pflichten nicht verletzt hat". Darüber hinaus können die Gutachter auch unter bestimmten sondergesetzlichen Voraussetzungen gegenüber dem gutgläubigen Dritten zum Ersatz des daraus entstehenden Schadens verpflichtet werden (§ 28 Abs. 1 Gesetz über die Begutachtung und Gutachter). Hier ist die Diskussion über die Haftungsgrundlagen der Dritthaftung zwar nicht von Bedeutung, aber es stellt sich die Frage, wie man die Voraussetzungen der Normen konkretisieren kann. Nach der Rechtsprechung kann der Dritte zusätzlich einen Schadensersatzanspruch aus Delikt haben.[16]

Im Gegenteil dazu sieht § 125 Abs. 1 Gesetz über den Kapitalmarkt und Finanzanlagegeschäft[17] etwas anderes vor. Danach ist jemand einem Erwerber von Wertpapieren zum Ersatz des Schadens verpflichtet, wenn es falsche Angaben zu wichtigen Sachverhalten in der Wertpapierregistrierungserklärung und im Anlageprospekt gibt oder die Angaben zu wichtigen Sachverhalten darin fehlen. Er ist jedoch nicht ersatzpflichtig, wenn er nachweist, dass ihm dies trotz der

14 *Kim*, The Korea Journal of Civil Law 25 (2004), 3, 4 ff. Danach hat der Gedanke des Vertrauensschutzes, der § 311 Abs. 3 BGB zugrunde liegt, im koreanischen Recht auch in einigen Sondergesetzen Niederschlag gefunden.

15 Komm/*Ki*, § 750 KBGB S. 682.

16 Vgl. KOGH, Urt. v. 9.7.2020 – AZ 2016Da268848; KOGH, Urt. v. 30.11.2022 – AZ 2017Da841, 858 (Wirtschaftsprüfer); KOGH, Urt. v. 22.9.1998 – AZ 97Da36293 (Gutachter).

17 Siehe auch § 162 Abs. 1 Nr. 3 Gesetz über den Kapitalmarkt und Finanzanlagegeschäft (der Fall des Geschäftsberichts usw.); *Kim*, The Korean Journal of Securities Law 20/2 (2019), 239, 272.

Erfüllung einer gewissen Sorgfaltspflicht nicht bekannt war, oder dem Erwerber der Wertpapiere die Tatsache bereits bei seinem Antrag auf Erwerb bekannt war. Gemäß § 125 Abs. 1 Nr. 3 Gesetz über den Kapitalmarkt und Finanzanlagegeschäft i. V. m. § 135 Abs. 1 Rechtsverordnung zu diesem Gesetz sind Rechtsanwalt sowie Wirtschaftsprüfer und Gutachter auch als Haftende vorgeschrieben, die für Schäden einzustehen haben, die der Dritte erlitten hat. Der KOGH[18] hat diesbezüglich dargelegt, dass die Schadensersatzpflicht aus dieser Vorschrift eine gesetzliche Haftung ist, die neben der deliktischen Haftung nach § 750 KBGB anerkannt wird, aber sie sich inhaltlich nicht von der Deliktshaftung unterscheidet.

Außer der oben genannten Haftung des Rechtsanwalts auf dem Kapitalmarkt gibt es keine gesonderten Regelungen über seine Dritthaftung in anderen Lebensbereichen. Daher ist es sehr wichtig, die tragfähigen Lösungen für die Dritthaftung innerhalb des geltenden Rechts herauszufinden.

2. *Zur Haftung des Rechtsanwalts*

Es gibt keine allgemeinen Bestimmungen über den Anwaltsvertrag oder Anwaltshaftung im KBGB. Das Verhältnis zwischen Mandanten und Rechtsanwalt wird jedoch in der Regel nach den Vorschriften über den Auftrag geregelt. Demgemäß kann die vertragliche Schadensersatzpflicht sich aus dem Mandatsverhältnis zwischen Auftraggeber und beauftragtem Rechtsanwalt ergeben (§§ 680 ff. KBGB).[19] Durch die Annahme eines Auftrags kommt ein Anwaltsvertrag zwischen ihnen zustande, der zum Gegenstand hat, ein dem Rechtsanwalt vom Auftraggeber übertragenes Geschäft für diesen – im Grunde genommen – unentgeltlich zu besorgen (§§ 680, 681, 686 KBGB). Das heißt, dass im Gegensatz zum deutschen Recht ein entgeltlicher Auftrag auch möglich ist. Beim Auftrag ist der Beauftragte dazu verpflichtet, ein ihm von dem Auftraggeber übertragenes Geschäft mit der im Verkehr erforderlichen Sorgfalt entsprechend dem Zweck des Auftrags zu besorgen (§ 681 KBGB).[20] Der Rechtsanwalt als Beauftragte ist auch verpflichtet,

18 Vgl. zur Haftung der Wirtschaftsprüfer, KOGH, Urt. v. 24.4.1998 – AZ 97da32215; KOGH, Urt. v. 22.10.1999 – AZ 97Da26555; KOGH, Urt. v. 28.9.2016 – AZ 2014Da221517.

19 *Kwon/Park*, A-Jou Law Review 10/4 (2017), 298, 300; *Kwon/Park*, Dan-Kook Law Review 40/4 (2016), 275, 283; *Yoon*, Dong-A Law Review 55 (2012), 227, 232. Ausnahmsweise lässt sich z. B. ein Gutachtenvertrag zur bestimmten Sachfrage als ein Werkvertrag klassifizieren (§ 664 KBGB), dazu auch *Do/Kim*, Ho-Seo Journal of Social Sciences 18/1 (1999), 103, 127.

20 Komm/*Ki*, § 750 KBGB S. 728; *Kim*, Lawyers Association Journal 53/8 (2004), 179, 190.

dem Auftraggeber die erforderlichen Nachrichten zu geben, auf Verlangen über den Stand des Geschäfts Auskunft zu erteilen und nach der Ausführung des Auftrags Rechenschaft abzulegen (§ 683 KBGB gegenüber § 666 BGB).[21] Eine Verletzung dieser Pflichten stellt eine Leistungsstörung (Nichterfüllung) gemäß § 390 KBGB dar. Aufgrund des Anwaltsvertrags ist der Rechtsanwalt wie im deutschen Recht zum Rechtsbeistand verpflichtet (§ 3 Rechtsanwaltsgesetz).[22] Hierzu gehören etwa die Pflichten zur berufstypischen Rechtsberatung oder Rechtsvertretung. Nach der Rechtsprechung kann eine Verletzung der vorgenannten Pflichten des Rechtsanwalts gegenüber dem Mandanten auch eine unerlaubte Handlung gemäß § 750 KBGB darstellen, wenn sich im Einzelfall aus den Umständen der Frage oder Antwort, dem Motiv oder dem Vorsatz, der Art und dem Umfang des geschädigten Interesses und der Gesamtheit der Umstände ergibt, dass die Handlung des Rechtsanwalts nicht im Rahmen des beruflichen und vernünftigen Ermessens liegt und im Hinblick auf das öffentliche Interesse, die Berufsethik und die soziale Verantwortung des Rechtsanwaltsberufs rechtswidrig ist.[23]

Bei der Problematik der Dritthaftung besteht der gravierende Unterschied zu Deutschland in der deliktischen Lösung. Diesem Unterschied nach geht man davon aus, dass die sog. „große“ Generalklausel[24] im koreanischen Deliktsrecht (§§ 750 ff. KBGB) einen umfassenden Vermögensschutz anerkennt. Anders als § 823 Abs. 1 BGB besagt § 750 KBGB: „Wer einem anderen durch eine rechtswidrige Handlung aus Vorsatz oder Fahrlässigkeit Schaden zufügt, ist den anderen zum Ersatz des daraus entstehenden Schadens verpflichtet“. Charakteristisch für das geltende Deliktsrecht in Korea ist nun, dass das Vermögen selbst wie das Eigentum oder andere absolute Rechte vollumfänglich geschützt wird. In manchen Fällen innerhalb der Dritthaftung können die Voraussetzungen des § 750 KBGB ohne Schwierigkeit erfüllt werden. Daher greift die koreanische Rechtsprechung in Bezug auf die Dritthaftung der beruflichen Sachverständigen überwiegend auf eine deliktische Haftung zurück. Da die Lösung über das Deliktsrecht favorisiert wird, besteht kein Bedürfnis nach einer vertraglichen Lösung. In der Tat ist nicht zu verkennen, dass sich eine Rechtslehre zugunsten einer vertragsähnlichen oder vertraglichen Haftungsgrundlage in Korea sich bisher noch nicht ausreichend entwickelt hat. Hier droht die Gefahr der Ausuferung der Haftung des Rechtsanwalts,

---

21 Komm/*Ki*, § 750 KBGB S. 728.

22 *Yoon*, Dong-A Law Review 55 (2012), 227, 232; *Lee*, Myong-Ji The Social Science Research Institute 17 (2001), 377, 404 ff.; *Vill*, in: HB der Anwaltshaftung, § 2 Rn. 1.

23 KOGH, Urt. v. 17.11.2022 – AZ 2018Da300364.

24 Vgl. Art. 1382, 1383 Code Civil in Frankreich; Art. 41 OR in der Schweiz; § 1295 ABGB in Österreich; Art. 2043 Codice Civile in Italien.

sollte der Dritte einen Schadensersatzanspruch aufgrund der deliktischen Generalklausel als Allzweckwaffe unbeschränkt geltend machen. Noch wichtiger ist, dass die Deliktshaftung im Hinblick auf die Beweislast (§ 390 S. 2 KBGB) und die Verjährungsfristen (§ 766 KBGB gegenüber § 162 KBGB) für den Geschädigten bedeutende Nachteile im Vergleich zur Vertragshaftung hat.[25] Bei der Haftung für seine Hilfspersonen hat der Schädiger auch ferner eine Exkulpationsmöglichkeit (§ 756 Abs. 1 S. 2 KBGB im Gegensatz zu § 391 KBGB). Aus diesem Grund steht es vielmehr im Mittelpunkt der Diskussion in Korea, ob und inwieweit die Dritthaftung aus Delikt zutreffend begrenzt werden kann.[26]

Zudem sind die vertragsähnlichen oder vertraglichen Haftungsgrundlagen als Lösungswege auch angesprochen. Hierzu können die Konstruktion des Vertrags mit Schutzwirkung für Dritte und die Fälle der Dritthaftung aus c.i.c. gehören. Versuche, die Dritthaftung auf den stillschweigend geschlossenen Auskunftsvertrag zu stützen, kommen im bisherigen Diskussionstand nicht in Frage. Dabei geht es hauptsächlich darum, ob trotz der deliktischen Generalklausel im KBGB eine Rechtslehre zugunsten einer der quasi-vertraglichen oder vertraglichen Haftungsgrundlagen im koreanischen Rechtssystem einen Spielraum finden kann.

Im Folgenden werden die oben genannten Haftungsgrundlagen ausführlich erörtert.

B. Deliktshaftung

I. Überblick

Im Grunde zielt das Deliktsrecht darauf ab, durch die Wiedergutmachung eines Schadens die Gerechtigkeit zu erreichen.[27] Aus praktischer Sicht ist das Leitprinzip des Deliktsrechts die billige und gerechte Aufteilung des Schadens.[28] Grundsätzlich sollte der Geschädigte den Schaden selbst tragen (*casum sentit dominus*), aber wenn besondere Umstände vorliegen, die z. B. eine unerlaubte Handlung

---

25 *Sung*, The Korean Journal of Civil Law 87 (2019), 111, 140 f.

26 *Lee*, The Korean Journal of Civil Law 63/1 (2013), 81, 121; *Kim*, The Korean Journal of Civil Law 25 (2004), 3, 5; *Choi*, The Journal of Property Law 11/1 (1994), 131, 154; *Pak*, HUFS Law Review 18 (2005), 249, 268 ff.; *Pak*, The Korean Journal of Civil Law 30 (2005), 385, 415.

27 *Brox/Walker*, Schuldrecht BT § 44 Rn. 1; MünchKomm/*Wagner*, vor § 823 BGB Rn. 45 („der Ausgleich von Schäden"); Komm/*Park*, § 750 KBGB S. 13 ff.

28 KOGH, Urt. v. 13.2.1998 – AZ 95Da30468; KOGH, Urt. v. 29.8.1997 – AZ 97Da12884; KOGH, Urt. v. 11.6.1996 – AZ 95Da41079; KOGH, Urt. v. 10.2.1995 – AZ 93Da52402; KOGH, Urt. v. 14.8.1990 – AZ 90Daka7569; KOGH, Urt. v. 11.4.1995 – AZ 94Da15646; KOGH, Urt. v. 4.2.1969 – AZ 68Da2178.

begründen, kann der Geschädigte den Schadenersatz von anderen verlangen.[29] Im Vergleich zu dem deutschen Deliktsschutz zeichnet sich das koreanische Deliktsrecht dadurch aus, dass ein Deliktsschutz für fahrlässige verursachte primäre Vermögensschäden durch die Generalklausel (§§ 750 ff. KBGB) garantiert.[30] § 750 KBGB schreibt vor: „Wer einem anderen durch eine rechtswidrige Handlung aus Vorsatz oder Fahrlässigkeit Schaden zufügt, ist den anderen zum Ersatz des daraus entstehenden Schadens verpflichtet". Dies sei ein anderes System, das sich von der Lösung des BGB unterscheidet.[31] Denn das deutsche Deliktsrecht (insb. § 823 Abs. 1 BGB) geht von dem Gedanken aus, dass nicht alle Rechtsgüter gleichermaßen geschützt sind und einen unterschiedlichen Schutzumfang haben.[32] Der KOGH bevorzugt allgemein die deliktsrechtliche Lösung, insbesondere wenn zwischen den Parteien kein Vertragsverhältnis besteht. In vielen Fällen kann auch ein Schadensersatzanspruch aus Vertrag neben einem solchen aus Delikt ausgelöst werden.[33] In diesem Fall stellt sich die Frage der Anspruchskonkurrenz wie in Deutschland und der Gläubiger kann nach seiner Auswahl einen Schadensersatzanspruch aus Vertrag oder unerlaubter Handlung geltend machen.[34] Die herrschende Lehre und die Ansicht der Rechtsprechung in Korea sprechen sich auch dafür aus. Die Diskussion geht vor allem davon aus, dass es Unterschiede zwischen deliktischer und vertraglicher Haftung gibt. Dabei wird es anerkannt, dass die Deliktshaftung in Bezug auf die Beweislast für Vorsatz oder Fahrlässigkeit (§ 750 gegenüber § 390 KBGB), die kürzere Verjährungsfrist (§ 766 gegenüber § 162 KBGB) und die Haftung für den Gehilfen (§ 756 gegenüber § 391 KBGB) aus der Sicht des Gläubigers ungünstiger ist als die Vertragshaftung.[35] Auf diese Unterschiede wird insbesondere die Frage, die Rechtsgrundlage für einen Anspruch auf Schadensersatz im koreanischen Zivilrecht zu ermitteln, zurückgeführt.

II. Haftungsvoraussetzungen

Die Diskussion über die deliktsrechtlichen Haftungsvoraussetzungen wurde seit jeher von der deutschen Lehre weitgehend beeinflusst, auch wenn das Deliktsrecht in Korea sich von dem deutschen Rechtssystem unterscheidet.[36] Eine unerlaubte

29 *Pak*, HUFS Law Review 27 (2007), 277, 279; *Mohr*, JURA 2013, 567, 567.
30 Vgl. *Honsell*, in: FS Medicus (1999), S. 211, 213.
31 *Canaris*, in: FS Larenz (1983), S. 27, 36.
32 *Canaris*, in: FS Larenz (1983), S. 27, 31 f.
33 KOGH, Urt. v. 22.3.1983 – AZ 82Daka1533; *Brox/Walker*, Schuldrecht BT § 44 Rn. 1.
34 *Jee*, Vorlesung KBGB Rn. 5–267.
35 *Jee*, Vorlesung KBGB Rn. 5–267.
36 *Kim*, Journal of Law and Politics Research 20/4 (2020), 55, 57.

Handlung setzt zunächst voraus, dass der Täter durch sein eigenes Verhalten (Tun oder Unterlassen) einem anderen Schaden zufügt.[37] Die anderen Voraussetzungen werden im Folgenden erläutert.

1. *Verschulden (Verschuldenshaftung)*

Eine Deliktshaftung setzt Verschulden des Täters voraus (Verschuldensprinzip). Bei einer unerlaubten Handlung muss der Geschädigte im Prinzip das Verschulden des Schädigers nachweisen.[38] Dazu gehören Vorsatz und Fahrlässigkeit. Für die Schadensersatzhaftung muss Vorsatz oder Fahrlässigkeit zum Zeitpunkt der Begehung der unerlaubten Handlung vorliegen.[39] Allerdings ist ggf. eine verschuldensunabhängige Haftung (Gefährdungshaftung) in einzelnen Vorschriften vorgeschrieben.[40] In der zivilrechtlichen Haftung werden Vorsatz und Fahrlässigkeit in der Regel als gleichwertig angesehen, doch es gibt bei einer vorsätzlichen unerlaubten Handlung die Einschränkung bei der Aufrechnung.[41] § 496 KBGB besagt, dass gegen eine Forderung aus einer vorsätzlich begangenen unerlaubten Handlung die Aufrechnung nicht zulässig ist.[42] Vorsatz ist ein Geisteszustand, in dem sich ein Täter bewusst ist, dass seine Handlung anderen Schaden zufügen kann, und er sie dennoch willentlich vornimmt.[43] Es umfasst auch den bedingten Vorsatz.[44] Das Bewusstsein der Rechtswidrigkeit ist jedoch nicht erforderlich, um Vorsatz zu bejahen.[45] Der KOGH hat sich so dazu geäußert: „Im Deliktsrecht bedeutet Vorsatz ein Geisteszustand, in dem ein Täter etwas zu tun wagt, obwohl er weiß, dass es bestimmte Folgen haben wird. Es genügt, dass sich nur der Tatsache bewusst sein muss, dass es bestimmte Folgen haben wird, die objektiv als rechtswidrig bewertet werden".[46]

---

37 Komm/*Lee*, § 750 KBGB S. 115; zu den Handlungspflichten (Verkehrspflichten) bei Unterlassen siehe auch Teil 2. D. I. 4. c) aa).

38 KOGH, Urt. v. 10.3.2000 – AZ 99Da60115; vgl, es gibt Ausnahmen, in denen das Gesetz die Beweislast umkehrt (z. B. §§ 758, 759 KBGB).

39 KOGH, Urt. v. 25.8.1995 – AZ 94Da47803.

40 Z. B. § 758 Abs. 1 S. 2 KBGB, § 3 Produkthaftungsgesetz, § 44 Gesetz über die Umweltpolitik.

41 *Jee*, Vorlesung KBGB Rn. 5–272.

42 Vgl. § 393 BGB sieht das Gleiche vor.

43 KOGH, Urt. v. 8.6.1993 – AZ 93Da14998, 15007; Grüneberg/*Grüneberg*, BGB, § 276 Rn. 10.

44 KOGH, Urt. v. 8.3.1991 – AZ 90Da16771; *Jee*, Vorlesung KBGB Rn. 5–272.

45 KOGH, Urt. v. 12.7.2002 – AZ 2001Da46440.

46 KOGH, Urt. v. 12.7.2002 – AZ 2001Da46440.

Anders als in Deutschland (§ 276 Abs. 2 BGB) ist der Begriff der Fahrlässigkeit in § 750 KBGB nicht klar definiert.[47] Im Hinblick auf die Definition der Fahrlässigkeit kann die deutsche Rechtsprechung herangezogen werden. Fahrlässigkeit setze die Vorhersehbarkeit einer Gefahr und Vermeidbarkeit des pflichtwidrigen Erfolgs voraus.[48] Nach der Rechtsprechung des BGH wird der Begriff „Fahrlässigkeit" auch in § 276 BGB bestimmt als die Außerachtlassung der im Verkehr erforderlichen Sorgfalt.[49] Gefordert wird mithin die Beachtung der Sorgfalt, die der gesunde normale Verkehr von einem durchschnittlichen Menschen in der konkreten Lage erwarte.[50] Dabei ist grundsätzlich auf die Verhältnisse des in Betracht kommenden Verkehrskreises Rücksicht zu nehmen, mithin auf das Maß von Umsicht und Sorgfalt, das nach dem Urteil besonnener und gewissenhafter Angehöriger dieses Kreises von dem in seinem Rahmen Handelnden zu fordern ist.[51] An dieser Stelle kommt das Konzept der beruflichen Fahrlässigkeit ins Spiel.[52] Trotz Meinungsstreitigkeiten gilt gleiches auch in Korea.[53] Im koreanischen Deliktsrecht herrscht ein sog. objektiv-abstrakter Sorgfaltsmaßstab angesichts des einfachen Fahrlässigkeitsbegriffs (§ 681 KBGB).[54] In der Rechtsprechung wird auch anerkannt, dass im Bereich der unerlaubten Handlung es nur um die sogenannte abstrakte Fahrlässigkeit gehe, die eine Verletzung der Sorgfaltspflicht des Durchschnittsmenschen in der Gesellschaft darstelle, aber der Begriff „Durchschnittsmensch" beziehe sich hier nicht auf den Durchschnittsmenschen im Allgemeinen, sondern auf den Durchschnittsmenschen im konkreten Fall.[55] Die objektive Betrachtungsweise schließe grundsätzlich eine Berufung auf

---

47 *Kim*, Theory and Practice of Private Law 23/1 (2019), 141, 142.

48 Komm/*Lee*, § 750 KBGB S. 149 ff.; KOGH, Urt. v. 25.10.2007 – AZ 2005Da23438; KOGH, Urt. v. 14.6.1994 – AZ 93Da57520; BGH, NJW-RR 2006, 965, 966; Grüneberg/*Grüneberg*, BGB, § 276 Rn. 12.

49 BGH, NJW 1972, 150, 151.

50 BGH, NJW 1972, 150, 151; Grüneberg/*Sprau*, BGB, § 823 Rn. 42 f.

51 BGH, NJW 1972, 150, 151; BGH, NJW 2003, 2022, 2024. Hierbei sei auf das Maß an Fähigkeiten, Umsicht und Sorgfalt abzustellen, das von den Angehörigen der betreffenden Berufsgruppe bei der Erledigung des entsprechenden Geschäfts typischerweise verlangt werden könne.

52 *Jee*, Vorlesung KBGB Rn. 5–273.

53 Vgl. KOGH, Urt. v. 18.7.1967 – AZ 66Da1938; *Kim*, Schulrecht BT S. 610; *Yang/Kwon*, Übergang und Durchsetzung des Rechts S. 584; *Jee*, Vorlesung KBGB Rn. 5–273.

54 Komm/*Lee*, § 750 KBGB S. 141 ff.; *Park*, Je-Ju Law & Policy Review 28/3 (2022), 31, 33; MünchKomm/*Wagner*, § 823 BGB Rn. 38; Grüneberg/*Grüneberg*, BGB, § 276 Rn. 15; vgl. BGH, NJW 2021, 1818.

55 KOGH, Urt. v. 19.1.2001 – AZ 2000Da12532.

individuell mangelnde Kenntnisse und fehlende Erfahrungen aus.[56] Dagegen kann das koreanische Zivilrecht ggf. subjektive (konkrete) Fahrlässigkeit (Sorgfalt in eigenen Angelegenheiten, § 695 KBGB) oder grobe Fahrlässigkeit (§§ 735, 757 KBGB) als Voraussetzung für die Haftung verlangen. In diesem Zusammenhang ist grobe Fahrlässigkeit ein Mangel an Sorgfalt in besonders schwerem Maße, der fast bis zum Vorsatz reiche, wenn bei Anwendung eines Mindestmaßes an Sorgfalt ein rechtswidriges und schädliches Ergebnis leicht hätte vorausgesehen werden können, und dennoch diese Sorgfalt verletzt worden sei.[57]

Für die Feststellung der Verantwortlichkeit ist die Verschuldensfähigkeit des Täters (§§ 753, 754 KBGB) auch erforderlich.[58] Eine Person, die im Zustand der Bewusstlosigkeit einem anderen Schaden zugefügt hat, ist nicht schadensersatzpflichtig (§ 754 KBGB). Verschuldensunfähige Minderjährige sind ebenfalls nicht verantwortlich (§ 753 KBGB).

2. *Rechtswidrigkeit (Widerrechtlichkeit)*

Die koreanische Debatte über den Begriff der Rechtswidrigkeit hat sich unter dem Einfluss der deutschen Theorien entwickelt. Hierbei besteht Uneinigkeit darüber, ob die Rechtswidrigkeit in Bezug auf das Verhalten oder den Erfolg beurteilt werden sollte (Verhaltensunrecht oder Erfolgsunrecht).[59] Nach der Lehre vom Erfolgsunrecht sei die Rechtswidrigkeit zu bejahen, wenn der Erfolg der Verletzung der Rechte oder Rechtsgüter eigetreten ist, es sei denn, es liegt ausnahmsweise ein besonderer Rechtsfertigungsgrund vor.[60] Als Rechtsfertigungsgründe werden beispielsweise die Notwehr (§ 761 Abs. 1 KBGB), Selbsthilfe (§ 209 KBGB) und Notstand (§ 761 Abs. 2 KBGB) aufgeführt. Nach der Theorie vom Verhaltensunrecht ist hingegen eine Handlung des Täters rechtswidrig, wenn sie gegen die Rechtsordnung (z. B. ein Gebot, die im sozialen Leben zu

---

56 Komm/*Lee*, § 750 KBGB S. 143 ff.; BGH, NJW 2003, 2022, 2024.

57 KOGH, Urt. v. 8.9.2011 – AZ 2011Da34521; KOGH, Urt. v. 18.7.1967 – AZ 66Da1938; KOGH, Urt. v. 27.2.1990 – AZ 89Daka16178; KOGH, Urt. v. 25.3.2004 – AZ 2003Da64688; KOGH, Urt. v. 25.3.2010 – AZ 2009Da91330.

58 KOGH, Urt. v. 24.4.2001 – AZ 2001Da10199; *Brox/Walker*, Schuldrecht BT § 44 Rn. 7 f.

59 *Jeong*, An-Am Law Review 36 (2011), 419, 438 ff.; Grüneberg/*Sprau*, BGB, § 823 Rn. 24.

60 Komm/*Lee*, § 750 KBGB S. 163; *Brox/Walker*, Schuldrecht BT § 45 Rn. 47; Grüneberg/*Sprau*, BGB, § 823 Rn. 24; BGH, NJW 1996, 3205; BGH, NJW-RR 2016, 588.

beachtende Sorgfalt) verstößt.[61] Es gibt auch eine Ansicht, nämlich die heute herrschende Meinung in Deutschland, die in der Sache für einen Kompromiss der beiden plädiert.[62] Nach dieser Auffassung – in Anlehnung an v. Caemmerer und Larenz – wird zwischen unmittelbaren und mittelbaren Rechtsgutsverletzungen unterschieden, wobei die unmittelbare Rechtsgutsverletzung rechtswidrig sei, sofern kein Rechtsfertigungsgrund vorliege.[63] Dagegen sei die mittelbare Rechtsgutsverletzung rechtswidrig, wenn die Handlung des Täters eine Sorgfaltspflicht verletzt.[64] In der koreanischen Rechtspraxis wird die sogenannte „Korrelationstheorie" als herrschende Auffassung vertreten, die von Japan beeinflusst wurde.[65] Danach wird das Vorliegen der Rechtswidrigkeit anhand der Art der verletzten Rechtsgüter und der Beschaffenheit der Handlung des Täters festgestellt. Diese Auffassung ist im Ergebnis der deutschen h. M. ähnlich, da sie sowohl eine objektive Pflichtverletzung (bzw. die Verletzung einer Verkehrssicherungspflicht beim Unterlassen) als auch die Rechts- und Rechtsgutsverletzung berücksichtigt.[66] Nach der Rechtsprechung des KOGH „sollte die Rechtswidrigkeit als Voraussetzung für die Feststellung einer unerlaubten Handlung nicht durch die Beurteilung der gesamten zusammenhängenden Handlung als Ganzes bestimmt werden, sondern sollte für jede in Rede stehende Handlung einzeln und relativ beurteilt werden".[67]

3. *Schaden*

Da das Rechtssystem der unerlaubten Handlung auf den Ausgleich eines Schadens abzielt, kann eine Schadensersatzhaftung nur dann bejaht werden, wenn ein Schaden nachgewiesen wird.[68] Das koreanische Zivilgesetzbuch definiert den Begriff

---

61 Komm/*Lee*, § 750 KBGB S. 163; *Choi*, The Journal of Property Law 11/1 (1994), 131, 156; *Brox/Walker*, Schuldrecht BT § 45 Rn. 48.

62 MünchKomm/*Wagner*, § 823 BGB Rn. 7.

63 BeckOGK/*Spindler* (Stand: 1.12.2023), § 823 BGB Rn. 79; MünchKomm/*Wagner*, § 823 BGB Rn. 7.

64 BeckOGK/*Spindler* (Stand: 1.12.2023), § 823 BGB Rn. 79; MünchKomm/*Wagner*, § 823 BGB Rn. 7.

65 Komm/*Lee*, § 750 KBGB S. 162 f.

66 *Jeong*, An-Am Law Review 36 (2011), 419, 449; Komm/*Lee*, § 750 KBGB S. 164; BeckOGK/*Spindler* (Stand: 1.12.2023), § 823 BGB Rn. 79; vgl. BGH, NJW-RR 2020, 1099.

67 KOGH, Urt. v. 26.11.2020 – AZ 2018Da221676; KOGH, Urt. v. 9.2.2001 – AZ 99Da55434; KOGH, Urt. v. 27.6.2003 – AZ 2001Da734; KOGH, Urt. v. 28.11.2019 – AZ 2016Da233538, 233545; KOGH, Urt. v. 13.9.2012 – AZ 2010Da77538.

68 KOGH, Urt. v. 12.9.1997 – AZ 96Da43119; KOGH, Urt. v. 11.10.2002 – AZ 2002Da33175; KOGH, Urt. v. 22.7.2004 – AZ 2003Da62910.

und den Inhalt des Schadens nicht im Einzelnen. Daher wurde die Bedeutung des Schadens unter dem Einfluss der deutschen Theorien diskutiert. Ein Schaden wird im Allgemeinen als „jede unfreiwillige Einbuße an Gütern" bezeichnet.[69] Bei unerlaubter Handlung lassen sich Schäden grob in materielle und immaterielle Schäden unterteilen.[70] In erster Linie haftet derjenige, der durch eine rechtswidrige Handlung aus Vorsatz oder Fahrlässigkeit einem anderen Schaden zufügt, für den daraus entstandenen Vermögensschaden (§ 750 KBGB). §§ 751 und 752 KBGB regeln dagegen den immateriellen Schaden. Die Schadensersatzhaftung für immaterielle Schäden nennt man Schmerzengeld.[71] § 751 Abs. 1 besagt: „Wer den Körper, die Freiheit oder die Ehre einer anderen Person verletzt oder ihr eine andere seelische Verletzung zufügt, ist zum Ersatz des immateriellen Schadens verpflichtet". § 752 schreibt vor: „Eine Person, die das Leben einer anderen Person verletzt, haftet für den Schaden, der den direkten Nachfolgern des Geschädigten oder dessen linearen Nachkommen oder dessen Ehepartner entsteht, auch wenn kein Vermögensschaden vorliegt". Es wird auch zwischen unmittelbaren und mittelbaren Schäden unterschieden.[72]

Das koreanische Zivilgesetzbuch beruht auf dem Grundsatz der Geldentschädigung (§§ 763, 394 KBGB im Gegensatz zu § 249 BGB). Bei Verleumdung gibt es Ausnahmen (§ 764 KBGB). Im Falle einer Person, die eine andere Person verleumdet, kann das Gericht auf Antrag des Geschädigten statt Schadensersatz oder neben dem Schadensersatz eine geeignete Maßnahme zur Wiederherstellung der Ehre anordnen. Die herrschende Meinung und die Rechtsprechung in Korea folgen in Bezug auf den Begriff des Schadens dem Standpunkt der Differenzhypothese.[73] Nach der Rechtsprechung bezieht sich der durch eine unerlaubte Handlung verursachte Vermögensschaden auf den durch die unerlaubte Handlung verursachten Vermögensnachteil, d. h. die Differenz zwischen dem Zustand des Vermögens, der ohne die unerlaubte Handlung bestanden hätte, und dem gegenwärtigen Zustand des Vermögens zum Zeitpunkt der Begehung

69 *Brox/Walker*, Schuldrecht AT § 29 Rn. 1.

70 *Brox/Walker*, Schuldrecht AT § 29 Rn. 2 ff.

71 Komm/*Jin*, § 750 KBGB S. 253.

72 Komm/*Lee*, § 750 KBGB S. 231.

73 *Lee*, Kyung-Sung Law Review 22 (2013), 95, 119; vgl. BGH, NJW 1998, 302, 304; BGH, NJW 1981, 976; BGH, NJW 1987, 50. Ob ein Vermögensschaden vorliege, beurteile sich grundsätzlich nach der sogenannten Differenzhypothese, also nach einem Vergleich der infolge des haftungsbegründenden Ereignisses eingetretenen Vermögenslage mit derjenigen, die sich ohne jenes Ereignis ergeben hätte.

der unerlaubten Handlung.[74] Dies wird in einen positiven Schaden, d. h. die Minderung von bestehendem Vermögen, und einen entgangenen Gewinn, d. h. den Verlust künftiger Vermögensvorteile, unterteilt.[75] Der Schaden muss tatsächlich und endgültig entstanden sein.[76] Für die Berechnung des Schadensersatzes ist der Zeitpunkt der unerlaubten Handlung maßgebend.[77]

Hinsichtlich des Umfangs des Schadensersatzes gilt die Regelung über Leistungsstörungen (§§ 763, 393 KBGB) entsprechend für einen Anspruch auf Schadensersatz aus Delikt.[78] Anders als in Deutschland dient daher in Korea § 393 KBGB als Maßstab für die Bestimmung des Schadensumfangs. § 393 KBGB unterteilt Schäden in zwei Kategorien. Gemäß § 393 Abs. 1 KBGB ist der Schadenersatz wegen Leistungsstörungen (sog. Nichterfüllung) auf den gewöhnlichen Schaden begrenzt. Schäden aufgrund besonderer Umstände sind nur ersatzfähig, wenn der Schuldner die Umstände kannte oder hätte kennen können (§ 393 Abs. 2 KBGB). § 393 Abs. 2 KBGB soll vom englischen Präzedenzfallrecht beeinflusst worden sein.[79] Diese Bestimmung dient dazu, den Umfang des Schadensersatzes angemessen zu begrenzen. Diese Haltung des Gesetzgebers ist im Schrifttum kritisiert worden. Da das Deliktsrecht vor allem zwischen Personen, die nicht in einem Vertragsverhältnis stehen, gelte, ist § 393 Abs. 2 KBGB nach der kritischen Ansicht nicht geeignet, den Umfang eines Anspruchs auf Schadensersatz aus unerlaubter Handlung zu regeln.[80] Zum Beispiel: § 722 Abs. 1 des japanischen Zivilgesetzbuchs besagt, dass § 417 JBGB (Grundsatz des Geldersatzes) auf Schadensersatz aus unerlaubter Handlung entsprechend anzuwenden ist.[81] Diese Vorschrift bezieht sich auf einen Anspruch, Schadensersatz wegen Leistungsstörungen zu verlangen. Allerdings verweist § 722 Abs. 1 JBGB gerade nicht

74 KOGH, Urt. v. 23.6.1992 – AZ 91Da33070; KOGH, Urt. v. 28.7.2011 – AZ 2010Da76368; KOGH, Urt. v. 26.11.2015 – AZ 2013Da18349, 18356; KOGH, Urt. v. 29.4.2010 – AZ 2009Da91828; Komm/*Lee*, § 750 KBGB S. 229.

75 KOGH, Urt. v. 23.6.1992 – AZ 91Da33070.

76 KOGH, Urt. v. 9.7.2020 – AZ 2017Da56455; KOGH, Urt. v. 26.11.2015 – AZ 2013Da18349, 18356; KOGH, Urt. v. 12.3.2009 – AZ 2007Da76580; KOGH, Urt. v. 24.4.1998 – AZ 97Da28568.

77 KOGH, Urt. v. 10.1.2003 – AZ 2000Da34426.

78 Komm/*Lee*, § 750 KBGB S. 239.

79 Komm/*Lee*, § 750 KBGB S. 233.

80 Komm/*Lee*, § 750 KBGB S. 233; *Soh*/*Yang*, The Journal of Property Law 27/3 (2011), 35, 35; *Jee*, Vorlesung KBGB Rn. 5–321.

81 *Stoll*, in: Die Japanisierung des westlichen Rechts (1990), S. 151, 153.

auf § 416 JBGB, der inhaltlich mit § 393 KBGB vergleichbar ist.[82] Einige Autoren befürworten hingegen diese Ansicht des koreanischen Gesetzgebers, da sie eine einheitliche Regelung über Schadenersatz im Schuldrecht bezweckt.[83]

4. *Adäquater Kausalzusammenhang*

Für die Haftung muss ein Kausalzusammenhang zwischen der rechtwidrigen Handlung und dem Schaden bestehen. In Deutschland wird die Verursachung (Kausalität) in haftungsbegründende Kausalität und haftungsausfüllende Kausalität unterteilt.[84] In Korea wird hingegen die Ansicht vertreten, dass der Umfang des Schadensersatzes in § 393 KBGB geregelt ist, so dass diese Unterscheidung keine große Rolle spielt.[85] In der koreanischen Literatur wird zwischen Verursachung und objektiver Zurechnung unterschieden. Nach der herrschenden Lehre wird die Verursachung nach der Äquivalenztheorie (Conditio-sine-qua-non-Formel) beurteilt.[86] Hinsichtlich der Zurechnung vertreten die Lehre und die Rechtsprechung den Standpunkt der Adäquanztheorie.[87] Mit dieser Theorie kann der Umfang der deliktischen Haftung in gewissem Maße eingeschränkt werden. In jüngerer Zeit gibt es einige Fälle, in denen der KOGH bei der Feststellung des adäquaten Kausalzusammenhangs auch den Schutzzweck der Norm berücksichtigt hat. Die meisten Fälle beziehen sich auf das Staatshaftungsrecht. Mit einer Leitentscheidung hat der KOGH die folgenden Grundsätze aufgestellt: „Im Allgemeinen muss der Staat oder die Kommunalverwaltung bei der Ausübung ihrer Befugnisse Schäden in der Öffentlichkeit verhindern und die Sicherheit der Öffentlichkeit berücksichtigen. Verursacht ein öffentlicher Bediensteter unter Verletzung der gesetzlich vorgeschriebenen Berufspflichten zum Schutz der Sicherheit und der Interessen der einzelnen Bürger einen Schaden in der Öffentlichkeit, ist der Staat oder die Kommunalverwaltung ersatzpflichtig, soweit ein adäquater Kausalzusammenhang anerkannt wird. Der Staat oder die Kommunalverwaltung haftet nicht auf Schadensersatz für Schäden, die der Öffentlichkeit

82 *Stoll*, in: Die Japanisierung des westlichen Rechts (1990), S. 151, 153; Komm/*Lee*, § 750 KBGB S. 239. Trotz der gesetzlichen Regelung wird jedoch dahingehend verstanden, dass § 416 JBGB auch analog auf unerlaubte Handlung angewandt sei.

83 Komm/*Lee*, § 750 KBGB S. 233.

84 *Brox/Walker*, Schuldrecht AT § 30 Rn. 5 f.

85 *Jee*, Vorlesung KBGB Rn. 4-201; Komm/Lee, § 750 S. 242 f.

86 *Jee*, Vorlesung KBGB Rn. 4-200; *Brox/Walker*, Schuldrecht AT § 30 Rn. 2.

87 KOGH, Urt. v. 27.12.1994 - AZ 94Da36285; KOGH, Urt. v. 14.6.1994 - AZ 93Da39973; KOGH, Urt. v. 13.1.2006 - AZ 2003Da54599; KOGH, Urt. v. 13.7.2007 - AZ 2005Da21821.

durch die Verletzung der Pflichten eines Beamten entstehen, selbst wenn der Beamte nach den Bestimmungen des Gesetzes, auf denen sie beruhen, ausdrücklich zur Erfüllung dieser Pflichten verpflichtet ist, wenn sie ausschließlich der Aufrechterhaltung der Ordnung innerhalb der Verwaltungsorganisation ohne Rücksicht auf die Interessen der Öffentlichkeit dienen oder wenn sie zwar mit den Interessen der Öffentlichkeit zusammenhängen, aber nicht unmittelbar dem einzelnen Bürger, sondern der Allgemeinheit zugutekommen".[88]

III. Im Fall der Expertenhaftung

In der koreanischen Rechtspraxis fällt die Haftung eines Berufsangehörigen gegenüber seinem Klienten in den Bereich der vertraglichen Haftung, während die Haftung gegenüber Dritten von der deliktsrechtlichen Lösung beherrscht wird.[89] Bei der deliktsrechtlichen Expertenhaftung steht insbesondere die Problematik der Beweislast in Frage. Für den Geschädigten ist es sehr schwierig, im konkreten Fall den Vorsatz oder die Fahrlässigkeit des Schuldners nachzuweisen.[90] Wie bereits oben erwähnt, wird daher die Haftung des beruflichen Sachverständigen in den einzelnen Gesetzen oft genauer definiert als in § 750 KBGB.[91] Darüber hinaus schreiben die Gesetze in vielen Fällen vor, dass Berufsangehörige in eine Berufshaftpflichtversicherung eintreten müssen, um die Zahlungsunfähigkeit von Sachverständigen abzuwehren.[92]

---

88 KOGH, Urt. v. 23.10.2001 – AZ 99Da36280; vgl. KOGH, Urt. v. 12.2.1993 – AZ 91Da43466; KOGH, Urt. v. 28.5.2015 – AZ 2013Da41431; KOGH, Urt. v. 24.7.2008 – AZ 2006Da63273.

89 *Kim*, The Korean Journal of Civil Law 25 (2004), 3, 33; *Do/Kim*, Ho-Seo Journal of Social Sciences 18/1 (1999), 103, 128 ff.; *Kim*, Theory and Practice of Private Law 12/1 (2008), 20, 30 f.

90 *Park*, Korea Real Estate Review 9/1 (1999), 93, 96.

91 Z. B. § 28 Abs. 1 Gesetz über die Begutachtung und Gutachter, § 31 Gesetz über die externe Abschlussprüfung von Aktiengesellschaften, § 30 Abs. 1 und 2 Gesetz über staatlich geprüfte Makler, §§ 58-11 und § 58-25 Rechtsanwaltsgesetz; vgl. Komm/*Ki*, § 750 KBGB S. 634; *Park*, Korean Commercial Law 31/2 (2012), 465, 474.

92 Z. B. § 28 Abs. 2 Gesetz über die Begutachtung und Gutachter, § 30 Abs. 3 Gesetz über staatlich geprüfte Makler, §§ 19 und 28 Gesetz über staatlich geprüfte Wirtschaftsprüfer, §§ 58-11 und § 58-25 Rechtsanwaltsgesetz, § 16-2 Steuerberatergesetz, vgl. Komm/*Ki*, § 750 KBGB S. 634; *Ryoo*, Private Law Review 15/2 (2007), 1, 13 f.

1. Meinungsstand

In der Literatur herrscht Einigkeit darüber, dass die Expertenhaftung anders als die allgemeine Deliktshaftung behandelt werden sollte. Ein wesentlicher Unterschied zu gewöhnlichen Deliktsfällen besteht darin, dass sich der Sachverständige stets in der Position des Schädigers befindet.[93] Allerdings ist es umstritten, wie der Beurteilungsmaßstab für die Voraussetzungen des § 750 KBGB festgelegt werden kann. Eine Ansicht wird vertreten, dass die berufliche Fahrlässigkeit anders beurteilt werden sollte als die Fahrlässigkeit bei der allgemeinen Deliktshaftung. Berufsangehörige haben bei ihren Tätigkeiten einen großen Ermessensspielraum.[94] Daher sei es nicht möglich, in allen einzelnen Gesetzen spezifische und detaillierte Normen (Berufspflichten) festzulegen, an die sich die Berufsangehörigen halten müssen.[95] Dieser Ermessensspielraum müsse bei der Prüfung der beruflichen Fahrlässigkeit in jedem Einzelfall berücksichtigt werden.[96] Bei der Bestimmung der Sorgfaltspflicht eines Berufsangehörigen könne auch der Zweck der Berufstätigkeiten im Sinne der einzelnen Gesetze berücksichtigt werden.[97] Für Sachverständige könne jedoch ein höherer Sorgfaltsmaßstab gelten als für die Durchschnittsperson, da sie über besondere Sachkenntnisse verfügen.[98] Die Ansicht der Rechtsprechung ist nicht eindeutig. Während in einigen Fällen die im Verkehr erforderliche Sorgfaltspflicht (§§ 374, 681 KBGB, § 276 Abs. 2 BGB) gefordert wurde, wurde in bestimmten Fällen die Auffassung vertreten, dass das üblicherweise erforderliche Maße an Sorgfalt ausreicht.[99] Die herrschende Meinung hingegen fokussiert sich auf die Kriterien der Rechtswidrigkeit. Dies liegt daran, dass für die Begründung der Schadensersatzpflicht nicht nur Fahrlässigkeit, sondern auch Rechtswidrigkeit erforderlich ist. Diese Ansicht ist von der deutschen Rechtsprechung beeinflusst worden und versucht, die Faktoren zu

---

93 *Park*, Korea Real Estate Review 9/1 (1999), 93, 96; *Kim*, Theses Collection 13/1 (1995), 485, 498; *Kim*, Dan-Kook Law Review 21/1 (1995), 277, 281.

94 *Park*, Korea Real Estate Review 9/1 (1999), 93, 96. Beispielsweise üben ein Rechtsanwalt einen freien unabhängigen Beruf aus (§ 2 Rechtsanwaltsgesetz). Daher wird ein großer Ermessensspielraum eingeräumt.

95 Komm/*Ki*, § 750 KBGB S. 635.

96 Komm/*Ki*, § 750 KBGB S. 635.

97 Komm/*Ki*, § 750 KBGB S. 636.

98 Komm/*Ki*, § 750 KBGB S. 635.

99 KOGH, Urt. v. 27.9.2002 – AZ 2001Da19295; vgl. zur Sorgfaltspflicht des Anwalts *Lee*, Chung-Ang Law Review 5/2 (2003), 207, 232.

berücksichtigen, die die deutsche Rechtsprechung zur Expertenhaftung festgelegt hat.[100] Im Rahmen der Begründung der Rechtswidrigkeit gemäß § 750 KBGB beruft sich diese Ansicht auf die Rechtsprechung des BGH. Für die Beurteilung der Rechtswidrigkeit lassen sich die folgenden Umstände in Erwägung ziehen. Die Auskunft müsse für den Empfänger von erheblicher Bedeutung sein, wobei dieser sie zur Grundlage wesentlicher Vermögensdisposition machen will.[101] Beide Umstände müssen für den Auskunftsgeber objektiv erkennbar sein.[102] Ein schutzwürdiges Vertrauen in die Informationen müsse bestehen, da die Informationen aufgrund besonderer Sachkunde im Rahmen einer beruflichen Tätigkeit erteilt werden.[103] Auch der Kreis der zu schützenden Dritten müsse objektiv abgrenzbar sein.[104] Dabei werden auch der Schutzzweck der einzelnen Gesetze, die die berufliche Tätigkeit der Berufsangehörigen regeln, mitberücksichtigt.[105] Bei der Bestimmung der Rechtswidrigkeit seien die folgenden Gesichtspunkte auch in Betracht zu ziehen: die Ziele des Gesetzgebers, die darin bestehen, die Qualifikation der Berufsangehörigen und ihre Professionalität zu gewährleisten; den Grad der von den Berufsangehörigen geforderten Fachkenntnisse; die Art und das Ausmaß der Verletzung der Sorgfaltspflicht; die Interessenabwägung zwischen den Parteien und die Notwendigkeit der Anerkennung des Ermessensspielraums im Bereich des Fachwissens.[106] Auch in anderen Rechtsordnungen mit allgemeiner Generalklausel im Deliktsrecht, wie z. B. in Frankreich, Italien und der Schweiz, werden die besondere Berufsstellung des Sachverständigen, sein Fachwissen und das Vertrauen, das ihm entgegengebracht wird, als wichtige Faktoren für die Begründung der Schadensersatzpflicht des Sachverständigen angesehen.[107]

---

100 *Do/Kim*, Ho-Seo Journal of Social Sciences 18/1 (1999), 103, 130; *Choi*, The Journal of Property Law 11/1 (1994), 131, 158 ff.; *Kim*, The Korean Journal of Civil Law 25 (2004), 3, 33 ff.; Komm/*Ki*, § 750 KBGB S. 637.

101 Z. B. BGH, NJW 1986, 180, 180 f.; *Do/Kim*, Ho-Seo Journal of Social Sciences 18/1 (1999), 103, 130; *Choi*, The Journal of Property Law 11/1 (1994), 131, 158.

102 *Do/Kim*, Ho-Seo Journal of Social Sciences 18/1 (1999), 103, 130; *Choi*, The Journal of Property Law 11/1 (1994), 131, 158.

103 *Do/Kim*, Ho-Seo Journal of Social Sciences 18/1 (1999), 103, 130; *Choi*, The Journal of Property Law 11/1 (1994), 131, 158; *Kim*, The Korean Journal of Civil Law 25 (2004), 3, 17 ff.

104 *Choi*, The Journal of Property Law 11/1 (1994), 131, 158; vgl. BGH, NJW-RR 1986, 484, 486.

105 *Kim*, The Korean Journal of Civil Law 25 (2004), 3, 19; *Choi*, The Journal of Property Law 11/1 (1994), 131, 159.

106 Komm/*Ki*, § 750 KBGB S. 637.

107 *Lammel*, AcP 179 (1979), 337, 353 ff.; *Honsell*, in: FS Medicus (1999), S. 211, 217.

2. Die Haftung des Anwalts

Die Rechtsprechung neigt dazu, die vertraglichen Pflichten der Rechtsanwälte gegenüber ihren Mandanten graduell zu erweitern.[108] Es gibt jedoch seltene Fälle, in denen Schadensersatzansprüche Dritter wegen der Erteilung fehlerhafter Auskünfte durch Rechtsanwälte in Rede standen. Im Hinblick auf die allgemeine Anwaltshaftung gegenüber Dritten scheint die herrschende Meinung in Korea die Lösung nach dem Deliktsrecht zu favorisieren.[109] In einer Entscheidung des KOGH stellt sich der Sachverhalt wie folgt dar: Ein Rechtsanwalt hat es versäumt, zu prüfen, ob der Mandant der Eigentümer oder sein gesetzlicher Vertreter ist, indem er bei der über seinen Angestellten Annahme eines Auftrags des Antrags auf Eintragung der Eigentumsurkunde vom Mandanten die Vorlage eines Siegels oder eines nationalen Personalausweises oder eines anderen gleichwertigen Mittels verlangte. Nach der Rechtsprechung des KOGH handelt der Rechtsanwalt fahrlässig, wenn er bei der Prüfung des Siegels oder des Personalausweises mit der normalerweise erforderlichen Sorgfalt hätte erkennen können, dass die Dokumente gefälscht sind und der Mandant nicht der Eigentümer oder sein gesetzlicher Vertreter ist, und er es unterlassen hat, dies zu tun.[110] Wenn in diesem Fall ein Dritter, der nicht der Mandant ist, durch die Handlung des Anwalts einen Schaden erleidet, ist der Anwalt gemäß § 750 KBGB schadenersatzpflichtig. Allerdings wurde in einigen Fällen gemäß § 756 Abs. 1 KBGB anerkannt, dass ein Mandant für die Handlung des Rechtsanwalts gegenüber Dritten haftbar gemacht werden kann.[111] Die Rechtsprechung sieht hier den Anwalt als eine Art Verrichtungsgehilfe des Mandanten.

---

108 *Park*, Civil Procedure 8/1 (2004), 224, 226.

109 *Kang*, Journal of Consumer Policy Studies 15 (1995), 117, 129; *Kwon/Park*, A-Jou Law Review 10/4 (2017), 298, 305; *Lee*, Myong-Ji The Social Science Research Institute 16 (2000), 433, 458; *ders.*, Myong-Ji The Social Science Research Institute 17 (2001), 377, 384; *Kim*, Theses Collection 16/1 (1997), 397, 403; *Lee*, Chung-Buk Law Journal 14 (2003), 245, 256; *Choi*, Dan-Kook Law Review 23/1 (1997), 243, 257.

110 KOGH, Urt. v. 7.12.1990 – AZ 90Daka27396; Komm/*Ki*, § 750 KBGB S. 751; *Kwon/Park*, A-Jou Law Review 10/4 (2017), 298, 304 f.; *Lee/Bae*, Yeung-Nam Law Journal 6/1–2 (2000), 277, 302.

111 KOGH, Urt. v. 28.4.1998 – AZ 96Da25500; *Kwon/Park*, A-Jou Law Review 10/4 (2017), 298, 305; *Lee*, Myong-Ji The Social Science Research Institute 16 (2000), 433, 458; *ders.*, Myong-Ji The Social Science Research Institute 17 (2001), 377, 384.

3. Die Haftung des Wirtschaftsprüfers

Im Zusammenhang mit der deliktischen Haftung des Wirtschaftsprüfers gegenüber gewöhnlichen Anlegern wird häufig der sog. Sinjeong-Fall genannt. In diesem Fall hat ein insolventes Unternehmen durch langfristige Bilanzverschleierung vorgetäuscht, als ob die Voraussetzungen für einen Börsengang erfüllt würden, und hat seine Aktien an der Börse notiert. Danach ist die Firma dann bankrottgegangen, wodurch der Aktienkurs abgestürzt wurde und gewöhnlichen Anlegern, die in Aktien investiert haben, Verluste entstanden sind. Hierbei hat der KOGH den beklagten Wirtschaftsprüfer zur Schadensersatzleistung gemäß § 750 KBGB verurteilt: „Ein Wirtschaftsprüfer als Beklagte, der vorsätzlich an der Bilanzverschleierung des Unternehmens beteiligt ist und einen falschen Prüfungsbericht erstellt und dadurch eine rechtswidrige Notierung seiner Aktien veranlasst hat, ist in diesem Fall gemäß § 750 KBGB den Geschädigten zum Ersatz der Schäden verpflichtet. Da es in den derartigen Fällen für die Geschädigten äußerst schwierig oder tatsächlich unmöglich ist, den gesamten Verlauf der Kausalzusammenhang zwischen der rechtswidrigen Handlung und dem Eintritt der Schäden nachzuweisen, kann es nicht mit dem Gedanken der sozialen Gerechtigkeit in Einklang stehen, dass der Geschädigte die gesamte Beweislast trägt. Daher genügt es dem Geschädigten als Kläger nachzuweisen, dass ein Kausalzusammenhang zwischen der Tat des Beklagten und der rechtswidrigen Börsennotierung des insolventen Unternehmens besteht und der Kläger die Aktien in gutem Glauben gekauft hat, wodurch er einen Schaden erlitten hat. Demgegenüber haftet der Beklagte, es sei denn, er weist nach, dass der Schaden nicht aus der illegalen Notierung von Aktien, sondern aus anderen Gründen wie unerwarteter Umschwung der Wirtschaftslage verursacht wurde“.[112] Dieser Fall ist insofern von Bedeutung, als der KOGH die Beweislastumkehr für den adäquaten Kausalzusammenhang versucht hat.[113]

In Bezug auf die Haftung eines Wirtschaftsprüfers auf Schadensersatz gegenüber einem Dritten für eine wesentliche Falschaussage im Prüfungsbericht (§ 17 Abs. 2 Gesetz über die externe Abschlussprüfung von Aktiengesellschaften a. F.) hat die Rechtsprechung wie folgt beschrieben: „Beim Aktienhandel ist

---

112 LG Seoul Süd Urt. v. 6.5.1994 – AZ 92Gahap11689; vgl. *Lee*, The Korean Journal of Civil Law 63/1 (2013), 81, 82.

113 *Choi*, The Journal of Property Law 11/1 (1994), 131, 163; *Do/Kim*, Ho-Seo Journal of Social Sciences 18/1 (1999), 103, 132; *Soh*, The Korean Journal of Civil Law 22 (2002), 216, 247 ff. Es wird die Auffassung vertreten, dass es sich bei § 750 KBGB um eine allgemeine Vorschrift handelt, so dass in diesem Fall das Sondergesetz gelten sollte.

die Finanzlage eines Zielunternehmens einer der wichtigsten Faktoren bei der Bildung von Aktienkursen und der Prüfungsbericht, der durch die Prüfung des Jahresabschlusses des Zielunternehmens durch einen externen Wirtschaftsprüfer erstellt wird, ist die objektivste Information, die den genauen Finanzstatus des Unternehmens offenbart. Da sie allgemeinen Anlegern zur Verfügung gestellt und bekannt gegeben wird und einen entscheidenden Einfluss auf die Bildung von Aktienkursen hat, wird es angenommen, dass sich gewöhnliche Anleger, die in Aktien investieren, darauf verlassen dürfen, dass der Prüfungsbericht, der die finanzielle Lage des Unternehmens am besten widerspiegelt, ordnungsgemäß erstellt und veröffentlicht wurde und der Aktienkurs natürlich auf deren Grundlage gebildet ist".[114] Der KOGH hat auch ausgeführt: „Wenn in Bezug auf die Jahresabschlussprüfung ein externer Wirtschaftsprüfer diesen Prozess nicht oder fahrlässig durchgeführt hat, stellt dies die Verletzung der Sorgfaltspflicht dar. Demzufolge wurde die Bilanzverschleierung nicht herausgefunden. Dann ist es vernünftig anzunehmen, dass wegen der Pflichtverletzung die Geldmarktpapieren des Unternehmens eine angemessene Bonitätseinstufung von Ratingagenturen erhalten haben und Finanzinstitute gekommen sind, um Kredite durch den Kauf der Geldmarktpapieren bereitzustellen".[115]

4. *Die Haftung des Gutachters*

Dazu hat sich der KOGH[116] folgendermaßen geäußert: „Da die Schadensersatzpflicht des Gutachters gemäß § 28 Abs. 1 Gesetz über die Begutachtung und Gutachter nicht voraussetzt, dass der Dritte kein Verschulden trifft, kann die Schadensersatzpflicht des Gutachters auch dann nicht verneint werden, wenn der Dritte die Unrichtigkeit des Gutachtens oder die Verwendung des Gutachtens zu einem anderen Zweck als dem des Bewertungsauftrags fahrlässig nicht erkannt hat, abgesehen davon, dass dies ein Grund für die Anrechnung von Fahrlässigkeit ist. Der Begriff ‚gutgläubiger Dritter' im Sinne von § 28 Abs. 1 Gesetz über die Begutachtung und Gutachter bezeichnet einen Dritten, der nicht nur nicht weiß, dass der Inhalt des Gutachtens falsch ist, sondern auch nicht weiß, dass das Gutachten nicht für andere Zwecke als den eigentlichen Zweck des Gutachtens verwendet werden kann, wenn im Gutachten angegeben ist, dass das Gutachten nicht für andere Zwecke als den Zweck des Gutachtens verwendet werden kann".

114 KOGH, Urt. v. 12.9.1997 – AZ 96Da41991; KOGH, Urt. v. 25.10.2007 – AZ 2006Da16758,16765.

115 KOGH, Urt. v. 11.1.2007 – AZ 2005Da28082.

116 KOGH, Urt. v. 28.6.1983 – AZ 83Daka395; KOGH, Urt. v. 7.9.1999 – AZ 99Da28661.

C. Der Vertrag mit Schutzwirkung zugunsten Dritter (für Dritte)

I. Überblick und bisheriger Diskussionsstand

In der deutschen Rechtspraxis ist es seit langem allgemein anerkannt, dass auch Dritte, die an einem Vertrag nicht unmittelbar beteiligt sind, in den Schutzbereich eines Vertrags einbezogen werden können.[117] In diesem Fall sei der Schuldner gegenüber Dritten dann zwar nicht zur Hauptleistung, aber zum Schadensersatz verpflichtet.[118] Dabei handelt es sich ausschließlich um die Ausdehnung der Schutzpflichten auf Dritte.[119] Dieses Rechtsinstitut wird im Schrifttum als „Vertrag mit Schutzwirkung zugunsten Dritter" bezeichnet. Nach der aktuellen Rechtsprechung des BGH findet diese Konstruktion ihre Rechtsgrundlage in der ergänzenden Vertragsauslegung nach §§ 133, 157 BGB.[120] In Korea wird dagegen noch darüber diskutiert, ob ein solches Rechtsinstitut eingeführt werden soll.[121] Dies ist auf die Generalklausel im koreanischen Deliktsrecht (§ 750 KBGB) zurückzuführen. In Korea werden die meisten Fälle, in denen die Rechtsfigur des Vertrags mit Schutzwirkung für Dritte herangezogen werden kann, über § 750 KBGB gelöst.[122] Im Hinblick auf die Gehilfenhaftung (§ 756 Abs. 1 S. 2 KBGB) besteht die Exkulpationsmöglichkeit nach dem Deliktsrecht.[123] Daher hat der Geschäftsherr nur für Auswahl- und Überwachungsverschulden einzustehen. Um diese Schutzlücken

---

117 BGH, NJW 1996, 2927, 2928.

118 *D. Fischer*, in: HB der Anwaltshaftung, § 10 Rn. 1; BGH, NJW 1996, 2927, 2928; vgl. auch BGH, NJW 1968, 885, 887; BGH, NJW 1959, 1676; BGH, NJW 1964, 33; BGH, NJW 1965, 1757; BGH, NJW 1965, 1955.

119 *Canaris*, JZ 1965, 475, 477.

120 RGZ 127, 218, 222 (Werkvertrag); BGH, NJW 1996, 2927, 2928; BGH, NJW 2017, 3777; BGH, NJW 2014, 2345; BGH, NJW 1957, 1187; BGH, NJW 1971, 1931; BGH, NJW 1984, 355, 356; BGH, NJW 1995, 51, 52; BGH, NJW 1996, 2927, 2928; BGH, NJW 1998, 1948, 1949; BGH, NJW 2004, 3630, 3632; BGH, NJW 2004, 3035, 3037; BGH, NJW 2017, 3777; MünchKomm/*Gottwald*, § 328 BGB Rn. 171; *Dahm*, JZ 1992, 1167, 1169 f.; *Leyens*, JuS 2018, 217, 220; *Bell*, S. 93 ff.; *Zumbansen*, JZ 2000, 442, 443; *Finn*, NJW 2004, 3752, 3752.

121 *Pak*, The Korean Journal of Civil Law 30 (2005), 385, 386.

122 KOGH, Urt. v. 10.12.2002 – AZ 2001Da56904.

123 *Yoon*, The Korean Journal of Civil Law 73 (2015), 341, 348; *Im*, The Journal of Property Law 15/1 (1998), 105, 105 f.

zu schließen, befürworten einige Autoren diese Konstruktion.[124] Sie sprechen sich auch dafür aus, dass diese Rechtsfigur sich stark an den Gedanken von Treu und Glauben (§ 2 Abs. 1 KBGB) anlehnt.[125] Einige von ihnen vertreten die andere Auffassung, dass ein Dritter durch die Generalklausel über die Leistungsstörung gemäß § 390 KBGB ein Gläubiger sein kann, der einen Schadensersatzanspruch wegen einer Verletzung der vertraglichen Schutzpflichten hat.[126] Demgegenüber wird eine kritische Ansicht mit der Begründung vertreten, dass der Geschäftsherr sich nach der ständigen Rechtsprechung des KOGH sehr selten exkulpieren kann.[127] Sie behauptet, dass in der koreanischen Rechtspraxis solche Schutzlücken daher tatsächlich nicht bestehen. Einige der in der Rechtsprechung behandelten Fälle lassen sich jedoch aufgrund dieser Konstruktion erklären. Im Folgenden werden diese untersucht.

II. Stand der Rechtsprechung

1. Der Fall des Kräutermediziners

Der Sachverhalt, um den es in dieser Rechtsprechung geht, stellt sich wie folgt dar. Der Beklagte, der als Experte die Gefahren von „Cho-O" (eine Art von Kräutern) besser erkennen könnte als die breite Öffentlichkeit, hat es an die Klägerin verkauft. Dabei hat er jedoch die Wirksamkeit, Risiken und richtige Anwendung (Dosierung) von Cho-O nicht erklärt, so dass die Klägerin eine tödliche Dosis des Cho-O an ihren Ehemann gegeben hat und er demzufolge gestorben ist. Der KOGH[128] hat sich dazu geäußert: „In Anbetracht des Zwecks des Qualifikationssystems für Kräutermediziner und der Eigenschaften von Kräutermedizin verfügen Kräutermediziner professionelles Wissen über die Inhaltsstoffe, Wirksamkeit und Dosierung von Kräutermedizin. Daher beim Verkauf der Kräutermedizin an eine Person, die je nach Verwendung oder Dosierung fatale Folgen für den menschlichen Körper haben kann, ist ein Kräutermediziner als Verkäufer einem Käufer nach Treu und Glauben verpflichtet, dem Käufer die Möglichkeit zu geben,

---

124 *Pak*, The Korean Journal of Civil Law 30 (2005), 385, 386; *Kim*, The Korean Journal of Civil Law 36 (2007), 461, 466; *Jee*, Vorlesung KBGB Rn. 5–78; Komm/*Kim*, § 390 KBGB S. 656 f.; vgl. *Leyens*, JuS 2018, 217, 219; *Larenz*, NJW 1956, 1193, 1193.

125 *Pak*, The Korean Journal of Civil Law 30 (2005), 385, 412; *Larenz*, NJW 1956, 1193, 1194.

126 *Pak*, The Korean Journal of Civil Law 30 (2005), 385, 426.

127 *Pak*, The Korean Journal of Civil Law 30 (2005), 385, 387; Komm/*Lee*, § 750 KBGB S. 116.

128 KOGH, Urt. v. 10.12.2002 – AZ 2001Da56904.

zu wählen und sich dafür zu entscheiden, ob er sie einnimmt oder nicht, oder wie er sie einnimmt, indem er den Käufer ausführlich über ihre Wirksamkeit, Risiken und sichere Dosierung informiert. Wenn der Kräutermediziner diese Verpflichtungen nicht erfüllt und dadurch der Käufer die falsche Verabreichungsmethode gewählt hat, was zur Gefahr für Leben oder Körper führt, stellt dies eine rechtswidrige Handlung, die das oben dargestellte Entscheidungsrecht verletzt, dar. Der Verkäufer ist hier dazu verpflichtet, die durch Entstehung der Gefahr verursachten allen Schäden zu ersetzen, wenn ein adäquater Kausalzusammenhang zwischen dieser rechtswidrigen Handlung und der dem Verwender eingetretenen Gefahr für Leib und Leben besteht. Andernfalls kann der Geschädigte nur Schmerzensgeld für eine Verletzung des Entscheidungsrechts oder Selbstbestimmungsrecht verlangen. In diesem Fall wird die Verletzung der Aufklärungspflicht vom Beklagten, die den Toten dazu veranlasst hat, Cho-O einzunehmen, als rechtswidrige Handlung angesehen, die das Entscheidungsrecht des Toten verletzt hat. Folglich können die Hinterlassenen Schmerzengeld für psychische Schäden, die der Verstorbene und die Kläger als seine Familienangehörigen erlitten haben, verlangen (§ 751 KBGB)".

Mit dieser Entscheidung hat der KOGH eine Möglichkeit eröffnet, die Theorie über die Arzthaftung wegen einer Verletzung der ärztlichen Aufklärungspflicht auf andere Fälle auszudehnen.[129] Es gibt allerdings kritische Stimmen. Nach einer kritischen Ansicht handelt es sich dabei um einen Fall, in dem der Verkäufer der Kräuter seine Aufklärungspflicht verletzt und einem Dritten, der Familienangehörige des Käufers, Schäden zugefügt hat.[130] Dabei kann die Aufklärungspflicht des Verkäufers zu den Schutzpflichten (im weiteren Sinne) aus dem Kaufvertrag gehören. Es wird daher argumentiert, dass dies ein klassischer Fall ist, in dem die Rechtsfigur des Vertrags mit Schutzwirkung für Dritte zur Anwendung kommen kann.[131] Sie behauptet, dass in diesem Fall nur die Verletzung der Nebenpflichten des Verkäufers im Rahmen des Kaufvertrags zur Sprache kommen könne.[132] Letztlich komme es darauf an, ob ein Kausalzusammenhang zwischen der Verletzung der Aufklärungspflicht durch den Verkäufer und dem Tod des Ehemanns der

129 *Pak*, The Korean Journal of Civil Law 30 (2005), 385, 389.
130 *Pak*, The Korean Journal of Civil Law 30 (2005), 385, 394.
131 *Yoon*, The Korean Journal of Civil Law 73 (2015), 341, 355 f.
132 *Pak*, The Korean Journal of Civil Law 30 (2005), 385, 390.

Käuferin bestehe.[133] Anders als bei der Fallgruppe der Arzthaftung stelle sich hier nicht die Frage der persönlichen Entscheidungsfreiheit.[134]

2. Der Fall des Mietvertrags

Gemäß § 758 KBGB (die Haftung des Werkeigentümers) hat der KOGH die Schadensersatzpflicht des Vermieters für den Tod eines Kollegen des Mieters bestätigt, der mit dem Mieter in einem gemieteten Zimmer zusammengewohnt hat.[135] Dabei stellt sich heraus, dass der Geschädigte infolge einer Vergiftung durch aus einem Schornstein austretendes Brikettgas ums Leben gekommen ist. Im deutschen Recht kann dies ein klassischer Fall sein, in dem ein Dritter in den Schutzbereich eines Vertrags einbezogen wird. Nach der Rechtsprechung des BGH können die Angehörigen des Mieters in den Schutzbereich der Schutzpflichten aus dem Mietvertrag einbezogen werden.[136] Daher steht ein Schadensersatzanspruch gegen den Vermieter dem Dritten zu. Der KOGH hat hingegen einen deliktischen Schadensersatzanspruch angenommen.

3. Der Fall des Bewachungsvertrags

In der koreanischen Rechtsprechung handelt es sich um einen Schadensersatzpflicht der Bewachungsfirma wegen einer Verletzung der Pflicht zur Bewachungs- und Sicherheitsdienstleistung.[137] „Nach dem Vertragszweck und der Definition des Bewachungsobjekts in den Bedingungen des Bewachungsvertrags und den Bestimmungen über den Schadensersatz ist der Nutzer in den oben genannten Bedingungen ein Dritter, der nicht der Vertragspartner ist, und daher ist der Vertrag zumindest insofern der Vertrag zugunsten Dritter (§ 539 KBGB). Bei der Feststellung des Kreises der Dritten sind folgende Umstände zu berücksichtigen: Die Natur der vertraglichen Bewachungsdienstleistung, die Höhe der persönlichen Haftung für Schäden, das Eigentums- und Nutzungsverhältnis des Bewachungsobjekts sowie die Motive und Umstände, unter denen die Vertragsparteien den Vertrag geschlossen haben. Deshalb gehören nur der Eigentümer des Gebäudes, das Gegenstand der Bewachungsdienstleistung ist, und seine Familienangehörigen, einschließlich seiner Frau, die das Gebäude täglich nutzen und mit

---

133 *Pak*, The Korean Journal of Civil Law 30 (2005), 385, 390.

134 *Pak*, The Korean Journal of Civil Law 30 (2005), 385, 390; vgl. BGH, NJW 2009, 2820 (Im Fall einer Verletzung der ärztlichen Aufklärungspflicht).

135 KOGH, Urt. v. 9.2.1993 – AZ 92Da31668; KOGH, Urt. v. 14.3.1989 – AZ 88Daka11121.

136 Vgl. BGHZ 49, 350, 353 = BGH, NJW 1968, 885; *Larenz*, NJW 1956, 1193, 1194.

137 KOGH, Urt. v. 27.8.1993 – AZ 92Da23339.

ihm zusammenleben, zu dem Kreis der Dritten aus Vertrag. Dagegen werden die Dritten, die nur eine kurze Zeit das Gebäude besucht haben, nicht vom Vertrag erfasst". Der KOGH hat auch ausgeführt, dass bei einem Bewachungsvertrag die Hauptleistungspflichten dem Schutz der Interessen der anderen Vertragspartei oder eines Dritten dienen, so dass die Pflichtverletzung grundsätzlich als Leistungsstörung zu behandeln ist.[138]

Während der KOGH in einem Fall die Auffassung vertreten hat, dass es sich dabei um einen echten Vertrag zugunsten Dritter handelt, ist in der Literatur trotz des Wortlauts der Rechtsprechung vielmehr davon auszugehen, dass die Konstruktion des Vertrags mit Schutzwirkung für Dritte in Betracht kommt.[139] Es ist jedoch unklar, ob in diesem Fall die „Wohl und Wehe Formel" angenommen werden kann.

III. Stellungnahme

Dieses Rechtsinstitut ist durch die deutsche Rechtsprechung anerkannt und weit entwickelt worden. Während die Theorie über c.i.c. in § 535 KBGB gesetzlich verankert wurde, ist es schwierig, die Rechtsgrundlage für dieses Rechtsinstitut im koreanischen Zivilrecht zu finden. Da sich diese Rechtsfigur von dem echten Vertrag zugunsten Dritter unterscheidet, wäre es im Hinblick auf die Auslegung des geltenden Rechts nicht einfach, diese Konstruktion auf der Grundlage der Regeln über den Vertrag zugunsten Dritter unmittelbar zu akzeptieren.[140] Auch die Rechtsprechung scheint eine Lösung nach dem Deliktsrecht zu bevorzugen. Ob dies mithilfe des Gedankens von Treu und Glauben oder der ergänzenden Vertragsauslegung in das koreanischen Rechtssystem eingeführt werden kann, muss weiter diskutiert werden.

D. Die Dritthaftung aus culpa in contrahendo

I. Entwicklung der c.i.c. im koreanischen Recht

Für die Rechtsvergleichung ist es zunächst wichtig, die von Deutschland unterschiedliche Gesetzeslage in Korea darzustellen. Ausgangspunkt ist dabei, dass anders als in Deutschland keine allgemeine gesetzliche Regelung der c.i.c. im

---

138 KOGH, 15.7.2010 – AZ 2010Da19990; KOGH, Urt. v. 27.1.2006 – AZ 2005Da19378.

139 *Jee*, Vorlesung KBGB Rn. 5–78; *Yoon*, The Korean Journal of Civil Law 73 (2015), 341, 358; *Chang*, SungKyunKwan Law Review 19/1 (2007), 227, 238.

140 *Kim*, The Journal of Property Law 20/1 (2003), 15, 28 f.; *Seo*, The Korean Journal of Civil Law 39/1 (2007), 345, 355.

koreanischen Recht zu finden ist. Allerdings zeigt sich, dass die Schadensersatzpflicht wegen anfänglicher Unmöglichkeit des Vertrags in § 535 KBGB geregelt wird, der auf die teilweise Rezeption[141] des deutschen Schuldrechts, vor allem den Gedanken der c.i.c basiert. Insofern gilt der Grundgedanke der c.i.c, der mit der Rezeption des deutschen Schuldrechts die Gesetzgebung (§ 535 KBGB) in Korea beeinflusst hat, auch für das koreanische Rechtssystem.

Darüber hinaus sind folgende Umstände zu berücksichtigen: Im Wesentlichen geht der Bedarf dieser Lehre in Deutschland darauf zurück, dass die deliktischen Einzeltatbestände im BGB (§§ 823, 826 BGB) nur einen begrenzten Schutzumfang haben und die primären Vermögensschäden bei fahrlässiger Verletzung im geltenden Deliktsrecht nicht ausreichend geschützt werden.[142] An dieser Stelle dient der Rückgriff auf die Haftung aus c.i.c. dazu, diese Problematik wegen der Unzulänglichkeit des deliktischen Vermögenschutzes zu lösen.[143] Denn ein Schuldverhältnis aus c.i.c. beruht auf einer Sonderverbindung und insofern gelten die Grundsätze des Vertragsrecht auch für die Haftung aus c.i.c.[144] Damit kann das Vermögen gegen bloße fahrlässige Schädigungen geschützt werden und dieses Ergebnis entspricht dem Gerechtigkeitsempfinden.[145] Im Gegensatz dazu gibt es eine allgemeine deliktische Generalklausel in Korea, so dass die Vermögensschäden in den Fällen auch geschützt werden, in denen unter den Beteiligten keine vor- und vertragliche Beziehung besteht (das sog. Jedermann-Verhältnis). Hierbei geht es darum, ob diese Theorie im Einklang mit dem koreanischen Rechtssystem vollständig akzeptiert werden kann.

1. *Überblick der c.i.c.*

Die grundlegenden Inhalte der Lehre der c.i.c. in Korea basieren auf deutschen Theorien. Die Lehre vom Verschulden bei Vertragsverhandlungen (culpa in contrahendo) ist durch *Rudolph von Jhering* auf Basis seines Beitrages über die c.i.c. aus dem Jahre 1861 begründet worden.[146] Sie stützt sich auf den Gedanken von

---

141 Das koreanische Zivilrecht hat weitgehend Bürgerliches Recht in Deutschland über das japanische Zivilrecht übernommen. Dafür *Kim*, The Korean Journal of Civil Law 71 (2015), 149, 152.

142 *Zugehör*, NJW 2000, 1601, 1602; *Honsell*, in: FS Medicus (1999), S. 211, 213; *Büttner*, S. 33 f.

143 *Medicus/Lorenz*, Schuldrecht AT Rn. 532.

144 *Canaris*, in: FS Larenz (1983), S. 27, 33 ff.

145 *Honsell*, in: FS Medicus (1999), S. 211, 213; *Canaris*, in: FS Larenz (1983), S. 27, 33 f.

146 *Rudolf von Jhering*, Culpa in contrahendo, in: JherJb 4 (1861), S. 1 ff.; MünchKomm/*Emmerich*, § 311 BGB Rn. 38.

Treu und Glauben und begründet ein besonderes Schuldverhältnis, das bereits „durch den Eintritt in die Vertragsverhandlungen“ entsteht.[147] In Deutschland ist dieses Rechtsinstitut richterrechtlich herausgebildet worden und seit langem anerkannt.[148] Zwar ist der Rechtsgrund der c.i.c. umstritten, aber nach herrschender Meinung in Deutschland basiert die Lehre auf den Vertrauensgedanken, der auf grundlegende Untersuchungen von *Ballerstedt* und *Canaris* zurückgeht.[149] Diese Lehre hat auch auf einzelne Vorschriften im BGB Einfluss genommen (z. B. § 122, § 179, §§ 307, 309 a. F., § 663 BGB) und ist schließlich seit der am 1.1.2002 in Kraft getretenen Schuldrechtsreform in Deutschland in § 311 Abs. 2 und 3 BGB gesetzlich verankert.[150] Nach den Grundsätzen der c.i.c. entsteht ein Schuldverhältnis bereits durch die Aufnahme von Vertragsverhandlungen oder eines rechtsgeschäftlichen Kontakts zwischen den Parteien und eine Partei ist aufgrund der vorvertraglichen Sonderverbindung zur Rücksicht auf die Rechte, Rechtsgüter und Interessen des anderen Teils verpflichtet.[151] Dies zeichnet sich durch ein gesetzliches Schuldverhältnis ohne primäre Leistungspflicht aus und hat eine vertragsähnliche Natur.[152]

Ein Schuldverhältnis aus c.i.c. begründet angesichts der Sonderverbindung erhöhte Sorgfalts- und Rücksichtnahmepflichten unter den Beteiligten, die sich von allgemeinen Verhaltenspflichten im Deliktsrecht unterscheiden.[153] Hierzu

---

147 *Ballerstedt*, AcP 151 (1950/51), 501, 502 f.

148 *Medicus/Lorenz*, Schuldrecht AT Rn. 527; *Lorenz*, JuS 2015, 398, 398.

149 *Ballerstedt*, AcP 151 (1950/51), 501, 501 ff.; *Canaris*, Die Vertrauenshaftung im deutschen Privatrecht, 1971; *Canaris*, in: FS Larenz (1983), S. 27, 27 ff.; *Canaris*, in: FG 50 Jahre BGH I (2000), S. 129, 191 ff.; *Canaris*, in: FS Schimansky (1999), S. 43, 49 ff.; *Canaris*, AcP 200 (2000), 273, 304 ff.; *Damm*, JZ 1991, 373, 383; *Kersting*, S. 47; MünchKomm/*Emmerich*, § 311 BGB Rn. 42; BeckOGK/*Herresthal* (Stand: 15.5.2023), § 311 BGB Rn. 196, 199; *Bell*, S. 128 f., 131 f., 161. Danach „ist der Kerngedanke der c.i.c. ist die Inanspruchnahme und Gewährung eines besonderen Vertrauens, so dass dieses Rechtsinstitut das Rechtsinstitut das von der anderen Partei entgegengebrachten Vertrauen schützt“.

150 BeckOGK/*Herresthal* (Stand: 15.5.2023), § 311 BGB Rn. 185.

151 *Larenz*, Schuldrecht AT, § 9 I a, S. 106; *Medicus/Lorenz*, Schuldrecht AT Rn. 527.

152 BeckOGK/*Herresthal* (Stand: 15.5.2023), § 311 BGB Rn. 193; *Larenz*, Schuldrecht AT, § 9 I a, S. 106; *Medicus/Lorenz*, Schuldrecht AT Rn. 531; *Medicus*, in: FS Keller (1989), S. 205, 207.

153 *Sung*, The Korean Journal of Civil Law 87 (2019), 111, 118, 120; *Larenz*, Schuldrecht AT, § 9 I a, S. 106; *Canaris*, in: FS Larenz (1983), S. 27, 34 f.

gehören z. B. die Schutzpflichten,[154] Mitwirkungs- und Aufklärungspflichten.[155] Die aus diesem Schuldverhältnis entstandenen Pflichten sind von dem Zustandekommen oder Wirksamkeit des Vertrags nicht abhängig.[156] Wenn ein Teil diese Pflichten schuldhaft verletzt, haftet er auf Schadensersatz. Charakteristisch für das Rechtsinstitut ist es, dass die Haftung aus c.i.c. den Ersatz des Vertrauensschadens (des negativen Interesses) zum Inhalt hat, der auf das positive Interesse (das Erfüllungsinteresse) begrenzt wird.[157]

2. *Schutzpflichten und c.i.c. – Definition und Abgrenzung von anderen Pflichten*

a) *Übersicht*

Wie oben dargestellt steht ein Schuldverhältnis aus c.i.c. vor allem mit den Sorgfalts- und Rücksichtnahmepflichten unter den Beteiligten im Zusammenhang.[158] Diese Pflichten treten neben Leistungspflichten im Sinne von § 241 Abs. 1 BGB ein, die darauf zielt, von dem Schuldner eine Leistung zu fordern. Sie sind durch die Schuldrechtsmodernisierung im Jahr 2002 in § 241 Abs. 2 BGB geregelt worden und werden als sog. Rücksichtnahmepflichten bezeichnet. Die Rücksichtnahmepflichten als Nebenpflichten (weitere Verhaltenspflichten) werden in Deutschland nun gesetzlich definiert und durch § 241 Abs. 2 BGB erfasst.[159] Danach ist ein Teil bereits im vorvertraglichen Stadium dazu verpflichtet, auf die Rechte, Rechtsgüter und Interessen des anderen Teils Rücksicht zu nehmen. Diese Pflichten i. S. v. § 241 Abs. 2 BGB sind d. h. dadurch gekennzeichnet, dass sie sich nicht auf ein Leistungsinteresse des Gläubigers, sondern insbesondere auf ein Integritätsinteresse des anderen Teils (*status quo*) beziehen.[160] Sie entstehen bereits durch die Anbahnung von Vertragsverhandlungen, so dass die schuldhafte Verletzung die Haftung aus c.i.c. begründet.[161] Zwar kann die Verletzung dieser Pflichten nicht nur im vorvertraglichen Stadium, sondern

---

154 MünchKomm/*Bachmann*, § 241 BGB Rn. 168. Danach „wurde ihre Bedeutung im 20. Jahrhundert von *Kress* und *Stoll* herausgearbeitet".

155 *Larenz*, Schuldrecht AT, § 9 I a, S. 110. Danach „sind Loyalitätspflichten insbesondere in Aufklärungs-, Mitteilungs- und Diskretionspflichten unterteilt".

156 *Canaris*, in: FS Larenz (1983), S. 27, 34 f.

157 *Medicus/Lorenz*, Schuldrecht AT Rn. 530; *Lorenz*, NJW 1999, 1001, 1001.

158 MünchKomm/*Emmerich*, § 311 BGB Rn. 52.

159 *Schwab*, JuS 2002, 773, 773; *Kersting*, S. 341.

160 *Lorenz/Riehm*, Schuldrecht Rn. 356.

161 *Schwab*, JuS 2002, 773, 773; *Medicus/Lorenz*, Schuldrecht AT Rn. 5. Danach „dauern sie während der Vertragsausführung an".

auch bei der Vertragserfüllung (sog. das Rechtsinstitut der „positiven Forderungsverletzung") in Betracht kommen. Aber in der vorliegenden Untersuchung steht die Verletzung der Rücksichtnahmepflichten im vorvertraglichen Schuldverhältnis im Mittelpunkt.

Dagegen gibt es keine gesetzliche Regelung über die Rücksichtnahmepflichten in Korea und die Definition dafür ist noch umstritten. Hierbei lassen sich die folgenden Fragen stellen: Wie kann man zunächst die Pflichten aus dem Schuldverhältnis gliedern? Welche Pflichten fallen unter Nebenpflichten? Was bedeuten die Rücksichtnahmepflichten? Können die Rücksichtnahmepflichten i. S. v. § 241 Abs. 2 BGB im koreanischen Rechtssystem in der Regel bejaht werden? Gehören die Rücksichtnahmepflichten im oben genannten Sinne zu den Nebenpflichten? Wann entstehen diese Pflichten? Können sie bereits im vorvertraglichen Stadium eintreten? Diese Fragen beziehen sich vor allem darauf, ob das gesamte Rechtsinstitut der c.i.c. in Korea über die Analogie des Kerngedankens der c.i.c. im § 535 KBGB übernommen werden kann. Falls ja, können die Rücksichtnahmepflichten nach der Lehre von c.i.c. bereits im vorvertraglichen Stadium entstehen. Auf diese Problematik wird im Folgenden zurückzukommen sein.

b) Stand der Literatur

In Korea dient § 390 KBGB als allgemeine Vorschrift über die Leistungsstörungen. Gemäß § 390 KBGB kann der Gläubiger Schadensersatz verlangen, wenn der Schuldner eine Verpflichtung nicht nach dessen Inhalt erfüllt. Es ist daher von Bedeutung, den Inhalt der Verpflichtungen gemäß dieser Bestimmung aufzuklären, um festzustellen, ob es im konkreten Fall Leistungsstörungen gibt. Davon geht die Diskussion in Korea aus. Vor der Diskussion ist auf Folgendes hinzuweisen. In Korea wird der Begriff „Sorgfalts- oder Rücksichtnahmepflichten" nicht oft verwendet. Stattdessen wird der Ausdruck „Schutzpflichten" im Allgemeinen verwendet, um solche Nebenpflichten zusammenfassend zu bezeichnen. Daher werden in dieser Arbeit die sog. **Schutzpflichten** als Oberbegriff für die Nebenpflichten verwendet.

Der Begriff oder die Einteilung der Pflichten kann je nach theoretischem Standpunkt unterschiedlich erfasst werden. Allerdings besteht in der koreanischen Lehre Einigkeit insoweit darüber, als sich die Pflichten aufgrund des Schuldverhältnisses aus Vertrag in Leistungspflichten und Nebenpflichten[162] grob unterteilen. Diese Einteilung wurde von der deutschen Lehre weitgehend

---

162 Nebenpflichten aus dem Vertragsverhältnis sind auch im KBGB vorgesehen (z. B. die Meldepflicht des Beauftragten gemäß § 683 KBGB).

beeinflusst.[163] Der große Unterschied zwischen ihnen liegt darin, dass nur bei Verletzung der Hauptleistungspflicht die Zwangsvollstreckung (§ 389 KBGB), die Geltendmachung der Schadensersatzansprüche (§ 390 KBGB) und sogar die Ausübung des Rücktrittsrechts (§§ 544 ff. KBGB) zulässig sind.[164] Nach h. M. werden die Leistungspflichten wieder in Hauptleistungspflichten und Nebenleistungspflichten eingeteilt.[165] Insbesondere die Ersteren sind auf Erfüllung der Hauptleistung aus dem Vertrag gerichtet. Allerdings aufgrund der Tatsache, dass die Abgrenzung zwischen Hauptleistungspflichten und Nebenpflichten im konkreten Fall nicht immer eindeutig ist, wird die andere Auffassung vertreten, dass es sich bei Nebenpflichten lediglich um im Rahmen der Durchführung des Vertrags eine konkrete Umsetzung von Leistungspflichten handelt.[166] Diese Ansicht verneint eine strikte Unterscheidung zwischen Leistungspflichten und Nebenpflichten.[167] Als Beispiel lasse sich der Beratungsvertrag anführen.[168] In diesem Fall stellt die Aufklärungspflicht in einem Beratungsvertrag selbst eine primäre Leistungspflicht dar.[169] Nach dieser Ansicht werden die Pflichten zur mangelfreien Erbringung der Leistung als Leistungspflichten identifiziert.[170] Das bedeutet, dass die Unterscheidung zwischen Neben- und Leistungspflichten im Einzelfall relativ sein könne und deswegen es keiner gesonderten Konzeption der in der Rechtspraxis anerkannten Schutzpflichten als Nebenpflichten bedürfe.[171] Demgemäß ist der konkrete Inhalt der Pflichten aus dem Schuldverhältnis nur nach einzelnen Verträgen zu bestimmen.[172]

Dennoch gibt es immer noch Auseinandersetzungen darüber, ob die Konzeption der Schutzpflichten i. S. v. § 241 Abs. 2 BGB im geltenden koreanischen Recht bejaht werden kann. Dies betrifft auch die Frage, ob die Schutzpflichten schon

---

163 Vgl. *Canaris*, in: FS Larenz (1983), S. 27, 84 f.

164 Komm/*Kim*, § 390 KBGB S. 623 f.; Zur Abgrenzung zwischen Hauptleistungspflichten und Nebenpflichten im Hinblick auf die Ausübung des Rücktrittsrechts vgl. KOGH, Urt. v. 29.3.2012 – AZ 2011Da102301; KOGH, Urt. v. 14.7.2005 – AZ 2004Da67011; KOGH, Urt. v. 22.12.1994 – AZ 93Da2766; KOGH, Urt. v. 13.11.2001 – AZ 2001Da20394, 20400.

165 Komm/*Kim*, § 390 KBGB S. 622.

166 Komm/*Kim*, § 390 KBGB S. 634 ff.; *Choi*, The Justice 68 (2002), 76, 83; *Chung*, The Korean Journal of Civil Law 30 (2005), 213, 236.

167 *Kim*, Journal of Private Case Law Studies 37 (2015), 635, 658 ff.

168 Komm/*Kim*, § 390 KBGB S. 634 ff.

169 Komm/*Kim*, § 390 KBGB S. 634 ff.; *Choi*, The Justice 68 (2002), 76, 83 f.

170 Komm/*Kim*, § 390 KBGB S. 632.

171 Komm/*Kim*, § 390 KBGB S. 636.

172 Komm/*Kim*, § 390 KBGB S. 637.

vor dem Vertragsschluss entstehen können. Dafür spricht sich die herrschende Meinung in Korea aus und klassifiziert diese Pflichten nach der deutschen Theorie. Danach lassen sich nicht-leistungsbezogene Nebenpflichten (weitere Verhaltenspflichten), die mit einem sonstigen Interesse des Gläubigers zu tun haben, in zwei Gruppen einteilen.[173] Erstens zielen die sog. Schutzpflichten (z. B. Bewahrungs- und Obhutspflichten) im engeren Sinne darauf ab, das Integritätsinteresse (Erhaltungsinteresse) des Gläubigers zu schützen.[174] Dieses Interesse hat mit anderen Rechtsgütern des Vertragspartners wie Gesundheit und Eigentum zu tun. Zweitens sind die sog. Vertrauenspflichten angesprochen. Hierzu gehören beispielsweise Aufklärungs- und Hinweispflichten oder Rücksichtspflichten, die insbesondere dem Schutz der Vermögensinteressen in Bezug auf den in Aussicht genommenen Vertrag dienen.[175] Nach dieser Auffassung können die Schutzpflichten nicht erst bei Vertragsabschluss, sondern bereits zu Beginn der Vertragsanbahnung entstehen.[176] Das heißt, dass wie in Deutschland die Schutzpflichten im vorvertraglichen Stadium auf einer Sonderverbindung beruhen, die von dem Zustandekommen oder Wirksamkeit des Vertrags unabhängig ist, und einen eigenständigen Status im Schuldrecht haben.[177] Diese Auslegung stützt sich auf die deutsche Lehre, die ein gesetzliches Schutzpflichtverhältnis auf der Grundlage einer sog. Sonderverbindung anerkennt.[178] Diese Ansicht setzt voraus, dass sie bereits durch einen rechtsgeschäftlichen Kontakt unter den Beteiligten eintreten können. Daher haben sie eine vertragsähnliche Natur und deren Verletzung kann die Haftung aus c.i.c. begründen, so dass sie zur Schadensersatzpflicht führen kann. Allgemeine Verhaltenspflichten werden über die Lehre von c.i.c.

---

173 Komm/*Kim*, § 390 KBGB S. 622; *Sung*, The Korean Journal of Civil Law 87 (2019), 111, 112; *Schmidt/Brüggemeier*, Grundkurs Zivilrecht Rn. 347; Münchkomm/*Bachmann*, § 241 BGB Rn. 39.

174 *Gwag*, Schuldrecht AT S. 17; *Kim*, Schuldrecht AT S. 35 ff; *Jee*, Vorlesung KBGB Rn. 4–13; Komm/*Kim*, § 390 KBGB S. 624; *Pak*, HUFS Law Review 27 (2007), 277, 290 ff.; *Medicus/Lorenz*, Schuldrecht AT Rn. 5; *Köhler/Lorenz*, Schuldrecht AT S. 92; BeckOK/*Sutschet* (Stand: 1.2.2023), § 241 BGB Rn. 15.

175 *Köhler/Lorenz*, Schuldrecht AT S. 92.

176 *Sung*, The Korean Journal of Civil Law 87 (2019), 111, 119; vgl. *Medicus/Lorenz*, Schuldrecht AT Rn. 522.

177 *Sung*, The Korean Journal of Civil Law 87 (2019), 111, 118 f.

178 Komm/*Kim*, § 390 KBGB S. 631; *Medicus/Lorenz*, Schuldrecht AT Rn. 522; *Kamp*, S. 55; vgl. *Canaris*, JZ 1965, 475, 478 ff.; *ders.*, in: FS Larenz (1983), S. 27, 102 ff. *Canaris* hat in seinem Beitrag von der Annahme eines einheitlichen *gesetzlichen* Schutzverhältnisses gesprochen.

als eine Art vertragliche Pflichten angesehen.[179] Außerdem können sie erst nach Vertragsschluss verletzt werden und hierdurch können Schadensersatzansprüche aus dem Vertrag nach § 390 KBGB auch entstehen.

Hingegen wird der eigenständige Stellenwert der Schutzpflichten im Schuldverhältnis verneint, weil es keinen großen Unterschied von den allgemeinen Verhaltenspflichten nach dem Deliktsrecht gibt, die gleiche Funktion bei gewöhnlichen Menschen erfüllen, bei denen keine vertragliche Beziehung besteht.[180] Danach gehören die Schutzpflichten nicht zu den Nebenpflichten aus Schuldverhältnis. Die Schutzpflichten werden daher selbstverständlich auch in der vorvertraglichen Phase nicht anerkannt, sondern nur die deliktische Haftung wegen Verletzung der allgemeinen Verhaltenspflichten kommt in Betracht (§ 750 KBGB).[181] Denn dieser Ansicht verneint die eigenständige Existenz von Schutzpflichten, der sich von den allgemeinen deliktischen Verhaltenspflichten unterscheidet.[182]

c) Stand der Rechtsprechung

Nach der Rechtsprechung des KOGH sind folgende Umstände bei der Differenzierung zwischen Leistungspflichten und Nebenpflichten aus Vertrag zu betrachten: „Zuerst ist der vernünftige Wille der Parteien, der zum Zeitpunkt des Vertragsschlusses zum Ausdruck gebracht wird oder aus allen Umständen objektiv entnommen wird, zu berücksichtigen. Dazu kommen verschiedene Umstände wie Vertragszweck und Rechtsfolge der Nichterfüllung in Betracht“. Hier ist es ersichtlich, dass der KOGH in der Meidung ist, hauptsächlich zwischen Leistungspflichten und Nebenpflichten zu unterscheiden. Der KOGH[183] hat sich dazu auch geäußert, dass „nach dem Grundsatz der Eigenverantwortlichkeit trifft eine Partei auch im Rahmen des Schuldverhältnisses aus Vertrag nicht die allgemeine Verpflichtung, die Interessen der anderen Partei zu wahren oder zu berücksichtigen, wie z. B. die Vermeidung von Schäden, die der anderen Partei entstehen“.[184]

---

179 MünchKomm/*Bachmann*, § 241 BGB Rn. 170; vgl. BGH, NJW 2019, 3516; BGH, NJW 2013, 3366; BGH, NJW 2021, 1818, BGH, NJW 2018, 2956.

180 *Lee*, Schuldrecht AT S. 195; Komm/*Kim*, § 390 KBGB S. 624; *Lee*, The Korean Journal of Civil Law 90 (2020), 161, 173 ff.; vgl. MünchKomm/*Bachmann*, § 241 BGB Rn. 56.

181 Komm/*Kim*, § 390 KBGB S. 630.

182 KoKomm/*Yang*, § 390 KBGB S. 217 ff.

183 KOGH, Urt. v. 21.8.2014 – AZ 2010Da92438.

184 KOGH Beschl. v. 7.4.1997 – AZ 97Ma575; KOGH, Urt. v. 29.3.2012 – AZ 2011Da102301.

Die folgenden Präjudizien sind jedoch zu beachten. Mit einer Reihe von Entscheidungen[185] zum Reiseveranstalter hat der KOGH die Schutzpflichten aus dem Vertragsverhältnis angenommen, so dass die Schutzpflichten nach Treu und Glauben (§ 2 Abs. 1 KBGB) als Nebenpflichten *aus Vertrag* bejaht werden: „Um die Sicherheit von Leben, Körper, Eigentum usw. des Reisenden zu gewährleisten, muss der planende Reiseveranstalter das Reiseziel, den Reiseplan, die Reiseverwaltung und die Auswahl der Reisedienstleistungsagenturen im Voraus gründlich untersuchen und überprüfen. Um sicherzustellen, dass der Reisende bei der Durchführung des Reisevertrags nicht gefährdet wird, ist er nach Treu und Glauben verpflichtet, angemessene Sicherheitsvorkehrungen zu treffen, beispielsweise Maßnahmen zur Gefahrenabwehr im Voraus zu treffen oder durch die Mitteilung über die maßgeblichen Umstände dem Reisenden eine Wahlmöglichkeit für die Annahme des Risikos zu geben". Nach der Rechtsprechung werden die Schutzpflichten in diesem Sinne als eine Art von Rücksichtspflichten für die Sicherheit des Vertragspartners nach Treu und Glauben anerkannt und auch bei dem Schuldverhältnis aus z. B. Schulvertrag zwischen Privatschulen und Schülern,[186] Nutzungsvertrag für Internet-Kommunikationsdienste,[187] Krankenhausvertrag,[188] Beherbergungsvertrag[189] und Arbeitsvertrag[190] angenommen. Hier können Umfang und Inhalt der Schutzpflichten jedoch je nach Schuldverhältnis unterschiedlich sein. In einigen Präzedenzfällen wurde festgestellt, dass durch den Abschluss eines Vertrags zwischen den Parteien auch eine stillschweigende Vereinbarung über die Schutzpflichten vorliegt, die nichts mit den Leistungspflichten zu tun haben.[191]

Diese Pflichten können grundsätzlich als allgemeine Nebenpflichten aus Vertrag gekennzeichnet werden, da sie in der Regel im Rahmen der Erfüllung des Vertrags akzeptiert werden und deren Verletzung zur vertraglichen Haftung

---

185 KOGH, Urt. v. 26.5.2011 – AZ 2011Da1330; KOGH, Urt. v. 24.11.1998 – AZ 98Da25061; KOGH, Urt. v. 10.5.2007 – AZ 2007Da3377; KOGH, Urt. v. 25.9.2014 – AZ 2014Da213387; KOGH, Urt. v. 13.12.2017 – AZ 2016Da6293.

186 KOGH, Urt. v. 28.12.2018 – AZ 2016Da33196.

187 KOGH Urt. v. 25.1.2018 – AZ 2015Da24904, 24911, 24928, 24935; KOGH, Urt. v. 28.12.2018 – AZ 2017Da207994.

188 KOGH, Urt. v. 11.4.2003 – AZ 2002Da63275.

189 KOGH, Urt. v. 28.1.1994 – AZ 93Da43590; KOGH, Urt. v. 10.10.1997 – AZ 96Da47302; KOGH, Urt. v. 24.11.2000 – AZ 2000Da38718, 38725.

190 KOGH, Urt. v. 28.9.2006 – AZ 2004Da44506; KOGH, Urt. v. 22.7.2004 – AZ 2003Da20183; KOGH, Urt. v. 27.7.2001 – AZ 99Da56734.

191 Vgl. KOGH, Urt. v. 28.11.2013 – AZ 2011Da60247.

(§ 390 KBGB) führt.[192] Es handelt sich um vertragsbegleitende, jedoch nicht für das Vertragsverhältnis irrelevante Pflichten. Nach KOGH setzen die Schutzpflichten in diesem Sinne die Leistungspflichten voraus, so dass diese Nebenpflichten nur aus demselben vertraglichen Schuldverhältnis neben Leistungspflichten bestehen können. Daher ist nicht klar, ob der KOGH die insb. vorvertraglichen Schutzpflichten nach deutschem Recht, die vor allem in diesem Stadium auf den Schutz der Integritätsinteressen der anderen Partei zielen, anerkannt hat. Nach der Rechtsprechung zeigt sich dies insbesondere darin, dass der Schädiger nur dann nach dem Deliktsrecht gehaftet wird, wenn im vorvertraglichen Stadium die Schäden am Körper, Eigentum („deliktsähnliche“ Fälle) oder Vermögen der anderen Partei zugefügt werden.[193]

d) Stellungnahme

Die Schutzpflichten als Nebenpflichten sind im deutschen Recht durch eine Sonderbeziehung geprägt. Nach Ansicht von *Stoll* sind diese Pflichten insb. an eine auf Vertrauen basierte Sonderverbindung geknüpft.[194] Hier sei es daher nicht von Bedeutung, ob sie auf die Parteivereinbarung oder ein gesetzliches Begleitschuldverhältnis zurückgehen, obwohl diese Frage noch umstritten ist.[195] Wichtiger ist, dass jede Partei auch vor Vertragsschluss eine Einwirkungsmöglichkeit auf die Rechtsgüter des anderen Teils haben kann.[196] Daher verpflichtet der Grundsatz von Treu und Glauben, die Rechtsgüter anderer nicht zu verletzen. Zweitens ist die praktische Bedeutung der Schutzpflichten und der Lehre von c.i.c. – wie oben erwähnt – auf die Ergänzung des lückenhaften deutschen Deliktsrechts zurückzuführen, da die primären Vermögensschäden in der Regel nur bei vorsätzlicher Schädigung nach § 826 BGB ersatzfähig sind.[197] Dieser Zweck

---

192 *Sung*, The Korean Journal of Civil Law 87 (2019), 111, 119.

193 Vgl. KOGH, Urt. v. 13.6.2013 – AZ 2010Da65757 (Abbruch von Vertragsverhandlungen). Dafür *Sung*, The Korean Journal of Civil Law 87 (2019), 111, 144; BeckOGK/*Herresthal* (Stand: 15.5.2023), § 311 BGB Rn. 209. Nach vielen europäischen Rechtsordnungen – wie in Korea – kommt in solchen Fällen eine deliktische Haftung in Betracht.

194 MünchKomm/*Bachmann*, § 241 BGB Rn. 56; *Stoll*, AcP 136 (1932), 257, 287 ff.

195 MünchKomm/*Bachmann*, § 241 BGB Rn. 56; *Kamp*, S. 55.

196 BeckOGK/*Herresthal* (Stand: 15.5.2023), § 311 BGB Rn. 357; BeckOK/*Sutschet* (Stand: 1.2.2023), § 241 BGB Rn. 15; *Pak*, HUFS Law Review 18 (2005), 249, 264 f.

197 *Honsell*, in: FS Medicus (1999), S. 211, 213; MünchKomm/*Bachmann*, § 241 BGB Rn. 170; BeckOGK/*Herresthal* (Stand: 15.5.2023), § 311 BGB Rn. 357; BT-Drs. 14/6040, S. 163.

spiegelt sich auch in der Gesetzgebung des § 241 Abs. 2 BGB wider.[198] Der Grund dafür liegt darin, dass bei der schuldhaften Verletzung von Pflichten nach § 241 Abs. 2 BGB die Haftung nach § 280 Abs. 1 BGB in Betracht kommt. Im Hinblick auf die Beweislast (§ 280 Abs. 1 S. 2 BGB) und die Haftung für die Hilfspersonen (§ 278 BGB als Zurechnungsnorm) ist die vertragliche Haftung für den Gläubiger günstiger.[199] Anders als in Korea bestehen keine Unterschiede in der Verjährung nach der Schuldrechtsreform mehr.

Obwohl Meinungsverschiedenheiten in Korea hierüber bestehen, lässt sich nicht verkennen, dass der theoretisch vieldiskutierte Terminus Schutzpflicht durch das deutsche Recht beeinflusst wurde. Betrachtet man den oben genannten ursprünglichen Zweck der Schutzpflichten im deutschen Recht, so sind sie vor allem zwischen Parteien ohne Vertragsverhältnis (im vorvertraglichen Bereich) von großer Bedeutung.[200] Daher ist es angebracht, die von der Rechtsprechung anerkannten Sicherheitsrücksichtspflichten zwischen den Vertragsparteien lediglich als eine Art von allgemeinen Nebenpflichten aus Vertragsverhältnis anzusehen und nicht als Schutzpflichten nach deutschem Recht zu identifizieren, da diese Pflichten nur auf die Erfüllungsphase des Vertrags beschränkt anerkannt werden und die Haftung für deren Verletzung nach dem Vertragsschluss ihren Rechtsgrund nur in einem Vertrag findet.[201] Wenn man die Konzeption der Schutzpflichten nach deutschem Recht akzeptiert, ist es folgerichtig, die Schutzpflichten aufgrund der Sonderverbindung zwischen den Parteien *bereits im vorvertraglichen Stadium* anzuerkennen und bei deren Verletzung die vertragsähnliche oder vertragliche Haftung zu begründen.[202] Die Tatsache, dass auch im koreanischen Recht die vertragliche Haftung für den Gläubiger vorteilhafter als die Haftung aus unerlaubter Handlung ist, stützt auch diese Begründung. Auf diesen Punkt wird weiter unten noch einmal ausführlich eingegangen.

---

198 MünchKomm/*Bachmann*, § 241 BGB Rn. 170.

199 MünchKomm/*Bachmann*, § 241 BGB Rn. 170; *Leyens*, JuS 2018, 217, 217 f.; BGHZ 66, 51 ff. = BGH, NJW 1976, 712 (Gemüseblattfall).

200 BeckOGK/*Herresthal* (Stand: 15.5.2023), § 311 BGB Rn. 357.

201 *Medicus/Lorenz*, Schuldrecht AT Rn. 522.

202 *Kim*, Lawyers Association Journal 52/4 (2003), 5, 27 f. Danach im vorvertraglichen Schuldverhältnis aus c.i.c. bestehen nur die Schutzpflichten als Nebenpflichten ohne die Hauptleistungspflichten.

3. *Schadensersatz bei anfänglicher Unmöglichkeit gemäß § 535 KBGB*

a) § 535 KBGB als Ausgangspunkt

Was den § 535 KBGB anbelangt, ist zuerst die Sichtweise der historischen Auslegung zu berücksichtigen. Die Diskussion über die c.i.c. im deutschen Recht hat auf die Gesetzgebung des KBGB in den 1960er Jahren einen großen Einfluss ausgeübt, so dass die Schadensersatzpflicht wegen anfänglicher Unmöglichkeit des Vertrags in § 535 KBGB (im Schuldrecht) geregelt worden ist.[203] Diese Regelung war im alten Zivilgesetz nicht vorgesehen, aber die Notwendigkeit ihrer Einführung wurde in der Lehre theoretisch argumentiert.[204] Nach der Gesetzesbegründung kann bei einem wegen anfänglicher Unmöglichkeit unwirksamen Vertrag der Anspruch aus unerlaubter Handlung auch anerkannt werden, vorrangig ist jedoch die Erwägung zu berücksichtigen, dass die vertragsähnliche oder vertragliche Haftung aus Sicht des Anspruchsinhabers günstiger ist, als die deliktische Haftung.[205] Denn die Vertragshaftung hat z. B. hinsichtlich der Beweislastumkehr und der Haftung für die Erfüllungsgehilfen bedeutende Vorteile. In diesem Sinne hat die Haftung aus § 535 KBGB eine vertragsähnliche oder vertragliche Natur und ihre Grundlage im Prinzip nach Treu und Glauben oder Billigkeit.[206]

§ 535 KBGB gilt als die einzige gesetzliche Regelung über die c.i.c. im koreanischen Rechtssystem. Unter dem Titel „culpa in contrahendo" lautet diese Vorschrift: „Wer beim Abschluss des Vertrags dessen Unmöglichkeit weiß oder wissen kann, soll den Schaden ersetzen, der sich aus dem Glauben ergibt, dass dieser Vertrag noch wirksam wäre. Aber der Schadensersatz soll nicht über das positive Interesse nicht überschreiten". Die Kodifikation dieser Vorschrift wurde laut Stellungnahme zur Gesetzgebung von der nunmehr aufgehobenen § 307 BGB a. F. weitgehend beeinflusst.[207] Diese Vorschrift geht auch von der Unwirksamkeit

---

203 *Kim*, The Korean Journal of Civil Law 71 (2015), 149, 154. Siehe auch Komm/*Kim*, § 535 KBGB S. 97 ff.; *Kim*, Lawyers Association Journal 52/4 (2003), 5, 32 ff.; *Pak*, HUFS Law Review 18 (2005), 249, 253 ff.; *Kim*, Kook-Min Law Review 32/1 (2019), 9, 11.

204 *Kim*, The Korean Journal of Civil Law 71 (2015), 149, 155.

205 *Kim*, The Korean Journal of Civil Law 71 (2015), 149, 156.

206 *Kim*, The Korean Journal of Civil Law 71 (2015), 149, 156; *Park*, Journal of Private Case Law Studies 35 (2013), 385, 385.

207 Komm/*Kim*, § 535 KBGB S. 100; *Kim*, The Korean Journal of Civil Law 71 (2015), 155.

des Vertrags[208] aus, obwohl es keine Regelung wie § 306 BGB a. F. in Korea gibt.[209] Dabei richtet sich der Anspruch auf Ersatz des Vertrauensschadens (des negativen Interesses), der auf das positive Interesse (das Erfüllungsinteresse) begrenzt wird.

Dabei stellt sich die Frage, ob die Lehre von der c.i.c. nur auf die in § 535 KBGB genannten Fälle beschränkt wird oder ob sie durch die Ausweitung dieser Vorschrift auf andere Fälle allgemein übertragen werden kann. Mit anderen Worten: Dies hängt mit der Frage zusammen, ob das gesamte Rechtsinstitut der c.i.c. in Korea über § 535 KBGB anerkannt oder nur im Teilbereich akzeptiert werden kann. Ferner besteht die Problematik darin, ob die Schutzpflichten im oben genannten Sinne in der Regel bejaht werden können, auch wenn es keine Vorschrift wie §§ 241 Abs. 2, 311 Abs. 2 BGB gibt.

b) Stand der Literatur

Zwar besteht in der Lehre Einigkeit darüber, dass die Haftung aus § 535 KBGB auf dem Prinzip der c.i.c beruht. Umstritten ist aber, ob diese Vorschrift nötig ist und falls ja, inwieweit ihren Anwendungsbereich ausgeweitet werden kann.[210]

Die bisherige herrschende Lehre[211] versucht, den Grundsatz des § 535 KBGB auf die andere Fallgruppe mittels einer Analogie auszudehnen. Dieser Auffassung liegt der Gedanke zugrunde, dass eine Sonderverbindung zwischen Beteiligten bereits mit der Aufnahme eines rechtsgeschäftlichen Kontakts entstehen könne.[212] Aufgrund einer Sonderverbindung seien die Parteien nach Treu und Glauben gegenseitig verpflichtet, an dem Vertragsschluss mitzuwirken.[213] Zu den Vertragspflichten gehören sowohl Leistungspflichten als auch Nebenpflichten, die vor Abschluss eines Vertrags bestehen können.[214] Daher treffen die Parteien bereits vor Vertragsschluss die Schutzpflichten als Nebenpflichten, die sich aus

---

208 Vgl. KOGH Urt. v. 10.2.1975 – AZ 74Da584; KOGH, Urt. v. 30.4.1968 – AZ 68Da247; KOGH, Urt. v. 22.6.1971 – AZ 71Da792; KOGH, Urt. v. 27.11.1973 – AZ 73Da775.

209 Komm/*Kim*, § 535 KBGB S. 100.

210 *Kim*, The Korean Journal of Civil Law 71 (2015), 149, 160. Diesbezüglich gibt es ähnliche Diskussionen in Japan und Taiwan.

211 *Gwag*, Schuldrecht BT S. 53; *Kim*, Schuldrecht BT S. 67; *Song*, Schuldrecht BT S. 64; *Hong*, The Korean Journal of Civil Law 50 (2010), 389, 403; *Jee*, Vorlesung KBGB Rn. 5–49; *Kwon*, Schuldrecht BT S. 83; *Pak*, HUFS Law Review 18 (2005), 249, 256; *Sung*, The Korean Journal of Civil Law 87 (2019), 111, 146; *Kong*, The Journal of Property Law 8/1 (1991), 97, 115.

212 Komm/*Kim*, § 535 KBGB S. 101.

213 Komm/*Kim*, § 535 KBGB S. 101.

214 *Kim*, The Korean Journal of Civil Law 71 (2015), 149, 162.

dem Grundsatz von Treu und Glauben ergeben.[215] Nach dieser Ansicht soll die Haftung aus c.i.c. einen *vertraglichen* Charakter aufweisen und von der Deliktshaftung, die dem Schutz des allgemeinen Rechtsverkehres dient, unterschieden werden.[216] Denn die Haftung aus c.i.c. ist vor allem auf Beziehungen zwischen den Parteien ausgerichtet, die durch Vertragsverhandlungen einen Vertragsschluss bezwecken.[217] Die vertragliche Haftung hinge nicht vom tatsächlichen Zustandekommen des Vertragsschlusses ab, da solche Haftung im Wesentlichen auf einer Verletzung von Pflichten aus dem Grundsatz von Treu und Glauben beruhe.[218] Diese Auffassung unterscheidet sich von der deutschen Theorie insofern, als sie anerkennt, dass vertragliche Verpflichtungen bereits vor dem tatsächlichen Zustandekommen eines Vertrags bestehen können, und ist in diesem Punkt kritisiert worden.[219] Daraus folgt, dass die Grundsätze aus § 535 KBGB auf andere Fallgruppen übertragen werden können, wie z. B. deliktsähnliche Fälle wie den Linoleumrollen-Fall, Abbruch von Vertragsverhandlungen oder Verletzung der Aufklärungspflichten, die als typisierte Anwendungsfälle der c.i.c. im deutschen Recht anerkannt sind.[220] Es wird sogar vertreten, dass die Fälle der Auskunftshaftung von Rechtsanwälten gegenüber Dritten auf diesem Weg, also über die c.i.c., gelöst werden könnten. Nach einer solchen Auslegung müsste der Anwendungsbereich der Deliktshaftung auf Fallgruppen, in denen zwischen Parteien keine Sonderverbindung besteht, beschränkt werden.

Kritische Stimmen halten dieser Ansicht im Hinblick auf die Flexibilität von koreanischen Deliktstatbeständen entgegen, dass sie eine überflüssige Rezeption des deutschen Rechts darstelle und daher der Anwendungsbereich der c.i.c. eher eng ausgelegt werden sollte.[221] Diese Ansicht hat in letzter Zeit an Boden

215 Komm/*Kim*, § 535 KBGB S. 101; *Kim*, The Korean Journal of Civil Law 71 (2015), 149, 162; *Jung*, Chung-Ang Journal of Legal Studies 32/1 (2008), 124, 129; *Seo*, The Han-Yang Journal of Economic Studies 24/2 (2007), 511, 532 f.

216 *Kim*, The Korean Journal of Civil Law 71 (2015), 149, 162; *Kim*, Lawyers Association Journal 52/4 (2003), 5, 25 f.

217 *Kim*, The Korean Journal of Civil Law 71 (2015), 149, 162.

218 *Kim*, The Korean Journal of Civil Law 71 (2015), 149, 163.

219 *Seo*, The Han-Yang Journal of Economic Studies 24/2 (2007), 511, 532 f.

220 *Kim*, Journal of Private Case Law Studies 37 (2015), 635, 658 ff.

221 *Nam*, The Han-Yang Journal of Economic Studies 12 (1995), 137, 150.

gewonnen. Ihrzufolge[222] wird behauptet, dass dieser Fall – wie früher – über das Deliktsrecht (§§ 750 ff. KBGB) gelöst werden sollte, wenn der Geschädigte nicht nur an seinem Körper oder Eigentum, sondern auch an seinem Vermögen verletzt worden ist. Unter diesem Gesichtspunkt behaupten die Lehre und die Rechtsprechung in Korea, dass in oben genannten Anwendungsfällen ein Anspruch auf Schadensersatz aus Delikt nach § 750 KBGB zugesprochen werden solle.[223] Wie oben gesehen, liegt die praktische Bedeutung der c.i.c. in der Ergänzung der Lücken im deutschen Deliktsrecht, so dass aufgrund der unterschiedlichen Gesetzlage in Korea keine Möglichkeit besteht, diese Theorie vollständig anzunehmen.[224] Im Übrigen wird darauf hingewiesen, dass sich die Schutzpflichten inhaltlich nicht von der allgemeinen Verhaltenspflicht im Deliktsrecht unterscheiden.[225] Diese Ansicht verneint daher die eigenständige Stellung der Schutzpflichten im koreanischen Recht.[226]

Letztlich wird im Rahmen der dritten Ansicht[227] auch argumentiert, dass es sich um eine *vertragsähnliche* gesetzliche eigenständige Haftung auf Grundlage der Grundsätze von Treu und Glauben und auch gesetzlicher Vorschriften wie §§ 535, 559 Abs. 1 S. 2, 634 KBGB handelt. Es gehe um eine gesetzliche Haftung, die auf der Analogie von Bestimmungen wie § 535 KBGB beruht. Diese Ansicht wurde weitgehend von der deutschen Lehre über c.i.c. beeinflusst. Da zwischen den Parteien kein Vertrag zustande gekommen ist, könne nicht von einer vertraglichen Haftung ausgegangen werden.[228] Es kann jedoch nicht davon ausgegangen werden, dass sie den deliktischen Charakter hat, da die Natur dieses

---

222 *Yang*, Forschung KBGB I S. 385 ff.; *Kim*, Vertragsrecht I S. 150; *Kim*, Journal of Private Case Law Studies 37 (2015), 635, 668 f.; *Park*, HUFS Law Review 38/1 (2014), 131, 131 f.; *Park*, Journal of Private Case Law Studies 35 (2013), 385, 385; *Kim*, Kook-Min Law Review 32/1 (2019), 9, 34; *ders.*, The Korean Journal of Civil Law 36 (2007), 323, 346; *Choi*, In-Ha Law Review 15/3 (2012), 527, 528; *Lee*, The Journal of Comparative Private Law 14/4 (2007), 1, 2 f.

223 *Kim*, The Korean Journal of Civil Law 71 (2015), 149, 164 f.

224 *Kim*, The Korean Journal of Civil Law 71 (2015), 149, 164 f.

225 Komm/*Kim*, § 390 KBGB S. 630.

226 Komm/*Kim*, § 390 KBGB S. 630.

227 *Kim*, Schuldrecht BT (Vertragsrecht) S. 125; *Lee*, Journal of Private Case Law Studies 2 (1980), 26, 55; *Lee*, Schuldrecht BT S. 120 ff.; *Nam*, The Han-Yang Journal of Economic Studies 12 (1995), 137, 148; *Kim/Lee*, Ho-Nam Studies in Humanities and Social Sciences 24 (2009), 157, 166.

228 *Kim*, Journal of Private Case Law Studies 37 (2015), 635, 658 ff.; *Seo*, The Han-Yang Journal of Economic Studies 24/2 (2007), 511, 533.

Schuldverhältnisses von der Haftung aus unerlaubter Handlung verschieden ist.[229] Diese Ansicht nimmt an, dass durch die rechtsgeschäftliche Kontaktaufnahme zum Vertragsschluss ein *gesetzliches* Schuldverhältnis unter den Beteiligten entsteht, das nur die Schutzpflichten zum Inhalt hat.[230] Danach sei die Haftung aus c.i.c. als eine Haftung für enttäuschtes Vertrauen des anderen Teils im Rahmen des Vertragsabschlusses zu charakterisieren.[231] Diese Ansicht ist insofern identisch mit der herrschenden Lehre, dass sie generell die Haftung aus c.i.c. auch im koreanischen Rechtssystem anerkennt. Demzufolge lässt sich der Grundsatz aus c.i.c. auf die anderen Fälle erstrecken.

c) Stand der Rechtsprechung

Der KOGH[232] vertritt die Auffassung, die erweiterte Anwendung des § 535 KBGB grundsätzlich zu verneinen: „Abgesehen davon, dass die dadurch geschädigte Partei einen Anspruch auf Herausgabe ungerechtfertigter Bereicherung nach § 741 KBGB oder Schadensersatz wegen unerlaubter Handlung nach § 750 KBGB gegen die andere Partei geltend machen kann, wenn ein Vertrag mangels einander entsprechender Willenserklärungen (Angebot und Annahme) nicht zustande kommt, ist es nicht möglich, Schadensersatz durch analoge Anwendung des § 535 KBGB aus dem Grund zu fordern, dass die andere Partei weiß oder wissen kann, dass der Vertrag nicht geschlossen werden kann".

Allerdings gehört die folgende Rechtsprechung zu den Ausnahmefällen. Der KOGH[233] hat sich zu dem Fall geäußert, dass „eine Partei des Wohnungskaufvertrags dem anderen bei Vertragsschluss den wichtigen Umstand nicht aufgeklärt hat, der den künftigen Vertragsschluss erheblich verhindern könnte, wird die Haftung nach § 390 KBGB anerkannt, da eine schuldhafte Verletzung der Aufklärungspflichten ein Verschulden bei Nichterfüllung der Hauptleistung darstellt". Diese Rechtsprechung ist auf Kritik gestoßen. Es geht darum, dass die Verletzung der Aufklärungspflichten, nämlich eine der Schutzpflichten vor Vertragsschluss, eine Haftung für die Verletzung der Leistungspflichten nach Vertragsschluss

229 *Kim*, The Korean Journal of Civil Law 71 (2015), 149, 166 f.

230 *Kim*, The Korean Journal of Civil Law 71 (2015), 149, 166 f.

231 *Kim*, The Korean Journal of Civil Law 71 (2015), 149, 166 f.; *Chang*, Kyung-Pook Law Journal 16 (2000), 35, 47 ff.; *Kwon*, Seoul Law Journal 52/4 (2011), 215, 215 ff. Es geht um den Vertrauensschutz in der vorvertraglichen Phase.

232 KOGH, Urt. v. 14.11.2017 – AZ 2015Da10929; vgl. *Yoon*, The Korean Journal of Civil Law 20 (2001), 13, 83 f.

233 KOGH, Urt. v. 25.8.2011 – AZ 2011Da43778.

begründet, die zum Ersatz des Erfüllungsinteresses Inhalt hat.[234] Unklar ist, ob diese Rechtsprechung eine vertragliche Haftung wegen der Verletzung der Schutzpflichten vor Vertragsschluss nach der Theorie der c.i.c. anerkannt hat. Immerhin erscheint dieses Argument von KOGH nicht tragfähig.

d) *Stellungnahme*

Gemäß der Stellungnahme zur Gesetzgebung des § 535 KBGB, die von Rechtswissenschaftlern vorgelegt wurde und die Kodifikation entscheidend beeinflusst hat, bezwecken die Beteiligten durch die Anbahnung der Vertragsverhandlungen einen Vertragsschluss und das Eintreten in ein besonderes Schuldverhältnis aufgrund einer Sonderverbindung.[235] Hier geht es nur um einen bestimmten Personenkreis. Diese Beziehung unterscheidet sich von einem Schuldverhältnis aus Delikt, das den allgemeinen Verkehr (unbegrenzten Personenkreis) regelt. Jede Partei in diesem Schuldverhältnis hat eine große Einwirkungsmöglichkeit auf die Rechtsgüter des anderen Teils und übernimmt erhöhte Schutzpflichten. Daher ist es zutreffend, unter den Beteiligten eine schärfere Haftung als die deliktische Haftung anzuerkennen. Im Ergebnis hat die Haftung aus § 535 KBGB einen vertraglichen Charakter. Betrachtet man den gesetzgeberischen Willen, so ist festzustellen, dass der Gesetzgeber die Theorie der c.i.c. nach deutschem Recht ausdrücklich akzeptiert hat.

Dabei gibt es keinen vernünftigen Grund für die Annahme, dass die Lehre unter den zahlreichen Fällen, um die es geht, nur auf Fälle anfänglicher Unmöglichkeit anwendbar ist. Bei § 535 KBGB geht es um die Regelung des Rechtsverhältnisses zwischen Parteien, unter denen es derzeit keine vertragliche Beziehung gibt. Daraufhin besteht auch kein wesentlicher Unterschied zwischen dem Fall gemäß § 535 KBGB und den anderen Fällen, in denen z. B. der Vertrag durch den Abbruch von Vertragsverhandlungen nicht zustande kommt oder durch die Anfechtung des Vertrags wegen Irrtums (§ 109 Abs. 1 KBGB) unwirksam ist. Es wäre zu bedenken, dass neuerdings weltweit anerkannt wird, dass der Vertrag bei anfänglicher Unmöglichkeit wirksam ist (z. B. § 311a BGB).[236]

---

234 *Ahn*, Journal of Private Case Law Studies 38 (2016), 371, 371 ff. Diese Rechtsprechung wirft auch ein Problem bei der Feststellung des Verschuldens, das eine Voraussetzung für die Anerkennung einer Schadensersatzpflicht ist. Dieser Fall wird mit der Begründung kritisiert, dass die Fahrlässigkeit bei einer Verletzung der vorvertraglichen Schutzpflichten keine Fahrlässigkeit bei einer Leistungspflichtverletzung darstellen kann.

235 Komm/*Kim*, § 535 KBGB S. 101.

236 Komm/*Kim*, § 535 KBGB S. 106.

Die praktische Bedeutung der Existenz dieser Klausel, die entgegen der weltweiten Tendenz die Nichtigkeit eines anfänglich unmöglichen Vertrags voraussetzt, liegt daher vor allem darin, dass die nach deutschem Recht anerkannte Theorie der c.i.c. über diese Vorschrift auf das koreanische Recht übertragen werden kann. Ob § 535 KBGB analog angewendet wird oder nicht, kann je nach Art des konkreten Falls, in dem es um die Haftung aus c.i.c. geht, variieren. Beispielsweise können in deliktsähnlichen Fällen (Körper- und Eigentumsschäden) die deliktische Generalklausel Anwendung finden. In Fällen hingegen, in denen von einer engen Sonderbeziehung zwischen den Parteien gesprochen werden kann, wie z. B. Verhandlungen oder Vorbereitungen für einen Vertragsabschluss, kann die Theorie der c.i.c. (§ 535 KBGB) wenigstens im erforderlichen Umfang angewendet werden.[237] Bei Abbruch von Vertragsverhandlungen zeigt sich vor allem, dass die Rechtsprechung auch auf dem Grundgedanken von § 535 KBGB basiert, obwohl der KOGH in dieser Fallgruppe die Haftung aus § 750 KBGB bejaht.[238] Als Ergebnis lässt sich feststellen, dass durch diese Auslegung die Ausuferung der deliktischen Haftung verhindert werden kann. So kann der ausreichende Schutz des Geschädigten auch unter dem Gesichtspunkt des Gerechtigkeitsempfindens im koreanischen Recht gewährleistet werden.

Dazu ist noch folgendes anzumerken. Nach den vom Justizministerium im Jahr 2013 veröffentlichten Entwürfen zur Änderung des KBGB ist es geplant, dass § 535 KBGB in Bezug auf das Zustandekommen des Vertrags aufgehoben wird und neue Vorschriften wie § 535 (die Haftung für Vertragsverhandlungen) und § 535-2 (Informationspflichten und die Haftung für die Informationen) eingeführt werden. Es handelt sich um eine vertragliche Haftung, die auf dem Grundsatz von Treu und Glauben beruht.[239]

4. *Fallgruppen der c.i.c*

Hierunter fallen viel diskutierte Gruppen wie z. B. der Abbruch von Vertragsverhandlungen, die Anfechtung des Vertrags wegen Irrtums und die Verletzung von Aufklärungspflicht beim wirksam abgeschlossenen Vertrag.[240] Diese Klassifizierung der Fallgruppen wird an die deutsche Lehre und Rechtsprechung

237 *Jee*, Vorlesung KBGB Rn. 4–14.

238 KOGH, Urt. v. 15.6.2001 - AZ 99Da40418.

239 *Kim*, Journal of Private Case Law Studies 37 (2015), 635, 664; *Kim*, The Korean Journal of Civil Law 71 (2015), 149, 185 f.; *Kim*, Korea Law Review 56 (2010), 1, 29 ff.

240 Komm/*Kim*, § 535 KBGB S. 116 ff; MünchKomm/Emmerich, § 311 BGB Rn. 41; *Lorenz/Riehm*, Schuldrecht Rn. 379 ff.

angeknüpft. Im Folgenden werden die relevantesten unter den in der Rechtsprechung vorkommenden Fallkonstellationen erörtert.

a) Grundloser Abbruch von Vertragsverhandlungen

aa) Grundsatz

Die Haftung aus c.i.c. für den Abbruch von Vertragsverhandlungen gehört zu einer der klassischen Fallgruppen der c.i.c. in Deutschland. Die koreanische Rechtsprechung wird grundsätzlich davon beeinflusst. Hier sind Vertragsabschlussfreiheit einerseits und das Hervorrufen des schutzwürdigen Vertrauens andererseits abzuwägen.[241] Nach BGH[242] hat „jeder Vertragspartner im Rahmen der Vertragsfreiheit bis zum Vertragsabschluss das Recht, von dem in Aussicht genommenen Vertragsabschluss Abstand zu nehmen. Aufwand, der in Erwartung des Vertragsabschlusses gemacht wird, erfolgt daher grundsätzlich auf eigene Gefahr. Nur wenn der Vertragsschluss nach den Verhandlungen zwischen den Parteien als sicher anzunehmen ist und in dem hierdurch begründeten Vertrauen Aufwendungen zur Durchführung des Vertrags vor dessen Abschluss gemacht werden, können diese vom Verhandlungspartner unter dem Gesichtspunkt des Verschuldens bei den Vertragsverhandlungen zu erstatten sein, wenn er den Vertragsabschluss später ohne triftigen Grund ablehnt“.[243]

Der KOGH[244] hat auch diese Begründung angenommen, aber sich für einen Anspruch aus Delikt ausgesprochen: „Wenn im Rahmen von Vertragsverhandlungen eine Partei ein schutzwürdiges Vertrauen hat, ist die andere Partei zum Schutz und zur Wahrung dieses Vertrauen verpflichtet. Falls eine Partei dieses ohne triftigen Grund verletzt und einen Schaden verursacht, kann dies nach Treu und Glauben eine unerlaubte Handlung als rechtswidrige Handlung darstellen, die das Vertrauensverhältnis zwischen den Parteien beeinträchtigt, die zur Vorbereitung des Vertragsabschlusses in einem Verhältnis zur Mitwirkung stehen“.

---

241 BGH, NJW 1996, 1885; *Lorenz*, JuS 2015, 398, 399; *Schwab*, JuS 2002, 773, 776; *Sung*, The Journal of Comparative Private Law 27/3 (2020), 249, 250 f.; *Jee*, Journal of Private Case Law Studies 25 (2003), 159, 172 ff.; *Park*, Dong-A Law Review 80 (2018), 105, 106.

242 BGH, NJW-RR 1989, 627; NJW 1996, 1885; BGH, NJW 2013, 928.

243 NJW 1980, 1683; NJW 1975, 1774.

244 KOGH, Urt. v. 14.7.2022 – AZ 2021Da216773; KOGH, Urt. v. 11.4.2003 – AZ 2001Da53059; KOGH, Urt. v. 10.9.1993 – AZ 92Da42897; KOGH, Urt. v. 15.6.2001 – AZ 99Da40418; KOGH, Urt. v. 13.6.2013 – AZ 2010Da65757; KOGH, Urt. v. 28.5.2004 – AZ 2002Da32301; *Yun*, Lawyers Association Journal 50/9 (2001), 212.

Der KOGH[245] hat auch besagt: „Eine Partei im Verhandlungsstadium veranlasst, der anderen Partei ein berechtigtes Vertrauen auf einen sicheren Vertragsabschluss zu haben und damit zu handeln. Eine Partei verweigert jedoch den Vertragsschluss ohne triftigen Grund und verursacht einen Schaden. In diesem Fall stellt dies eine rechtswidrige Handlung im Deliktsrecht dar, die nach dem Grundsatz von Treu und Glauben über die Grenzen der Vertragsfreiheit hinausgeht. In den Fällen hat eine Partei, die Vertragsverhandlungen treuwidrig und grundlos abgebrochen hat, für die Schäden aus solchen unerlaubten Handlungen einzustehen, die der anderen auf den künftigen Vertragsschluss vertrauenden Partei entstehen und mit dem Abbruch im Kausalzusammenhang nach Adäquanztheorie stehen. Diese Haftung hat den Ersatz des Vertrauensschadens (des negativen Interesses) zum Inhalt, den die andere Partei dadurch erlitten hat, dass sie auf den gültigen Vertragsschluss vertraut hat. Als Vertrauensschaden wird ein Schaden bezeichnet, der ohne dieses Vertrauen normalerweise nicht entstanden wäre, wie beispielsweise die Aufwendungen für die Vertragsvorbereitung im Vorfeld des Vertragsschlusses". Der Grund dafür liegt in §§ 750, 535, 2 Abs. 1 KBGB. Wenn eine Partei auf Verlangen der anderen Partei Aufwendungen zur Durchführung des Vertrags gemacht hat, ist die andere Partei ausnahmsweise zum Ersatz dieser Aufwendungen als Vertrauensschäden verpflichtet.[246]

Da jedoch der Grundsatz der Vertragsabschlussfreiheit besagt, dass jede Partei im Grunde genommen vom anvisierten Vertrag jederzeit ohne triftigen Grund Abstand nehmen kann, wird gegen die Rechtsprechung argumentiert, dass es eine unangemessene Auslegung sei, anzunehmen, dass eine solche Handlung die vom Deliktsrecht (§ 750 KBGB) geforderte Rechtswidrigkeit erfüllt.[247] Wenn man hingegen sich der Rechtsprechung anschließt und durch eine erweiterte Auslegung die gesellschaftlich nicht zulässigen Handlungen wie die Verletzung des Vertrauens auch für rechtswidrig hält, so wird auch der Abbruch ohne triftigen Grund als unerlaubte Handlung angesehen.[248]

245 KOGH, Urt. v. 11.4.2003 – AZ 2001Da53059; vgl. *Canaris*, in: FS Larenz (1983), S. 27, 90.

246 KOGH, Urt. v. 14.7.2022 – AZ 2021Da216773.

247 *Pak*, HUFS Law Review 18 (2005), 249, 261 ff.

248 *Pak*, HUFS Law Review 18 (2005), 249, 261 ff.; *Yang*, Forschung KBGB I (2004) S. 389 ff.

bb) Ausnahmefall

Hinsichtlich der Verjährungsregeln hat der KOGH im folgenden Fall eine Ausnahme anerkannt: „Ein Werbetreibender einer ausgezeichneten Wettbewerbsanzeige, der zum Abschluss eines bestimmten Vertrags mit dem Gewinner verpflichtet ist, hat gegen diese Pflicht verstoßen. Demzufolge ist der Vertrag nicht zustande gekommen und die Gegenpartei hat Schadensersatz für den durch die Pflichtverletzung entstandenen Schaden verlangt. In diesem Fall steht der Anspruch auf Schadensersatz in einem praktischen und wirtschaftlichen engen Zusammenhang mit dem Anspruch auf Erfüllung des Vertrags, der bei Vertragsschluss erworben werden würde, so dass der Schadensersatzanspruch in der kürzeren Verjährungsfrist verjährt, die für den Erfüllungsanspruch aus dem angestrebten Vertragsverhältnis gilt“.[249]

In einer anderen Entscheidung hat der KOGH[250] sich auch dazu geäußert: „Wenn bei kontinuierlichen Handelsbeziehungen es zwischen den Beteiligten in Aussicht genommen wird, neben dem Grundvertrag ein separater Einzelvertrag über einzelne Geschäfte abzuschließen, und die Umstände vorliegen, die darauf hindeuten, dass die Absicht der Parteien auf den Abschluss eines Einzelvertrags gerichtet ist, sind die Parteien gegeneinander dazu verpflichtet, diesen Einzelvertrag zu schließen, es sei denn, es liegt ein wichtiger Grund vor. Hat eine Partei, die zum Vertragsabschluss verpflichtet ist, ohne triftigen Grund diese Handelsbeziehungen abgebrochen, stellt dies Leistungsstörungen dar. Daher kann die andere Partei einen Schadensersatz verlangen. In diesem Fall erstreckt sich der Umfang des zu ersetzenden Schadens auf den Ersatz des Gewinns, der bei Fortsetzung des Vertrags hätte erzielt werden können, d. h. auf das Erfüllungsinteresse“.

b) Anfechtung des Vertrags wegen Irrtums

aa) Stand der Rechtsprechung

Der KOGH[251] hat diesbezüglich folgende Ansicht vertreten: „Um eine Schadensersatzpflicht aus unerlaubter Handlung (§ 750 KBGB) zu begründen, ist neben Vorsatz oder Fahrlässigkeit des Täters (Verschulden) auch die Rechtswidrigkeit der Handlung erforderlich. Gemäß § 109 Abs. 1 KBGB kann der Erklärende seine Willenserklärung anfechten, wenn ein Irrtum über den wesentlichen Inhalt der

---

249 KOGH, Urt. v. 14.1.2005 – AZ 2002Da57119; KOGH, Urt. v. 14.1.2010 – AZ 2007Da55477; KOGH, Urt. v. 25.1.2002 – AZ 99Da63169; *Kim*, The Korean Journal of Civil Law 36 (2007), 323, 338; vgl. BGH, NJW 1968, 547, 548.

250 KOGH, Urt. v. 25.6.1999 – AZ 99Da7183; vgl. BGH, NJW 1983, 1607.

251 KOGH, Urt. v. 22.8.1997 – AZ 97Da13023.

Willenserklärung gegeben ist. Beruht der Irrtum jedoch auf grober Fahrlässigkeit des Erklärenden, ist er nicht anfechtbar. Daher kann es nicht als rechtswidrig angesehen werden, dass der Erklärende wegen Irrtums eine Vertragsgarantie fahrlässig ausgestellt und ein Garantievertrag angefochten hat, sofern das Gesetz eine Anfechtung wegen Irrtums zulässt".

bb) Bewertung

Solange § 109 Abs. 1 KBGB die Anfechtung einer Willenserklärung wegen Irrtums aufgrund von leichter Fahrlässigkeit zulässt, kann nicht davon ausgegangen werden, dass diese Anfechtung im Rahmen einer unerlaubten Handlung widerrechtlich ist. Insofern ist die Ansicht der Rechtsprechung auf den ersten Blick vernünftig. Hier stellt sich die Frage, ob die Haftung für Schäden, die der Gegenpartei durch die Willenserklärung entstanden sind, anerkannt werden soll, auch wenn die Ausübung der Anfechtung rechtmäßig ist. Wird nach § 122 BGB eine Willenserklärung wegen Irrtums (§ 119 BGB) angefochten, so hat der Erklärende, wenn die Erklärung einem anderen gegenüber abzugeben war, diesem (oder einem Dritten) den Schaden zu ersetzen, der dadurch entsteht, dass Vertrauen auf die Gültigkeit der Erklärung gelegt wurde, jedoch nicht über den Betrag des Interesses hinaus, welches der andere (oder Dritte) an der Gültigkeit der Erklärung hat. Das ist allerdings besonders umstritten, da es im Gegensatz zu Deutschland keine solche Regelung gibt. Im Zuge der Gesetzgebung des Zivilrechts in den 1960er-Jahren gab es eine Diskussion darüber, ob die Ersatzpflicht des negativen Interesses wie solche nach § 122 BGB anzunehmen war, was sich jedoch letztlich nicht in der Kodifizierung niedergeschlagen hat.[252]

Die herrschende Meinung lässt anhand einer erweiterten Anwendung von § 535 KBGB auch in diesem Fall die Schadensersatzpflicht (Vertrauensschaden) aus c.i.c. zu.[253] Dies kommt der Situation des § 535 KBGB insofern nahe, als dass der Vertrag unwirksam wird und die andere Partei, die den Vertrag abgeschlossen hat, auf die Gültigkeit des Vertrags vertraut hat.[254] Dieses Vertrauen der anderen Partei ist schutzwürdig. Daher ist derjenige, dessen Erklärung wegen Irrtums angefochten wurde, dazu verpflichtet, den Schaden der Gegenpartei zu ersetzen. Diese Haftung stammt aus c.i.c. und hat einen vertragsähnlichen Charakter. Andererseits wird auch die Auffassung vertreten, dass nur eine Schadensersatzhaftung aus unerlaubter Handlung anerkannt wird oder dass die Haftung überhaupt nicht

---

252 *Kim*, The Korean Journal of Civil Law 71 (2015), 149, 157 ff.

253 *Pak*, HUFS Law Review 18 (2005), 249, 258 ff.; Komm/*Kim*, § 535 KBGB S. 122.

254 *Pak*, HUFS Law Review 18 (2005), 249, 258 ff.

bejaht werden könnte.[255] Wie oben bereits ausgesprochen, muss die Rechtswidrigkeit als Voraussetzung für die Deliktshaftung eng ausgelegt werden. Außerdem ist für eine gerechte Aufteilung der Schäden unter den Beteiligten erforderlich, eine Haftung gegenüber dem anderen anzuerkennen. In dieser Hinsicht kann der Auffassung zugestimmt werden, die Haftung aus c.i.c. ist anzunehmen.

c) Verletzung einer vorvertraglichen Aufklärungspflicht

Um die Informationslücke zwischen den Beteiligten zu schließen, ist eine Partei verpflichtet, der anderen Partei bereits vor Vertragsschluss wichtige Informationen zur Verfügung zu stellen, die zur Entscheidung über einen Vertragsabschluss dienen.[256] Hier werden in Korea Ausdrücke wie Aufklärungspflichten oder Informationspflichten verwendet.[257] Dies hilft der anderen Partei, freie und rationale Entscheidungen zu treffen und spielt bei der Bewahrung der rechtsgeschäftlichen Entscheidungsfreiheit von Vertragsparteien eine große Rolle. Als Grundlage für die Aufklärungspflichten wird üblicherweise der Grundsatz von Treu und Glauben (§ 2 Abs. 1 KBGB) angesprochen.[258] Einzelne Gesetze sehen auch eine Aufklärungspflicht vor.[259] Die Verletzung der Pflichten kann zum Schluss des unerwünschten wirksamen Vertrags führen. Hierbei geht es vor allem um ein Unterlassen.[260] Nach gefestigter Rechtsprechung des BGH[261] „besteht selbst bei Vertragsverhandlungen, in denen die Parteien entgegengesetzte Interessen verfolgen, für jeden Vertragspartner die Pflicht, den anderen Teil über solche Umstände aufzuklären, die den Vertragszweck (des anderen) vereiteln können und daher für seinen Entschluss von wesentlicher Bedeutung sind, sofern er die Mitteilung

---

255 *Pak*, HUFS Law Review 18 (2005), 249, 258 ff.

256 *Lee*, Korea Law Review 72 (2014), 565, 566; *Im/Hwang*, SungKyunKwan Law Review 30/2 (2018), 159, 163; *Song*, Chon-Nam Law Review 29/1 (2009), 81, 84; KOGH, Urt. v. 13.8.1993 – AZ 92Da52665.

257 *Kim*, Journal of Private Case Law Studies 37 (2015), 635, 647, 657; vgl. MünchKomm/*Bachmann*, § 241 BGB Rn. 184. Danach fallen die Aufklärungspflichten unter die Informationspflichten.

258 *We*, Won-Kwang Law Review 23/2 (2007), 167, 169.

259 Z. B. § 4 Grundgesetz über Verbraucherrechte; § 25 Gesetz über staatlich geprüfte Makler.

260 *Im/Hwang*, SungKyunKwan Law Review 30/2 (2018), 159, 163; MünchKomm/*Emmerich*, § 311 BGB Rn. 66.

261 BGH, NJW-RR 1996, 429; BGH, NJW-RR 1988, 394; BGH, NJW 2002, 2703; BGH, NJW 2012, 296; BGH, NJW 1993, 2107; BGH, NJW 2001, 3331; BGH, NJW-RR 1989, 211; BGH, NJW 1983, 2493; BGH, NJW 1984, 2289.

nach der Verkehrsauffassung erwarten konnte". Die koreanische Rechtsprechung wird auch durch diese Grundsätze des BGH beeinflusst.

aa) Die Handlungspflicht beim Unterlassen

(1) Definition der Handlungspflicht (Garantenpflicht)

Liegt der Kern der Aufklärungspflichtverletzung im Unterlassen, wird die Existenz einer Handlungspflicht als Grundlage für die Anerkennung der Haftung problematisch.[262] Die Rechtsprechung erläutert im Allgemeinen die Kriterien für die Anerkennung der Handlungspflicht (im Vergleich zu den sog. Verkehrssicherungspflichten in Deutschland) in Bezug auf die Haftung aus unerlaubter Handlung, die durch Unterlassen verursacht wurden. Der KOGH[263] hat dargelegt: „Bei der Handlungspflicht muss es sich um eine gesetzliche Pflicht handeln, einfache sittliche oder religiöse Pflichten fallen also nicht darunter, aber solange es sich bei der Handlungspflicht um eine gesetzliche Pflicht handelt, ist es unerheblich, ob die Grundlage gesetzliches oder ungeschriebenes Recht ist. Dabei spielt es keine Rolle, ob es sich um öffentlich-rechtliches oder privatrechtliches Recht handelt. Daher entsteht eine gesetzliche Handlungspflicht nicht nur aus Gesetz, Vertrag oder Vorverhalten (Ingerenz), sondern auch in Fällen, in denen eine Handlungspflicht aufgrund anderer Grundsätze wie *Treu und Glauben*, gesellschaftlicher Normen oder Natur der Sache erwartet wird. Die Handlungspflicht nach Treu und Glauben oder Natur der Sache wird vor allem im Fällen anerkannt, in denen man als Garant aufgrund des Bestehens eines besonderen Vertrauensverhältnisses wie Verhältnisses der engeren natürlichen Verbundenheit oder Vertragsverhältnisses dazu verpflichtet ist, die Rechtsgüter des anderen zu schützen und deren Verletzung zu verhindern, oder Risikofaktoren, anderen die Schäden verursachen können, zu kontrollieren und verwalten, oder die Handlungen anderer zu überwachen und unter bestimmten Umständen Maßnahmen zu ergreifen, um Schäden zu verhindern, die durch Risikofaktoren oder die Handlungen anderer Personen verursacht werden. Daher nur wer in einer besonderen Stellung ist, die Rechtsgüter der anderen vor deren Verletzung zu bewahren, hat für die Verletzung der Handlungspflicht einzustehen und die Handlungspflicht darf nicht willkürlich erweitert und Dritten auferlegt werden, die nicht in einer solchen Position sind". Allerdings ist im konkreten Fall nicht ohne Weiteres zu unterscheiden, ob es sich bei einer Verletzung der Aufklärungspflichten um ein Unterlassen handelt.

---

262 *Medicus/Lorenz*, Schuldrecht AT Rn. 535. Denn das Unterlassen einer Information kann nur in diesem Fall „schuldhaft" sein.

263 KOGH, Urt. v. 26.4.2012 – AZ 2010Da8709.

Die Kriterien für eine solche Unterscheidung werden in Korea nämlich nicht hinreichend diskutiert.[264] In den meisten Fällen, in denen es um ein Unterlassen geht, ist die Ansicht der Rechtsprechung jedoch durch die Anerkennung der Handlungspflicht auf der Grundlage des Grundsatzes von Treu und Glauben gekennzeichnet, der ein allgemeines Prinzip des Zivilrechts ist.

Kritisch zu sehen ist, dass zumindest eine rechtliche Sonderverbindung zwischen den Parteien bestehen muss, um im konkreten Fall den Grundsatz von Treu und Glauben zur Anwendung zu bringen, da dieser Grundsatz nur für Personen gilt, die einen bestimmten sozialen Kontakt oder ein Vertragsverhältnis haben.[265] Folgt man der Auslegung der Rechtsprechung, besteht die Gefahr, dass der Spielraum für die Anerkennung der Handlungspflicht zu weit gefasst wird. Daher soll dieser Grundsatz nicht als allgemeine Verhaltensnorm für die Handlungen zwischen Menschen gelten, die überhaupt keine solche Beziehung haben. Jedoch wird die Meinung auch vertreten, dass dieser Grundsatz auch bei der Feststellung der Verpflichtung, deren Verletzung eine Haftung aus unerlaubter Handlung begründet, als allgemeiner Grundsatz, der das gesamte Zivilrecht umfasst, angewendet werden kann, da der Grundsatz von Treu und Glauben anders als in Deutschland im allgemeinen Teil des KBGB ausgeführt wird (§ 2 KBGB gegenüber § 242 BGB).[266]

(2) Handlungs-, Verkehrssicherungs- und Schutzpflicht

In den meisten Fällen, in denen die Haftung aus c.i.c. in Betracht kommt, geht es um die Verletzung der Handlungspflicht durch Unterlassen.[267] Unter Handlungspflicht versteht man die Verpflichtung, angemessene Maßnahmen zu ergreifen, um Schäden von der anderen Partei abzuwenden.[268] Sie ist inhaltlich vergleichbar mit den Verkehrssicherungspflichten (Verkehrspflichten) im deutschen Deliktsrecht[269] Diese Verkehrspflichten sind in der deutschen Rechtspraxis gewohnheitsrechtlich anerkannt. Die koreanische Rechtsprechung hat diesen Begriff nicht in vollem Umfang anerkannt, aber er steht wohl im

264 Komm/*Lee*, § 750 KBGB S. 125.

265 *Kim*, Journal of Private Case Law Studies 37 (2015), 635, 651 f.; *Pak*, The Korean Journal of Civil Law 30 (2005), 385, 395.

266 *Kim*, Journal of Private Case Law Studies 37 (2015), 635, 651 f.

267 *Pak*, HUFS Law Review 18 (2005), 249, 273.

268 Vgl. BGH, NJW 2013, 3366; BGH, NJW 2008, 3778.

269 *Pak*, HUFS Law Review 18 (2005), 249, 273 ff.; *Kim*, Theory and Practice of Private Law 23/1 (2019), 141, 179; vgl. MünchKomm/*Wagner*, § 823 BGB Rn. 499; Grüneberg/*Grüneberg*, BGB, § 280 Rn. 28; BGH, NJW 2013, 3366; BGH, NJW 2021, 1818.

Einklang mit der oben genannten Handlungspflicht im Deliktsrecht. Insbesondere die Schutzpflichten, auf die Integritätsinteresse der anderen Partei Rücksicht zu nehmen, können weitgehend zu diesen Handlungspflichten zählen. Nach BGH zielen die vertraglichen Schutzpflichten darauf ab, eine Verletzung der anderen möglichst zu vermeiden und dadurch ihr Integritätsinteresse zu erhalten.[270] Sie entsprechen mithin inhaltlich den Verkehrssicherungspflichten, so dass die dazu entwickelten Grundsätze anwendbar sind.[271] Umfang und Inhalt vertraglicher Schutzpflichten seien nicht einheitlich für alle Schuldverhältnisse bestimmbar. Sie hingen vielmehr vom Zweck des Schuldverhältnisses, der Verkehrssitte und den Anforderungen des redlichen Geschäftsverkehrs ab.[272] Dabei sei zu berücksichtigen, dass Verkehrssicherungspflichten innerhalb eines Vertragsverhältnisses zugleich Vertragspflichten sein können.[273] Nichts anderes gelte für vorvertragliche Schutzpflichten im Sinne der Grundsätze der c.i.c.[274] Auch zu ihrer Bestimmung könnten Verkehrssicherungspflichten herangezogen werden.[275]

bb) Die Aufklärungspflichten nach Treu und Glauben

(1) Stand der Rechtsprechung

Vor nicht langer Zeit gab es zahlreiche Streitigkeiten über das Unterlassen einer vorvertraglichen Aufklärungspflicht oder fahrlässige Falschangaben. Heute besteht weitegehende Übereinstimmung darüber, dass es grundsätzlich keine allgemeine Pflicht gibt, dem anderen Teil bei Vertragsverhandlungen alle Tatsachen mitzuteilen, die für dessen Entscheidung relevant sind.[276] Hier hat der KOGH den folgenden Grundsatz gebildet: „Da der Grundsatz darin besteht, den Wahrheitsgehalt der dem Vertrag zugrundeliegenden Informationen selbst zu überprüfen, wird die Erteilung der Auskünfte in der Regel nicht als unerlaubte Handlung angesehen, wenn der Informationsgeber lediglich auf eine Anfrage ohne rechtliche oder vertragliche Verpflichtungen antwortet, es sei denn, es liegen besondere Umstände vor, wie z. B. die vorsätzliche Erteilung falscher Informationen oder die Verursachung von Gefahren durch Vorverhalten".[277] Der KOGH hat noch weitere Umstände mitberücksichtigt, die für eine Aufklärungspflicht der Beteiligten

---

270 BGH, NJW 2008, 3778.
271 BGH, NJW 2008, 3778.
272 BGH, NJW 2013, 3366, 3368; BGH, NJW 2010, 1135.
273 Grüneberg/*Grüneberg*, BGB, § 280 Rn. 28; BGH, NJW 2013, 3366, 3368.
274 BGH, NJW 2013, 3366, 3368
275 BGH, NJW 2013, 3366, 3368.
276 *Lorenz*, NJW 1994, 173, 173.
277 KOGH, Urt. v. 9.2.2012 – AZ 2011Da14671; Komm/*Lee*, § 750 KBGB S. 132.

sprechen können, wie z. B. den Schutz der Verbraucher, den Vertrauensschutz in die Fachleute, die Bedeutung der Informationen und das Vertrauen in die Erteilung der Informationen der Gegenpartei.[278] In der Rechtsprechung lässt sich aber neuerdings die Neigung beobachten, den Kreis der Aufklärungspflichten zu erweitern. In Bezug darauf stellt sich da die Frage, ob c.i.c. eine Anspruchsgrundlage darstellt, die den Anspruch auf Schadensersatz wegen der Verletzung der Aufklärungspflichten begründet. Teilweise sind die Aufklärungspflichten vor Vertragsschluss gesetzlich verankert, meistens aber durch die Rechtsprechung anerkannt (z. B. § 25 Gesetz über staatlich geprüfte Makler). Nach der Ansicht der Rechtsprechung Koreas lässt sich die Aufklärungspflicht im Allgemein aus „Treu und Glauben" ableiten.[279] Theoretisch ist es allerdings umstritten, wovon die Aufklärungspflicht sich herleiten kann.[280] Es gibt zwei Denkrichtungen: Die eine erkennt die Aufklärungspflicht als allgemeine Pflicht an, die für alle Vertragsarten gilt, und die andere versucht, sie je nach Vertragsart gesondert zu verstehen.[281] Praktisch gesehen liegt die Aufklärungspflicht in unter anderem dem Verbraucherschutz und dem Schutz des Vertrauens in die Fachleute begründet.[282]

Der KOGH[283] hat in den folgenden Fällen eine vorvertragliche Aufklärungspflicht angenommen: „Im konkreten Fall kann es nach der Verkehrsauffassung ersichtlich sein, dass die andere Partei den Vertrag nicht abgeschlossen oder so nicht abgeschlossen hätte, wenn bei vermögensbezogenen Geschäften eine Partei der anderen bestimmte wichtige Umstände mitteilt hätte, die auf die Wirksamkeit des Vertrags Einfluss nehmen oder die Rechte der anderen Partei gefährden können. Dabei ist der Vertragspartner verpflichtet, die andere Partei nach

278 Komm/*Lee*, § 750 KBGB S. 133; KOGH, Urt. v. 28.6.2002 – AZ 2001Da81313 (Arzthaftung); KOGH, Urt. v. 23.2.2012 – AZ 2011Da77870; KOGH, Urt. v. 26.1.2012 – AZ 2011Da63857 (Makler); KOGH, Urt. v. 30.6.2022 – AZ 2022Da212594 (Makler); KOGH, Urt. v. 30.11.2023 – AZ 2023Da259743 (Makler); KOGH, Urt. v. 13.8.1993 – AZ 92Da52665; KOGH, Urt. v. 20.8.2009 – AZ 2008Da19355.

279 *Kim*, Journal of Private Case Law Studies 37 (2015), 635, 658 ff.

280 *Kim*, Korea Law Review 56 (2010), 1, 19 ff.; *Park*, Land Law Review 18 (2002), 65, 70 ff.; *Song*, Chon-Nam Law Review 29/1 (2009), 81, 105 ff.; *We*, Won-Kwang Law Review 23/2 (2007), 167, 167 ff.; *Jee*, The Korean Journal of Civil Law 62 (2013), 371, 388 ff.; *Kim*, The Korean Journal of Civil Law 36 (2007), 323, 339 ff.

281 *Yoon*, Theory and Practice of Private Law 14/2 (2011), 89, 91 f.

282 *Song*, Chon-Nam Law Review 29/1 (2009), 81, 82 ff.

283 KOGH, Urt. v. 28.11.2013 – AZ 2011Da59247; KOGH, Urt. v. 12.10.2006 – AZ 2004Da48515; KOGH, Urt. v. 1.6.2007 – AZ 2005Da5812, 5829, 5836, 5843; KOGH, Urt. v. 20.8.2009 – AZ 2008Da19355; KOGH, Urt. v. 20.8.2009 – AZ 2008Da51120, 51137, 51144, 51151.

Treu und Glauben vorab auf solche Umstände hinzuweisen". Die Aufklärungspflichten in diesem Sinne kommen ausnahmsweise nicht in Betracht, wenn die Pflichten zur eigenen Untersuchung der anderen Partei obliegt oder sie nach der Verkehrssitte davon Kenntnis haben muss.[284] In diesem Fall, wenn der eine Teil wichtige Informationen vorsätzlich nicht aufgeklärt hat, kann der Geschädigte das Anfechtungsrecht aufgrund von Täuschung[285] gemäß § 110 Abs. 1 KBGB oder Motivirrtum[286] gemäß § 109 Abs. 1 KBGB ausüben. Die Anerkennung von Täuschung durch Schweigen wird durch das französische Recht beeinflusst.[287] Der Geschädigte kann auch Schadensersatz aus unerlaubter Handlung (§ 750 KBGB) verlangen, ohne vom Vertrag zurückzutreten. Demgegenüber kommt eine Gewährleistungshaftung in Betracht, wenn in Bezug auf die Beschaffenheit der mangelhaften Sache unrichtige Angaben gemacht wurden (§§ 580, 581 KBGB). Daneben kann der Geschädigte den Vertrag wegen Irrtums anfechten (§ 109 Abs. 1 KBGB).[288] In Deutschland wird die Frage aufgeworfen, ob im Falle einer nur fahrlässigen Täuschung die Aufhebung des Vertrags als die Haftung aus c.i.c. in Betracht kommt (§§ 280 Abs. 1, 311 Abs. 2, 241 Abs. 2).[289] In Korea steht eine diesbezügliche Problematik noch nicht zur Diskussion. Nach der koreanischen Rechtsprechung besteht jedoch grundsätzlich kein Rücktrittsrecht bei einer Nebenpflichtverletzung.[290] Daher scheint es, dass eine eventuelle Vertragsaufhebung auch dann nicht einfach sein würde, sollte der Geschädigte durch einen unerwünschten Vertragsabschluss aufgrund einer Verletzung der Aufklärungspflichten einen Schaden erlitten haben.

---

284 KOGH, Urt. v. 1.6.2007 – AZ 2005Da5812, 5829, 5836, 5843; KOGH, Urt. v. 28.11.2013 – AZ 2011Da59247.

285 KOGH, Urt. v. 23.2.2006 – AZ 2005Do8645; KOGH, Urt. v. 28.6.1994 – AZ 93Do14; KOGH, Urt. v. 13.10.1987 – AZ 86Do1912; KOGH, Urt. v. 8.4.1980 – AZ 79Do2888; KOGH, Urt. v. 27.7.1971 – AZ 71Do977. Siehe auch *Eor*, The Journal of Property Law 27/3 (2011), 87, 113 ff.

286 KOGH, Urt. v. 15.4.2016 – AZ 2013Da97694; KOGH, Urt. v. 11.7.1978 – AZ 78Da719; *Park*, Land Law Review 18 (2002), 65, 68 f.; *Kong*, The Journal of Property Law 8/1 (1991), 97, 99.

287 *Im/Hwang*, SungKyunKwan Law Review 30/2 (2018), 159, 174.

288 KOGH, Urt. v. 13.9.2018 – AZ 2015Da78703.

289 *Medicus/Lorenz*, Schuldrecht AT Rn. 538; *Canaris*, AcP 200 (2000), 273, 305 f.; *Lorenz*, ZIP 1998, 1053, 1053 ff.; *ders.*, NJW 1997, 2578, 2579; *ders.*, NZM 1998, 359, 360 ff.; *Park*, The Korean Journal of Civil Law 27 (2005), 133, 149 ff.

290 Vgl. KOGH, Urt. v. 25.11.2005 – AZ 2005Da53705, 53712; KOGH, Urt. v. 13.11.2001 – AZ 2001Da20394, 20400; KOGH, Urt. v. 9.7.1996 – AZ 96Da14364, 14371.

(2) Bewertung

In vielen streitigen Fällen liegt die Aufklärungspflichtverletzung im vorvertraglichen Stadium vor. Dabei hat der KOGH seit langem entschieden, dass eine Verletzung der Aufklärungspflicht im vorvertraglichen Stadium hauptsächlich eine unerlaubte Handlung gemäß § 750 KBGB darstellt.[291] Allerdings ist es wichtig zu beachten, dass in der Rechtsprechung diese Pflichtverletzung – wie oben dargestellt – nach dem Zeitpunkt des Vertragsschlusses häufig als Leistungsstörungen (§ 390 KBGB) behandelt wird.[292] Gegen die Rechtsprechung werden jedoch folgende Einwände erhoben.[293] Ein Teil der Literatur behauptet, dass auch in diesem Fall eine vertragliche oder vertragsähnliche Haftung aus c.i.c. anerkannt werden müsse.[294] Hingegen spricht ein Teil der kritischen Meinungen von einer deliktischen Haftung.[295] Nach dieser Ansicht ist eine vertragliche Haftung wegen Verletzung von Aufklärungspflichten vor Vertragsschluss allerdings nicht akzeptabel, da das geltende Recht eine Haftung aus c.i.c. – außer gemäß § 535 KBGB – grundsätzlich nicht anerkennt. Es herrscht jedoch Uneinigkeit darüber, welche Schäden entstanden sind. Einige sprechen sich dafür aus, dass der Grundsatz des Deliktsrechts in diesem Fall nicht den allgemeinen Verkehr regeln, sondern die ursprünglichen Vermögensinteressen desjenigen schützen soll, der sich für den Vertragsschluss entscheidet.[296] Mit anderen Worten: Die Verletzung der Aufklärungspflicht habe zu einem Vertragsschluss geführt, der eigentlich nicht zustande gekommen wäre, und zu einem Vermögensschaden geführt, so dass in diesem Sinne es sich um eine deliktsrechtliche Verletzung von Rechten und Rechtsgütern handele.[297] Demgegenüber wird die Auffassung auch vertreten, dass das Selbstbestimmungsrecht durch unrichtige Angaben oder ein Unterlassen verletzt wird und der Geschädigte dafür Schadensersatzansprüche geltend machen kann.[298] In diesem Fall geht es nicht um den Vermögensverlust,

---

291 Z. B. KOGH, Urt. v. 20.8.2009 – AZ 2008Da51120, 51137, 51144, 51151; *Kim*, Journal of Private Case Law Studies 37 (2015), 635, 651 f.

292 Vgl. KOGH, Urt. v. 28.3.1995 – AZ 93Da62645; KOGH, Urt. v. 28.11.2013 – AZ 2011Da59247; KOGH, Urt. v. 29.3.2007 – AZ 2006Da79742; KOGH, Urt. v. 29.4.2010 – AZ 2007Da9139; KOGH, Urt. v. 25.8.2011 – AZ 2011Da43778; dafür Komm/*Kim*, § 390 KBGB S. 729; *Kim*, The Korean Journal of Civil Law 36 (2007), 323, 340; *Kim*, The Korean Journal of Civil Law 29 (2005), 149, 151 ff., 183.

293 *Ahn*, Journal of Private Case Law Studies 38 (2016), 371, 371 ff.; *Eor*, The Journal of Property Law 27/3 (2011), 87, 111.

294 *Kim*, Journal of Private Case Law Studies 37 (2015), 635, 658 ff.

295 Z. B. *Lee*, Korea Law Review 72 (2014), 565, 598.

296 *Kim*, Journal of Private Case Law Studies 37 (2015), 635, 658 ff.

297 *Kim*, Journal of Private Case Law Studies 37 (2015), 635, 658 ff.

298 *Kim*, Journal of Private Case Law Studies 37 (2015), 635, 658 ff.

sondern um die Verletzung der Entscheidungsfreiheit wegen nicht ausreichender Information.[299] Dies stellt die Verletzung von Rechten und Rechtsgütern nach § 750 KBGB dar und der daraus resultierende seelische Schaden muss durch Schmerzensgeld (§ 751 KBGB) ersetzt werden.[300] Hingegen befürworten die einigen Meinungen die Ansicht der Rechtsprechung.[301]

Allerdings sind die Haftungsgrundlagen und Rechtsfolgen der Aufklärungspflichtverletzung grundsätzlich danach zu unterscheiden, ob ein Vertrag in der Tat zustande gekommen ist. Dabei ist der Zeitpunkt der Pflichtverletzung (vor oder nach dem Vertragsschluss) von Bedeutung. Die Aufklärungspflichten dienen im vorvertraglichen Stadium dazu, auf die Entscheidung des anderen Teils über den Vertragsschluss oder den Vertragsinhalt eine Wirkung zu haben.[302] Wenn hier die Haftung aus c.i.c. allgemein anerkannt wird, lässt sich ohne Weiteres erklären, dass die schuldhafte Verletzung der Aufklärungspflichten im Rahmen der Vertragsverhandlungen zu einer vertragsähnlichen oder vertraglichen Haftung führt. Nach dieser Ansicht entstehen diese Pflichten schon vor Vertragsschluss und bestehen bis zur Beendigung des Vertragsverhältnisses fort.[303] Hier sind die vorvertraglichen Aufklärungspflichten, die insbesondere im Zusammenhang der Haftung aus c.i.c. im Fokus stehen, dadurch gekennzeichnet, dass sie bezwecken, primär das Intergritätsinteresse der anderen Partei (*status quo*) zu bewahren.[304] Sie gehören zu den reinen Schutzpflichten aus dem Schuldverhältnis und deren Verletzung begründet die Haftung aus c.i.c.[305] Dagegen kann die Aufklärungspflichtverletzung nach dem Vertragsschluss eine Haftung auf Schadensersatz gemäß § 390 KBGB (sog. „positive Vertragsverletzung") darstellen.[306] Diese Haftung beruht auf einem Vertrag. Eine vorvertragliche Verletzung der Aufklärungspflicht kann daher nur insoweit eine vertragliche oder vertragsähnliche Haftung begründen, wenn die

---

299 *Kim*, Journal of Private Case Law Studies 37 (2015), 635, 658 ff.

300 *Kim*, Journal of Private Case Law Studies 37 (2015), 635, 658 ff.

301 *Kim*, The Korean Journal of Civil Law 36 (2007), 323, 340; *Kim*, The Korean Journal of Civil Law 29 (2005), 149, 183.

302 *Eor*, The Journal of Property Law 27/3 (2011), 87, 111.

303 *Medicus/Lorenz*, Schuldrecht AT Rn. 517, 522. Sie setzen kein Vertragsverhältnis voraus.

304 *Kersting*, S. 344 f.; *Medicus/Lorenz*, Schuldrecht AT Rn. 521.

305 *Kersting*, S. 344 f.; *Larenz*, Schuldrecht AT, § 9 I a, S. 110; *Schwab*, JuS 2002, 773, 775; *Medicus/Lorenz*, Schuldrecht AT Rn. 522. Diese nicht leistungsbezogenen Pflichten zur Rücksichtnahme auf die Rechtssphäre des anderen Teils seien in § 241 Abs. 2 BGB kodifiziert. Erst mit dem Vertragsabschluss können diese Pflichten sich auch auf die Hauptleistung beziehen (Doppelnatur).

306 Komm/*Kim*, § 390 KBGB S. 717 ff.; *Kim*, Law Review 21 (2006), 41, 41 f.; *Canaris*, JZ 1965, 475, 476 f. Dabei geht es darum, dass ein Teil auch bei der Durchführung des Vertrags auf die Interessen des anderen Teils Rücksicht nehmen muss.

Lehre der c.i.c. anerkannt wird. Eine solche kann selbst dann nicht unmittelbar eine Leistungsstörung darstellen, wenn ein Vertrag später tatsächlich zustande kommt. Die Ansicht der Rechtsprechung ist dahingehend nicht folgerichtig.

cc) Der Fall der Finanzinstitute

In diesen Fallgruppen[307] wird allgemein die deliktische Haftung bejaht. Dabei hat der KOGH[308] besonders für die besonders strittigen Fallgruppen (sog. KIKO-Fall) folgende Ansicht vertreten: „Wenn ein Finanzinstitut zwecks des Abschlusses des OTC (Over-The-Counter) Vertrages mit den Kunden die Vertragsverhandlungen aufgenommen hat, wird es aufgrund des Prinzips von Treu und Glauben (§ 2 KBGB) dazu verpflichtet, die mit dem Vertrag verbundenen wichtigen Risikofaktoren deutlich und ausführlich aufzuklären, damit die Kunden das Risiko des Vertrages genau bewerten können, es sei denn, die Kunden haben bereits die genügenden Kenntnisse über OTC. Insbesondere außerbörslich gehandelte Derivate bergen das inhärente Risiko übermäßiger Verluste im Falle unvorhersehbarer Umstände, und andererseits genießen Banken in der Öffentlichkeit ein größeres Vertrauen als auf Anlagen spezialisierte Finanzinstitute, so dass die Empfehlung der Banken einen starken Einfluss auf die Entscheidung der Kunden haben kann. Daher ist davon auszugehen, dass Banken eine erhöhte Schutzpflicht gegenüber den Kunden haben als andere Finanzinstitute, wenn sie den Kunden risikoreiche OTC-Derivate empfehlen". In diesem Fall hat die Rechtsprechung die Aufklärungspflichten als eine Art Schutzpflicht gegenüber dem anderen Teil bejaht, die aus dem Prinzip von Treu und Glauben stammt.[309] Der entscheidende Grund dafür ist, dass bei dem OTC-Vertrag ein großes Risiko besteht, das über die Erwartung der normalen Kunden weit hinausgeht, weil der Inhalt dieses Vertrags vom Wechselkurs stark abhängt.[310] Interessant ist dabei, dass die Rechtsprechung

---

307 KOGH, Urt. v. 12.10.2001 – AZ 2000Da28537, 28544; KOGH, Urt. v. 11.1.1994 – AZ 93Da26205; KOGH, Urt. v. 24.12.1999 – AZ 99Da44588; KOGH, Urt. v. 24.1.2003 – AZ 2001Da2129; KOGH, Urt. v. 29.6.2006 – AZ 2005Da49799; KOGH, Urt. v. 11.11.2010 – AZ 2008Da52369; KOGH, Urt. v. 11.5.2006 – AZ 2003Da51057; KOGH, Urt. v. 11.7.2003 – AZ 2001Da11802; KOGH, Urt. v. 26.9.2013 – AZ 2012Da1146, 1153; KOGH, Urt. v. 26.12.2002 – AZ 2000Da56952; KOGH, Urt. v. 9.2.2006 – AZ 2005Da63634; KOGH, Urt. v. 27.10.2014 – AZ 2012Da22242; KOGH, Urt. v. 13.6.2013 – AZ 2010Da34159; KOGH, Urt. v. 11.11.2010 – AZ 2008Da52369.

308 Vgl. KOGH, Urt. v. 26.9.2013 – AZ 2012Da1146, 1153; KOGH, Urt. v. 26.9.2013 – AZ 2011Da53683, 53690; KOGH, Urt. v. 26.9.2013 – AZ 2012Da13637; KOGH, Urt. v. 26.9.2013 – AZ 2013Da26746; KOGH, Urt. v. 28.11.2013 – AZ 2013Da23891.

309 *Yoon*, Theory and Practice of Private Law 14/2 (2011), 89, 95, 101.

310 KOGH, Urt. v. 26.9.2013 – AZ 2012Da1146, 1153.

bei der Verletzung solcher Pflicht in diesem Fall die Haftung auf Schadensersatz aus Deliktsrecht ausspricht (§ 750 KBGB).

Im Zusammenhang mit der Aufklärungspflicht von Finanzdienstleistungsunternehmen wird häufig in der Literatur und Rechtsprechung der sog. „Grundsatz der Geeignetheit“ angeführt.[311] Bevor ein Finanzdienstleistungsunternehmen einem allgemeinen Anleger eine Anlageempfehlung gibt, muss es sich durch Gespräche oder Fragen über dessen Anlageziele, finanzielle Situation usw. informieren und darf ihm keine Anlage empfehlen, die angesichts dieser Informationen für ihn ungeeignet ist.[312] Ein Verstoß gegen diesen Grundsatz stellt eine unerlaubte Handlung dar.[313]

II. Dritthaftung aus c.i.c., vor allem die Auskunftshaftung des Rechtsanwalts gegenüber Dritten

In Korea ist über die Dritthaftung aus c.i.c. noch nicht viel diskutiert worden. Es ist schwer, Rechtsprechung zu finden, in der dies thematisiert wird. In der akademischen Debatte geht es weitgehend darum, ob die Theorie umfassend akzeptiert werden soll.[314] Wenn die Theorie auf die Dritthaftungsfälle angewandt werden könnte, kann § 311 Abs. 3 BGB als Leitfaden dafür dienen, welche Haftungsvoraussetzungen im Einzelfall erfüllt werden müssen. In Bezug auf die anwaltliche Haftung gegenüber Dritten wurde teilweise argumentiert, dass in Korea eine Konstruktion des Vertrags mit Schutzwirkung zugunsten Dritter eingeführt werden könnte, die sich auf einen echten Vertrag zugunsten Dritter in § 539 KBGB stützt.[315] Danach haben Dritte einen unmittelbaren Schadensersatzanspruch gegenüber dem Anwalt. Allerdings spricht sich die herrschende Meinung überwiegend für eine Lösung nach dem Deliktsrecht aus.[316]

311 § 46 Abs. 2 und 3 Gesetz über den Kapitalmarkt und Finanzanlagegeschäft a. F.; Komm/*Lee*, § 750 KBGB S. 134.

312 Komm/*Lee*, § 750 KBGB S. 199.

313 Vgl. KOGH, Urt. v. 13.6.2013 – AZ 2010Da34159; KOGH, Urt. v. 26.9.2013 – AZ 2012Da1146, 1153 (KIKO-Fall).

314 *Kim*, Kook-Min Law Review 32/1 (2019), 9, 33 f.

315 *Lee*, Myong-Ji The Social Science Research Institute 16 (2000), 433, 455 f.

316 *Kang*, Journal of Consumer Policy Studies 15 (1995), 117, 129; *Kwon/Park*, A-Jou Law Review 10/4 (2017), 298, 305; *Lee*, Myong-Ji The Social Science Research Institute 16 (2000), 433, 458; *ders.*, Myong-Ji The Social Science Research Institute 17 (2001), 377, 384; *Kim*, Theses Collection 16/1 (1997), 397, 403; *Lee*, Chung-Buk Law Journal 14 (2003), 245, 256; *Choi*, Dan-Kook Law Review 23/1 (1997), 243, 257; *Lee*, Dong-A Law Review 60 (2013), 99, 125.

Einige dieser Auffassungen zielen darauf ab, die Dritthaftung aus unerlaubter Handlung durch die Übernahme der Gesichtspunkte zu begrenzen, die in der deutschen Rechtsprechung und Literatur als Grundlage für die Rechtfertigung der Haftung berücksichtigt wurden. Es gibt z. B. Ansichten, die versuchen, die Rechtswidrigkeit im Lichte des Schutzzwecks der Norm zu begrenzen.[317] In der Literatur werden auch die Ansichten vertreten, dass diese Problematik über c.i.c. gelöst werden sollte. Diejenigen, die für eine Ausweitung des Anwendungsbereichs des § 535 KBGB plädieren, sprechen davon, dass die Lehre der c.i.c. sich auf die Fälle erstrecken könnte, in denen es um die Dritthaftung geht. Dies wurde oben bereits erwähnt. Die andere Auffassung fasst die Besonderheit des Kontextes, in dem die Haftung aus c.i.c. diskutiert wird, ins Auge und plädiert dafür, dieses Problem durch die Vertragskonstruktionen zu lösen. Sie geht davon aus, dass die deliktischen Verhaltenspflichten sich von den vor- oder vertraglichen Schutzpflichtenunterscheiden. Die Schutzpflichten erwachsen aus einer Sonderbeziehung, deren Verletzung zu einer schärferen Haftung führen kann.[318] Es handelt sich um erhöhte Sorgfaltspflichten. Der Inhalt und die Intensität dieser Pflichten werden durch den Grundsatz Treu und Glauben (§ 2 KBGB) bestimmt.[319] Demgegenüber ergeben sich die allgemeinen mitmenschlichen deliktischen Verhaltenspflichten aus dem Gemeinschaftsleben.[320] Die Schutzpflichten können daher nur zwischen Parteien entstehen, die z. B. durch die Vertragsanbahnung (die Aufnahme vom rechtsgeschäftlichen Kontakt) in einer engen Beziehung zueinanderstehen, und deren Verletzung stelle eine vertragliche Haftung dar.[321] Nach dieser Auffassung lassen sich solche Schutzpflichten nicht aus den allgemeinen deliktsrechtlichen Sorgfaltspflichten ableiten.[322] Es entspreche nicht unserem Rechtsempfinden, eine solche Pflicht im Rahmen des Deliktsrechts zwischen nicht miteinander verbundenen Personen allgemein anzuerkennen.[323] Ferner wird nach dieser Auffassung argumentiert, dass selbst dann, wenn derselbe Sachverhalt sowohl unter den Tatbestand der unerlaubten als auch der c.i.c. fällt, die vertragliche Lösung nach dem lex-specialis-Grundsatz Vorrang hat.[324] Auch diese Ansicht orientiert

---

317 *Pak*, HUFS Law Review 18 (2005), 249, 272; *Choi*, The Journal of Property Law 11/1 (1994). 131, 159 ff.

318 *Canaris*, in: FS Larenz (1983), S. 27, 34 f.

319 *Canaris*, in: FS Larenz (1983), S. 27, 34.

320 *Canaris*, in: FS Larenz (1983), S. 27, 34 f.

321 *Pak*, HUFS Law Review 18 (2005), 249, 273 ff.

322 *Pak*, HUFS Law Review 18 (2005), 249, 273 ff.

323 *Pak*, HUFS Law Review 18 (2005), 249, 273 ff.

324 *Pak*, HUFS Law Review 27 (2007), 277, 294.

sich an dem Gedanken, dass der Anwendungsbereich des Deliktsrechts trotz des aktuellen Systems des KBGB (der allgemeinen deliktsrechtlichen Generalklausel) begrenzt werden sollte. Insbesondere wäre umstritten, ob bei der Dritthaftung die berufsbezogenen Schutzpflichten in deliktsrechtlicher Hinsicht anerkannt werden können. Zusammenfassend lässt sich sagen, dass bei der Dritthaftung eine vertragsrechtliche Haftungsgrundlage geschaffen werden soll.

E. Fazit

Die Diskussion in Korea geht davon aus, dass die Dritthaftung – anders als in Deutschland – einer allgemeinen Generalklausel des Deliktsrechts unterliegt. Bei der anwaltlichen Dritthaftung ist diese Generalklausel von besonderer Bedeutung, da das Rechtsanwaltsgesetz im Gegensatz zu anderen Berufen, wie z. B. Wirtschaftsprüfern und Gutachtern, keine spezifische Regelung über die Haftung von Rechtsanwälten gegenüber Dritten vorsieht. Insbesondere in Fällen, in denen es um die Haftung aus c.i.c. geht, hat die Rechtsprechung im Allgemeinen dazu tendiert, sich für eine deliktische Lösung auszusprechen. Was die vertraglichen Lösungsansätze anbelangt, werden das Rechtsinstitut der c.i.c. und die Konstruktion des Vertrags mit Schutzwirkung für Dritte als Haftungsgrundlagen vorgeschlagen. Das Rechtsinstitut der c.i.c. ist in § 535 KBGB gesetzlich verankert. Da es sich dabei in Korea nicht um ein richterrechtlich fortgebildetes Rechtsinstitut oder ein Gewohnheitsrecht handelt, sondern um ein Rechtssystem, das durch eine gesetzgeberische Rezeption des deutschen Rechts anerkannt wurde, orientiert sich die Debatte an der Frage, ob der Anwendungsbereich dieses Rechtssystems auf die anderen Fälle ausgedehnt werden kann. Wenn von den Schutzpflichten die Rede ist, ist es umstritten, ob sie auch im koreanischen Recht allgemein anerkannt werden können. Die herkömmliche Mehrheitsmeinung scheint darin zu bestehen, das Konzept der Schutzpflichten zu bejahen. Sie wird von der Diskussion im deutschen Recht beeinflusst. Diese Diskussion ist mit der Frage verbunden, ob es notwendig ist, den Umfang der Haftung nach Deliktsrecht angemessen zu begrenzen. Zusammenfassend lässt sich sagen: Die Diskussion über die Dritthaftung in Korea steht noch am Anfang und ihre künftige Fortentwicklung bleibt der Wissenschaft und Rechtsprechung überlassen.

Teil 3. Die Haftung des Rechtsanwalts gegenüber Dritten für fehlerhafte Auskünfte im deutschen Recht

Im vorliegenden Teil geht es darum, die bisherige Diskussionslage der Dritthaftung von Rechtsanwälten im deutschen Recht näher zu untersuchen. Zunächst handelt es sich um die Definition einiger wichtiger Begriffe, die in der vorliegenden Untersuchung thematisiert werden sollen (A. Gegenstand der Untersuchung). Im Hinblick auf die deliktische Lösung werden ihre Haftungsvoraussetzungen gemäß §§ 823, 826 BGB nach Ansicht der herrschenden Meinung und Rechtsprechung dargestellt und theoretisch bewertet (B. Deliktshaftung). Als vor- und vertragliche Lösungsansätze werden die Konstruktionen des stillschweigend abgeschlossenen Auskunftsvertrags (C. Haftung aus eigenständigen Auskunftsvertrag), Vertrags mit Schutzwirkung zugunsten Dritter (D. Vertrag mit Schutzwirkung zugunsten Dritter) und die Dritthaftung aus c.i.c. erörtert (E. Die Dritthaftung aus c.i.c.). Nach der Schuldrechtsmodernisierung geht es vor allem darum, ob und unter welchen Voraussetzungen der Anwendungsbereich von § 311 Abs. 3 S. 2 BGB weitgehend auf die Dritthaftungsfälle ausgedehnt werden kann.[325] Schließlich werden Fazits aus der Untersuchung gezogen (F. Fazit).

A. Gegenstand der Untersuchung

I. Definition – Zum Begriff der Anwaltshaftung (insb. Dritthaftung)

1. *Allgemeines*

Bei der Anwaltshaftung geht es um die Haftung von Rechtsanwälten gegenüber Auftraggebern („Mandanten") und Dritten („Nichtmandanten").[326] Wenn Rechtsanwälte eine Pflicht aus Vertrag und/oder aus Delikt (§§ 823, 826 BGB) schuldhaft verletzen, haften sie gegenüber ihren Mandanten.[327] Unter anderem ergibt sich ein vertraglicher Schadensersatzanspruch aufgrund eines vorhandenen Dienstvertrags oder im Ausnahmefall eines Werkvertrags, der eine Geschäftsbesorgung

325 *Koch*, AcP 204 (2004), 59, 69 f.; *Tarman*, S. 148.

326 *Rinkler/Pape*, in: HB der Anwaltshaftung, § 1 Rn. 1.

327 *Steinkraus/Schaaf*, JuS 2001, 167, 167 ff.; *Zugehör*, NJW 2000, 1601, 1602.

zum Gegenstand hat (§§ 675 Abs. 1, 611, 631 BGB).[328] Insbesondere lässt sich ein Gutachtenvertrag grundsätzlich als ein Werkvertrag im Sinne des § 675 Abs. 1 BGB klassifizieren.[329] Bei einem Rechtsberater- oder Gutachtenvertrag handelt es sich im Sinne des § 675 Abs. 1 BGB um einen Werkvertrag (§ 631 BGB), der eine Geschäftsbesorgung zum Gegenstand hat, wenn der Auftraggeber beim Einzelauftrag an einem „einmaligen, in sich geschlossenen Leistungserfolg" interessiert ist.[330] Solange ein Vertragsverhältnis zwischen Rechtsanwälten und ihren Mandanten vorliegt, ist die Frage der Haftungsgrundlage generell nicht problematisch.

Indessen sind die Rechtsanwälte unter bestimmten Voraussetzungen auch zum Schadensersatz gegenüber Dritten verpflichtet, zu denen kein Vertragsverhältnis besteht.[331] Die anwaltliche Dritthaftung nimmt insofern eine „Sonderstellung" in der anwaltlichen Berufshaftung[332] ein, als über ihre dogmatischen Rechtsgrundlagen nach wie vor diskutiert wird.[333] Nach Ansicht der Rechtsprechung[334] „kommt diese Berufshaftung zwar in erster Linie bei solchen Sachverständigen in Betracht, die über eine besondere, vom Staat anerkannte Sachkunde verfügen und die in dieser Eigenschaft Gutachten abgeben, denen aufgrund ihrer Ausbildung und Anerkennung ein besonderes Vertrauen entgegengebracht wird". Auf dieser Grundlage wird eine anwaltliche Berufshaftung gegenüber Dritten in der Rechtsprechung unter unterschiedlichen rechtlichen Gesichtspunkten dargelegt.

2. *Die Haftung eines Anwalts gegenüber seinem eigenen Mandanten und die Pflichten aus einem Anwaltsvertrag (Zweierbeziehung)*

Ein Rechtsanwalt haftet seinem Auftraggeber (Mandanten) für professionelles Fehlverhalten im Regelfall aufgrund eines (echten) Anwaltsvertrags.[335] Gemäß § 3 Abs. 1 BRAO ist der Rechtsanwalt als der berufene unabhängige Berater

---

328 *Zugehör*, NJW 2000, 1601, 1602; *ders*, WM Sonderbeilage 1 (2010), 1, 5; *Leyens*, JuS 2018, 217, 217 f.; *Lammel*, AcP 179 (1979), 337, 345f.; *Rinkler/Pape*, in: HB der Anwaltshaftung, § 1 Rn. 5; *D. Fischer*, in: HB der Anwaltshaftung, § 8 Rn. 1 ff.

329 *Eichler*, S. 211; *Zugehör*, WM Sonderbeilage 1 (2010), 1, 1, 30, 32; *Volze*, DS 2004, 48, 48; BGH, NJW 1995, 392, 393.

330 *Zugehör*, WM Sonderbeilage 1 (2010), 1, 5; MünchKomm/*Busche*, § 631 BGB Rn. 150; *Leyens*, JuS 2018, 217, 217 f.

331 *Bräuer*, Anw-Bl. 2008, 199, 200.

332 Zur Einordnung der anwaltlichen Haftung gegenüber Dritten in den Bereich der anwaltlichen Berufshaftung *Bell*, S. 15.

333 *Bell*, S. 24; BeckOGK/*Spindler* (Stand: 1.8.2023), § 826 BGB Rn. 48.

334 *Emmerich*, JuS 2004, 1102, 1103; BGH, NJW 2004, 3035, 3036.

335 *Vill*, in: HB der Anwaltshaftung, § 2 Rn. 1; *Damm*, JZ 1991, 373, 373.

und Vertreter in allen Rechtsangelegenheiten verpflichtet, aus einem mit seinem Mandanten abgeschlossenen Anwaltsvertrag den berufstypischen rechtlichen Beistand zu leisten (Rechtsbeistandspflicht).[336] Allerdings „kann ein Anwaltsvertrag im weiteren Sinne auch anwaltsfremde Maßnahmen umfassen, falls diese in einem engen inneren Zusammenhang mit der rechtlichen Beistandspflicht stehen und auch Rechtsfragen aufwerfen können.[337] Etwas anderes gilt nur dann, wenn die Rechtsberatung und -vertretung völlig in den Hintergrund tritt und deswegen als unwesentlich erscheint".[338]

Nach der Rechtsprechung stellen sich die allgemeinen Vertragspflichten von Rechtsanwälten wie folgt dar:[339] „Soweit der Mandant nicht eindeutig zu erkennen gibt, dass er des Rates nur in einer bestimmten Richtung bedarf, ist der Rechtsanwalt zur allgemeinen, umfassenden und möglichst erschöpfenden Belehrung des Auftraggebers verpflichtet. Unkundige muss er über die Folgen ihrer Erklärungen belehren und vor Irrtümern bewahren. Er hat dem Mandanten diejenigen Schritte anzuraten, die zu dem erstrebten Ziele zu führen geeignet sind, und Nachteile für den Auftraggeber zu verhindern, soweit solche voraussehbar und vermeidbar sind. Dazu hat er dem Auftraggeber den sichersten und gefahrlosesten Weg vorgeschlagen und ihn über mögliche Risiken aufzuklären, damit der Mandant zu einer sachgerechten Entscheidung in der Lage ist".[340] Die Pflicht eines Rechtsanwalts gegenüber seinem Mandanten liegt also in der Klärung des Sachverhalts sowie der Rechtsprüfung und Rechtsberatung.[341] Wenn der Rechtsanwalt eine auf der anwaltlichen Tätigkeit beruhende Pflicht verletzt, muss er den durch die Pflichtverletzung entstandenen Schaden ersetzen.[342]

---

336 *Borgmann*, NJW 2010, 1924, 1925; *Vill*, in: HB der Anwaltshaftung, § 2 Rn. 1; *Steinkraus/Schaaf*, JuS 2001, 167, 168.

337 *Vill*, in: HB der Anwaltshaftung, § 2 Rn. 2; BGH, NJW 1998, 3486; BGH, NJW 2004, 1169, 1170.

338 BGH, NJW 1998, 3486; BGH, NJW 1985, 2642; BGH, 1994, 1405; BGH, NJW 2004, 1169, 1170.

339 BGH, NJW 1988, 563, 566; BGH, NJW 1992, 1159, 1160; BGH, NJW 1994, 1211, 1212; BGH, NJW 1995, 449, 450; BGH, WM 1996, 1832, 1834; BGH, NJW 2008, 2041; BGH, NJW-RR 2008, 1235; BGH, NJW 2009, 2949. Vgl. auch *Vill*, in: HB der Anwaltshaftung, § 2 Rn. 5.

340 BGH, NJW 1974, 1865; BGH, NJW 1984, 791; BGH, NJW 1988, 563, 566; BGH, NJW 1992, 1159, 1160; BGH, NJW 1994, 1211, 1212; BGH, NJW 1995, 449, 450; BGH, WM 1996, 1832, 1834; BGH, WM 2003, 1628, 1629.

341 *Vill*, in: HB der Anwaltshaftung, § 2 Rn. 6 ff.; *Borgmann*, NJW 2010, 1924, 1926 ff.; BGH, NJW 1996, 2929, 2931.

342 BeckOK/*Fischer* (Stand: 1.8.2023), § 675 BGB Rn. 28 ff.

3. Die Problematik der Dritthaftung

a) Der Drittbezug der anwaltlichen Tätigkeit

Der Rechtsprechung zufolge erlaubt der Anwaltsvertrag nur in seltenen Fällen, Dritte in die vertraglichen Pflichten einzubeziehen. Denn „er ist auf einem Vertrauensverhältnis zwischen Mandanten und Anwalt aufgebaut und daher vom Inhalt her streng zweiseitig ohne Außenwirkung angelegt.[343] Interessen Dritter am Ergebnis der anwaltlichen Tätigkeit können daher im Allgemeinen nicht zur Haftungserweiterung des Rechtsanwalts führen, selbst wenn diese Personen dem Rechtsanwalt benannt oder gar bekannt sind".[344] Obwohl ein Anwaltsvertrag eigentlich auf einem Vertrauensverhältnis zwischen Anwalt und Mandant beruht, kann sich aber die anwaltliche Tätigkeit auch auf Dritte beziehen.[345] Denn die anwaltliche Tätigkeit ist vielfach darauf abzielt, dem Mandanten Hilfestellung in seiner rechtlichen Beziehung zu Dritten anzubieten.[346] In diesem Sinne kann die berufliche Tätigkeit des Rechtsanwalts über das Mandatsverhältnis hinaus Außenwirkung entfalten und zu einer Haftung gegenüber Dritten führen.

b) Definition der Dritthaftung

Bei der Dritthaftung im weiteren Sinne handelt es sich um die Haftung derjenigen, die nicht potentielle Vertragspartner sind.[347] Hier bedeutet Dritter diejenige Person, die auf einen fremden Vertrag Einfluss nehmen kann.[348] In diesen Fällen steht die Haftung Dritter im Fokus (Passivlegitimationsfälle).[349] Vergleichsweise wird die Dritthaftung von Sachverständigen wie Rechtsanwälten, Steuerberatern, Wirtschaftsprüfern, Notaren und öffentlich bestellten Sachverständigen (wie Gutachter oder Schätzer) dadurch gekennzeichnet, dass sie vor allem über ihre Auskünfte (Expertise, Gutachten oder Stellungnahmen etc.) Vertragsverhandlungen oder einen Vertragsschluss zwischen ihrem Auftraggeber und dem geschädigten Dritten beeinflussen.[350] Diese Fallkonstellationen bilden einen

343 BGH, NJW 1977, 2073, 2074; BGH, NJW 1986, 581, 582; *Bell*, S. 19.

344 BGH, NJW 1977, 2073, 2074; BGH, NJW 1986, 581, 582; *Bell*, S. 19.

345 *Bell*, S. 19.

346 *Bell*, S. 20.

347 *Damm*, JZ 1991, 373, 379.

348 *Kersting*, S. 35.

349 *Gellmann*, S. 162.

350 *Kersting*, S. 318; *Lammel*, AcP 179 (1979), 337, 358 f.; *Honsell*, in: FS Medicus (1999), S. 211, 211 f.; *Gellmann*, S. 1; *Damm*, JZ 1991, 373, 375; *Büttner*, S. 28 f. (sog. Gutachterfallgruppe).

wichtigen Teilaspekt der Dritthaftung, so dass die Dritthaftung in diesem Sinne häufig auch die Expertenhaftung, Fachleutehaftung oder Berufshaftung genannt wird.[351] In der Rechtsprechung wurde der Begriff Expertenhaftung erstmals in einer Entscheidung aus dem Jahr 2004 verwendet.[352] Im Rahmen der vorliegenden Untersuchung wird die **Dritthaftung** (im engeren Sinne) – wie oben bereits erwähnt – insbesondere als eigene Auskunftshaftung von Rechtsanwälten gegenüber Dritten (Nichtmandanten) bezeichnet.

c) Wichtige Kriterien der Dritthaftung

Bei den Dritthaftungsfällen ist zunächst die besondere Sachkunde der Rechtsanwälte ein entscheidendes Kriterium.[353] In solchen Fällen will der Dritte ihre Auskünfte zur Grundlage von Vermögensdispositionen machen, da er auf ihre Richtigkeit vertraut. Hier basiert das Vertrauen des Dritten auf der besonderen Sachkunde von Anwälten. Ein besonderes Fachwissen ist daher eine wichtige Grundlage dafür, die Haftung von diesen Sachverständigen anzuerkennen. Als andere Kriterien werden die Neutralität und Objektivität der Auskünfte genannt (z. B. die Kreditauskunft einer Bank).[354] Denn das Vertrauen Dritter beruht neben der besonderen Sachkunde auch auf der Neutralität und Objektivität der

---

351 MünchKomm/*Emmerich*, § 311 BGB Rn. 216; *Zugehör*, WM Sonderbeilage 1 (2010), 1, 29; *Damm* JZ 1991, 373, 373; *D. Fischer*, in: HB der Anwaltshaftung, § 8 Rn. 1; *Kersting*, S. 318; *Jungblut*, S. 43; *Emmerich*, JuS 2004, 1102, 1102; kritisch dazu *Jungblut*, S. 90, der zufolge zwischen objektiven Gutachten von unparteiischen Sachverständigen und interessengebundenen Gutachten unterschieden werden müsse. Die Expertenhaftung gelte nur für die neutrale, unparteiische Expertise und lasse sich in die Testamentsfallgruppe, die Gutachterfallgruppe und die Auskunftsfallgruppe untergliedern, siehe dazu auch *Büttner*, 33 ff., 44 ff.

352 BGH, NJW 2004, 3420, 3421 f.; *Jungblut*, S. 42.

353 *Jungblut*, S. 90; *Leyens*, JuS 2018, 217, 217 f.; *Grunewald*, JZ 1982, 627, 630; *Tarman*, S. 8; z. B. BGH, NJW 2004, 3420, 3421. Danach sei die Haftung wegen eines fehlerhaften Gutachtens aus Vertrag mit Schutzwirkung zugunsten Dritter eine Berufshaftung der Experten gegenüber Dritten, die auf dem besonderen Vertrauen beruhe, das Experten auf Grund der von ihnen erwarteten beruflichen Sachkunde und persönlichen Zuverlässigkeit in Anspruch nehmen. Vgl. auch BGH, NJW 1978, 883; BGH, NJW 2004, 3630; BGH, NJW 2009, 217.

354 *Canaris*, ZHR 163 (1999), 206, 226; BT-Drs. 14/6040, S. 163; *Büttner*, S. 38 ff.; *Philippsen*, S. 9; *D. Fischer*, in: HB der Anwaltshaftung, § 10 Rn. 41; *Hübner*, NJW 1989, 5, 9; BGH, NJW 2001, 360, 364, z. B. Wirtschaftsprüfer haben sich insbesondere bei der Erstattung von Prüfungsberichten und Gutachten unparteiisch zu verhalten (§ 43 WPO).

Informationen. Diese Merkmale werden in der Regel bei der Erstellung der Gutachten verlangt, wobei ein typisches Beispiel ein Verkehrswertgutachten für einen Grundstückskauf ist.[355] Dieser Punkt wirft aber ein Problem auf, weil Rechtsanwälte im Gegensatz zu anderen Berufen im Regelfall Interessenvertreter sind.[356] Sie müssen ihre berufliche Unabhängigkeit bewahren (§ 43a Abs. 1 BRAO), was jedoch nicht immer eine Garantie für Unparteilichkeit ist.[357] Nach *Canaris* „nimmt ein Rechtsanwalt in der Regel durchaus die Interessen seines Auftraggebers wahr, der ihn ja immerhin bezahlt".[358] Diese Eigenschaft sollte auch bei der Prüfung der Dritthaftung von Anwälten berücksichtigt werden.[359] Daher können Rechtsanwälte grundsätzlich nur dann gegenüber Dritten haften, wenn sie ausnahmsweise objektive und neutrale (unparteiische) Expertisen oder Gutachten wie eine *third party legal opinion* erstatten.[360] Auch die Testamentsfallgruppe kann hierin eingeordnet werden.[361]

d) Doppelproblematik der Dritthaftung

Die oben genannte Dritthaftung wirft das typische Problem des Ersatzes reiner Vermögensschäden im deutschen Recht auf, nämlich „das Problem im Niemandsland zwischen Vertrag und Delikt".[362] Rechtsdogmatisch ist dieses Thema bislang in zwei Richtungen behandelt worden.[363] Zum einen hat diese Frage hauptsächlich mit der Haftung für primäre reine Vermögensschäden zu tun

---

355 *Quiring*, S. 17; *Jungblut*, S. 75.

356 *Jungblut*, S. 77, 90; *Borgmann*, NJW 2010, 1924, 1925.

357 *Jungblut*, S. 77.

358 *Canaris*, ZHR 163 (1999), 206, 226; *Ganter*, NJW 2014, 1771, 1772.

359 *D. Fischer*, in: HB der Anwaltshaftung, § 8 Rn. 6.

360 *Gellmann*, S. 54 ff.; *Canaris*, ZHR 163 (1999), 206, 212; *Jungblut*, S. 90; *D. Fischer*, in: HB der Anwaltshaftung, § 8 Rn. 6; *Ganter*, NJW 2014, 1771, 1771; vgl. *Bosch*, ZHR 163 (1999), 274, 282. Nach *Bosch* gelten diese Grundsätze nicht nur für neutrale Gutachter; *Maier-Reimer*, NJW 2014, 2617 f. Danach wegen des Verbots der Vertretung widerstreitender Interessen gemäß § 43a Abs. 4 BRAO sei das Einverständnis des Mandanten bei Erstattung dieser Opinion notwendig.

361 *Jungblut*, S. 90; *Büttner*, S. 25 f.; BGH, NJW 1965, 1955. „Verpflichtet sich ein Rechtsanwalt gegenüber einem Erblasser zur Mitwirkung bei der testamentarischen Einsetzung seiner Tochter als Alleinerbin, so können der Tochter gegen den Anwalt aus schuldhafter Säumnis unmittelbare Ersatzansprüche erwachsen".

362 *Faust*, AcP 210 (2010), 555, 567; *Zugehör*, NJW 2000, 1601, 1601 f.; *D. Fischer*, in: HB der Anwaltshaftung, § 8 Rn. 2; *Damm*, JZ 1991, 373, 374; *Picker*, in: FS Medicus (1999), S. 397, 397.

363 *Damm*, JZ 1991, 373, 374.

(„Vermögensschutz").[364] Zum anderen wird auch auf die Schädigung von Personen verwiesen, bei denen eine vertragliche Beziehung zum Experten nicht vorliegt („Drittschutz").[365] Nach der Rechtsprechung geht die vieldiskutierte Problematik der Berufshaftung (Dritthaftung) davon aus, dass in ihr zwischen den Dritten und dem Sachverständigen scheinbar keine vertraglichen Beziehungen bestehen.[366] Als Paradigma wird die Haftung der Angehörigen bestimmter herausgehobener Berufe (Sachverständige) für unrichtige Auskünfte, Gutachten und Testate gegenüber Dritten angesprochen, die diese zur Grundlage von ihnen nachteiligen Vermögensdispositionen gemacht haben.[367] Dabei liegt ein entscheidendes Merkmal der Dritthaftung darin, dass Experten aufgrund ihrer Sachkunde und beruflichen Stellung ein besonderes Vertrauen entgegengebracht wird.[368]

e) *Ausnahmecharakter der Dritthaftung*

Eine allgemeine Haftungsgrundlage für unrichtige Auskünfte findet sich im BGB nicht.[369] Vielmehr geht § 675 Abs. 2 BGB davon aus, dass in diesem Fall eine Schadensersatzpflicht im Prinzip nicht entsteht, es sei denn, dass sie sich aus einem Vertragsverhältnis, einer unerlaubten Handlung oder einer sonstigen gesetzlichen Bestimmung ergibt.[370] § 675 Abs. 2 BGB schreibt vor, dass derjenige, der einem anderen einen Rat oder eine Empfehlung erteilt – unbeschadet der sich aus einem Vertragsverhältnis, einer unerlaubten Handlung oder einer sonstigen gesetzlichen Bestimmung ergebenden Verantwortlichkeit – nicht zum Ersatz des aus der Befolgung des Rates oder der Empfehlung entstehenden Schadens verpflichtet ist. Nach dieser Regelung begründet die Erteilung der Auskunft grundsätzlich keinen Schadenersatzanspruch.[371] Darum hat die Haftung für Rat oder Auskunft vor dem Hintergrund des Rechtsgrundsatzes des § 675 Abs. 2 BGB nur

364 *Honsell*, in: FS Medicus (1999), S. 211, 211 f.; *Damm*, JZ 1991, 373, 379; *W. Lorenz*, in: FS Larenz (1973), S. 575, 575 ff.

365 *Damm*, JZ 1991, 373, 379; vgl. *Medicus*, JZ 1990, 340, 342. Beim Gebrauch der Begriffe „Drittschutz" i.S.v. Schutz Dritter und „Dritthaftung" i.S.v. Haftung Dritter wird das Wort „dritt" nicht eindeutig verstanden.

366 *Emmerich*, JuS 2004, 1102, 1102; BGH, NJW 2004, 3035.

367 MünchKomm/*Emmerich*, § 311 BGB Rn. 216; *D. Fischer*, in: HB der Anwaltshaftung, § 8 Rn. 2 f.; *Emmerich*, JuS 2004, 1102, 1102.

368 *Jungblut*, S. 43; *Emmerich*, JuS 2004, 1102, 1102 f.

369 *Koch*, WM 2005, 1208, 1209; *ders*, AcP 204 (2004), 59, 59 f.

370 *Grunewald*, JZ 1982, 627, 627; *Honsell*, in: FS Medicus (1999), S. 211, 212 f.; *Heinrichis*, in: FS Canaris (2007), S. 421, 441 f.

371 *Tarman*, S. 14.

Ausnahmecharakter („Regel-Ausnahme-Verhältnis“).[372] Hier stellt sich die Frage, unter welchen Voraussetzungen Rechtsanwälte ausnahmsweise für falsche Auskünfte haften können. Auf diesen Punkt ist später noch einmal zurückzukommen.

f) Fallkonstellation

In der Praxis werden vornehmlich zwei Fallgruppen als problematisch angesehen.[373] Dies ist zum einen die Konstellation, in welcher ein Rechtsanwalt (Auskunftsgeber) im Zuge fremder Vertragsverhandlungen eine Auskunft unmittelbar gegenüber einem Dritten als Gegenpartei erteilt, der in keiner rechtsgeschäftlichen Beziehung zum Rechtsanwalt steht, um die Verhandlungsposition einer Vertragspartei zu verstärken („Einmalkontakt“).[374] In diesen Fällen besteht ein unmittelbarer Kontakt zwischen Auskunftsgeber und Auskunftsempfänger. Bei der Dritthaftung im weiteren Sinne sind ein klassisches Beispiel hierfür vor allem die Informationen von einem Kreditinstitut.[375] Als Musterbeispiel lässt sich folgender Fall anführen:[376] Eine Bank hat eine Kreditauskunft über ihren Kunden erteilt, da ein Dritter die Bank um diese Auskunft gebeten hat (Bankauskunft an einen Nichtkunden). Die sog. *third party legal opinion* (Rechtsgutachten), die in der Rechtspraxis auf Verlangen Dritter (Nichtmandanten) erteilt wird, zählt auch in der Regel zu dieser Konstellation.[377] Sie hat die Rechtsberatung für einen Dritten zum Inhalt und dient zur Absicherung gegen die mit dem Geschäft verbundenen rechtlichen Risiken.[378] Zum anderen sind die Fälle problematisch, in welchen der Rechtsanwalt im Auftrag seines Mandanten ein Gutachten erstellt, das dieser an den später geschädigten Dritten weitergibt („Drittweitergabe“).[379]

---

372 *Lammel*, AcP 179 (1979), 337, 337 f.; *Koch*, WM 2005, 1208, 1209; *D. Fischer*, in: HB der Anwaltshaftung, § 8 Rn. 7; *Zugehör*, WM Sonderbeilage 1 (2010), 1, 5; *Eichler*, S. 211; *Bosch*, ZHR 163 (1999), 274, 275 f. Nach *Bosch* wird die Dritthaftung daher grundsätzlich abgelehnt.

373 *Koch*, AcP 204 (2004), 59, 60; *Lammel*, AcP 179 (1979), 337, 338 f.; *Damm*, JZ 1991, 373, 375.

374 *Koch*, AcP 204 (2004), 59, 60.

375 *Honsell*, in: FS Medicus (1999), 211, 219 ff.; *Quiring*, S. 31 f.; z. B. BGH, NJW 1987, 1815; BGH, NJW-RR 1998, 1343; BGH, NJW 1990, 513; BGH, NJW 1991, 352; BGH, NJW 1996, 2734.

376 Ausführlich dazu *Büttner*, S. 43 f. Nach *Büttner* gehört dies zur Auskunftsfallgruppe.

377 *Koch*, WM 2005, 1208, 1209; *Adolff*, S. 59.

378 *Canaris*, ZHR 163 (1999), 206, 212; *Grunewald*, Anw-Bl. 2000, 209, 209 f.; *Maier-Reimer*, NJW 2014, 2613, 2614.

379 *Koch*, AcP 204 (2004), 59, 60; *Eichler*, S. 149 ff.; BGH, NJW 1984, 355 (Käufergruppefall); BGH, NJW-RR 1986, 484 = WM 1985, 450 (Konsulfall).

Diese Konstellationen zeichnen sich dadurch aus, dass eine erteilte Auskunft im Rahmen der Vertragsverhandlungen zwischen Auftraggeber und Drittem (Gegenpartei) vom Auftraggeber hinzugezogen wird, um dadurch eine Entscheidung des Dritten in seinem Sinne positiv zu beeinflussen.[380] Ein typisches Beispiel für diese Gruppe ist das Gutachten eines Sachverständigen, z. B. eines Rechtsanwalts.[381] Diese beiden Fallgruppen sind im Hinblick auf die später zu erörternden Haftungstatbestände unterschiedlich zu beurteilen.[382] Zum Beispiel: Der BGH spricht häufig dann vom Institut des stillschweigend geschlossenen Auskunftsvertrags, wenn ein unmittelbarer Kontakt zwischen Auskunftsgeber und Auskunftsempfänger besteht oder von vornherein davon ausgegangen wird, dass die Informationen an einen bestimmten Empfänger weitergegeben werden.[383] Auf diesen Punkt wird weiter unten noch einmal ausführlich eingegangen.

II. Dogmatische Haftungsgrundlage – Die bisherige Diskussionslage

Trotz jahrzehntelanger heftiger Diskussionen ist die dogmatische Haftungsgrundlage der Dritthaftung nach wie vor umstritten.[384] Für die Geltendmachung von Schadensersatzansprüchen stellt das BGB vor allem zwei Möglichkeiten zur Verfügung, nämlich eine vertragliche und eine deliktsrechtliche Haftungsgrundlage (dualistisches System des BGB).[385]

1. Ausgangspunkt – die Unzulänglichkeit des deliktischen Vermögensschutzes

a) Überblick

Bei den Fällen der Dritthaftung kommen grundsätzlich nur deliktische Ansprüche aus §§ 823, 826 BGB in Betracht, deren Voraussetzungen auch bei fahrlässigen Vermögensverletzungen in aller Regel nicht erfüllt werden können.[386] Daher wurden die vertraglichen Lösungswege durch die Rechtsprechung des BGH

---

380 *Lammel*, AcP 179 (1979), 337, 338 f.

381 *Quiring*, S. 43; *Büttner*, S. 28 f.; *Koch*, AcP 204 (2004), 59, 60; *Lammel*, AcP 179 (1979), 337, 338 f.

382 *Koch*, WM 2005, 1208, 1209; *Lammel*, AcP 179 (1979), 337, 338 f.

383 *Koch*, WM 2005, 1208, 1209; *Quiring*, S. 30 f.; BGH, NJW 1995, 392.

384 *Canaris*, ZHR 163 (1999), 206, 212; *Koch*, WM 2005, 1208, 1208.

385 *Bell*, S. 148; *Lammel*, AcP 179 (1979), 337, 337 ff.

386 *Zugehör*, NJW 2000, 1601, 1602; *Emmerich*, JuS 2004, 1102, 1102; *W. Lorenz*, in: FS Larenz (1973), S. 575, 575 ff. Zum Beispiel: Anders als § 750 KBGB werden einzelne geschützte Rechtsgüter in § 823 Abs. 1 BGB aufgezählt.

weitgehend entwickelt. Der entscheidende Grund dafür liegt in der Inflexibilität des deutschen Deliktsrechts.[387] Neben dem unzureichenden deliktischen Vermögensschutz aufgrund des Fehlens der Haftungsvoraussetzungen bestehen weitere Unterschiede zwischen vertraglicher und deliktischer Haftung auch bei der Verjährung (§§ 852, 195 BGB), Gehilfenhaftung (§§ 831, 278 BGB) und Beweislast (§§ 280 Abs. 1, 823, 826 BGB), wobei diese Punkte als Nachteile des Deliktsrechts gegenüber dem Vertragsrecht gelten.[388] Dieser Ausschluss des Ersatzes primärer Vermögensschäden findet sich auch in der Formulierung des § 675 Abs. 2 BGB und stellt eine vom Gesetzgeber beabsichtigte Haftungsbeschränkung dar.[389] Deshalb stellt sich hier die Frage, ob wegen der Unzulänglichkeit des deliktischen Vermögensschutzes doch eine vertragliche Anspruchsgrundlage einzuräumen ist. Um diese Schutzlücke des Deliktsrechts zu schließen, sucht die Rechtsprechung eine tragfähige vertragliche Lösung.[390]

b) *Tendenz zur Haftungsausweitung?*

Indessen ist in jüngerer Zeit eine Tendenz zur verstärkten Haftungsausweitung durch die Rechtsprechung festzustellen.[391] Rechtsdogmatisch und -systematisch wird die Ausweitung zunächst dadurch vorgenommen, dass die Tatbestände insbesondere im Bereich des Vertragsrechts (z. B. Institute des Auskunftsvertrags und des Vertrags mit Schutzwirkung zugunsten Dritter) bzw. Deliktsrechts (z. B. die judikativen Konturierung des § 826 BGB) reduziert werden.[392] Dadurch kann der Anwendungsbereich des Vertrags- oder des Deliktsrechts ausgeweitet werden. Darüber hinaus ist das Verkehrspflichtenkonzept, die „zu einer Form der berufshaftungsrechtlichen Rekonstruktion alter und Kreation neuer Haftungstatbestände" gehört, ausgesprochen.[393] Diese Konzeption kann zu „einer Reformulierung und

387 *Büttner*, S. 33 f.; *Herrmann*, JZ 1983, 422, 423; *Faust*, AcP 210 (2010), 555, 556 ff.

388 *Pinger/Behme*, DS 2009, 54, 55; *Tarman*, S. 23; *Bell*, S. 40 f.; *Medicus/Lorenz*, Schuldrecht AT Rn. 532 ff.; *Lorenz*, JuS 2007, 213, 213; *Honsell*, in: FS Medicus (1999), S. 211, 211, 213; BGH, NJW 1976, 712 (Gemüseblattfall).

389 *Kersting*, S. 95 f.; *Honsell*, in: FS Medicus (1999), S. 211, 211, 213.

390 *Lammel*, AcP 179 (1979), 337, 338 f; *Leyens*, JuS 2018, 217, 217, 219; *Bosch*, ZHR 163 (1999), 274, 275.

391 *Damm*, JZ 1991, 373, 374, 384 f.

392 *Damm*, JZ 1991, 373, 384 f.

393 *Canaris*, in: FS Larenz (1983), S. 27, 29 f.; *Huber*, in: FS Ernst von Caemmerer (1978), S. 359, 388; *Damm*, JZ 1991, 373, 384 f.

des teilweisen Umbaus des Deliktsrechts zwischen § 823 Abs. 1, Abs. 2 und sog. Abs. 3 (Verkehrspflichten zum Schutz fremden Vermögens)" führen.[394]

Interessant ist insbesondere, dass sich einige Versuche zur Expansion der deliktischen Haftung auch im deutschen Recht bemerkbar machen. Zum einen hat die Rechtsprechung seit langem die Haftungsvoraussetzungen des § 826 BGB, wie z. B. das Erfordernis des Vorsatzes, drastisch erleichtert, so dass bereits bei leichtfertigem oder grobfahrlässigem Verhalten („ins Blaue hinein") ein Schadensersatzanspruch gemäß § 826 BGB bestehen kann.[395] Allerdings lässt sich auch beobachten, dass diese Rechtsprechung in der Literatur vielfach auf Kritik gestoßen ist.[396] Zum anderen wird die Theorie der Verkehrspflichten zum Schutz fremden Vermögens angesprochen.[397] Diese Lehre geht davon aus, dass „das deutsche Deliktsrecht keine Generalklausel kenne, die dem umfassenden Vermögensschutz dienen würde".[398] Da das geltende Deliktsrecht insoweit lückenhaft ist, wird in der Literatur vorgeschlagen, § 823 Abs. 2 BGB durch die Rechtsfortbildung zu erweitern und als eine deliktische Generalklausel weiterzuentwickeln (deliktische Lösung).[399] Dies erweckt den Eindruck, als ob sich der deliktsrechtliche Lösungsansatz für die anwaltliche Dritthaftung im deutschen Recht dem koreanischen Recht einigermaßen angenähert habe. Dies wird später ausführlich erläutert.

2. *Vertragliche oder vertragsähnliche Lösungsansätze – v. a. die Kodifikation der c.i.c.*

In der Regel wird das Vertragsrecht nur auf diejenigen angewendet, die in einer gegenseitigen Rechtsbeziehung zueinanderstehen. Demgegenüber setzen die Ansprüche aus Delikt keine rechtsgeschäftliche Bindung voraus, so dass der Schutz des Deliktsrechts jedermann zugutekommt.[400] Für die deliktische Haftung kommt meistens nur § 826 BGB als Grundlage in Frage, da im Regelfall der Ersatz von Vermögensschäden im Mittelpunkt steht.[401] Da deliktische Ansprüche nur unter

---

394 *Damm*, JZ 1991, 373, 373, 384 f.; MünchKomm/*Wagner*, § 823 BGB Rn. 491.

395 Vgl. etwa BGH, NJW-RR 1986, 1150; BGH, NJW 1987, 1758; BGH, NJW 1986, 180; BGH, NJW 1973, 321; BGH, NJW 1975, 970; vgl. auch *Damm*, JZ 1991, 373, 383; kritisch dazu *Honsell*, in: FS Medicus (1999), S. 211, 214 f.

396 *Bell*, S. 37 f.; z. B. *Honsell*, in: FS Medicus (1999), S. 211, 214 f.

397 *Grunewald*, JZ 1982, 627, 631; *v. Bar*, S. 234; *Mertens*, AcP 178 (1978), 227, 227, 232, 240 ff.; *Bell*, S. 28 f.

398 *Bell*, S. 28 f.; *Mertens*, AcP 178 (1978), 227, 232.

399 *Bell*, S. 28 f.; *Mertens*, AcP 178 (1978), 227, 232.

400 *Lorenz*/*Riehm*, Schuldrecht Rn. 366.

401 *Lammel*, AcP 179 (1979), 337, 341.

engen Voraussetzungen bestehen, sind sich deutsche Rechtsprechung und Lehre seit langem einig, die Fälle der Dritthaftung nach vertraglichen Grundsätzen zu lösen.[402] Hierzu zählen die Rechtsinstitute wie der „stillschweigend geschlossener Auskunftsvertrag“, der „Vertrag mit Schutzwirkung für Dritte“ und die „Dritthaftung aus c.i.c.“ als sog. quasivertraglicher Haftung, die sich aus der Sachwalterhaftung herausgebildet hat.[403] Die genannten Anspruchsgrundlagen seien zwar weithin austauschbar.[404] Demgegenüber wird in der Literatur als dritte Spur die Konzeption der Vertrauenshaftung (*Canaris*), Haftung aus faktischer Sonderverbindung (*Picker*), Vertrauensschutz bei einseitigen Leistungsversprechen (*Stoll*), Garantieerklärung (*Grunewald*), Selbstbindung ohne Vertrag (*Köndgen*), oder Berufshaftung (*Hopt*) vorgeschlagen.[405]

Die von der Rechtsprechung entwickelte Dritthaftung aus c.i.c., die sich auf dem Vertrauensgedanken stützt, wurde vom Gesetzgeber im deutschen Schuldrecht neu geregelt.[406] Das Rechtsinstitut der *culpa in contrahendo* ist seit der am 1.1.2002 in Kraft getretenen Schuldrechtsreform in Deutschland in § 311 Abs. 2 und 3 BGB verankert. Bekanntlich geht die Lehre vom Verschulden bei Vertragsverhandlungen (c.i.c.), die *Rudolph von Jhering* 1861 entwickelt hat, auf das römische Recht zurück.[407] Sie stützt sich auf den Gedanken von Treu und Glauben und begründet ein besonderes Schuldverhältnis, das bereits „durch den Eintritt in die Vertragsverhandlungen“ entsteht.[408] Im BGB ist dieses Rechtsinstitut nicht normiert, indes ist es richterrechtlich herausgebildet worden und seit langem anerkannt.[409] Seit der Schuldrechtsreform ist dieser Grundsatz in § 311 Abs. 2 BGB gesetzlich geregelt, wonach ein Schuldverhältnis mit Pflichten nach § 241 Abs. 2 BGB auch durch die Aufnahme von Vertragsverhandlungen, wie die Anbahnung eines Vertrags oder ähnliche geschäftliche Kontakte, entsteht. Gemäß § 241 Abs. 2 BGB ist also

---

402 *Zugehör*, NJW 2000, 1601, 1602; *Kersting*, S. 98 ff.

403 *Bosch*, ZHR 163 (1999), 274, 275; *D. Fischer*, in: HB der Anwaltshaftung, § 8 Rn. 3 ff.; *Damm*, JZ 1991, 373, 374.

404 *Emmerich*, JuS 2004, 1102, 1102 f.

405 *Ebke*, JZ 1998, 991, 991; *Gellmann*, S. 24 ff.; *Damm*, JZ 1991, 373, 374; *Büttner*, S. 173 ff.; *Canaris*, ZHR 163 (1999), 206, 220; *ders*, in: FS Larenz (1983), S. 27, 29 f.; *Picker*, AcP 183 (1983), 369, 489 ff.; *Grunewald*, AcP 187 (1987), 285, 299 ff.; *Köndgen*, Selbstbindung ohne Vertrag, S. 354 ff.; *Hopt*, AcP 183 (1983), 608, 608 ff.; vgl. zur beruflichen Vertrauenshaftung *Lammel*, AcP 179 (1979), 337, 358 f., 365 f.

406 *Kersting*, S. 41, 46; BeckOGK/*Herresthal* (Stand: 15.5.2023), § 311 BGB Rn. 193, 196.

407 *Medicus/Lorenz*, Schuldrecht AT, Rn. 527; MünchKomm/*Emmerich*, § 311 BGB Rn. 38.

408 *Ballerstedt*, AcP 151 (1950/51), 501, 502 f.

409 *Medicus/Lorenz*, Schuldrecht AT Rn. 527; *Lorenz*, JuS 2015, 398, 398.

jeder Teil nach dem Inhalt des Schuldverhältnisses zur Rücksicht auf die Rechte, Rechtsgüter und Interessen des anderen verpflichtet.

In diesem Zusammenhang hat die Rechtsprechung[410] die sog. „Sachwalterhaftung" aufgrund der c.i.c. anerkannt, die sich aus der Eigenhaftung des Vertreters entwickelt hat.[411] Diese Fallgruppe ist als „Regelbeispiel" in § 311 Abs. 3 S. 2 BGB kodifiziert.[412] Danach kann ein Schuldverhältnis mit Pflichten nach § 241 Abs. 2 BGB auch zu Personen entstehen, die nicht selbst Vertragspartei werden sollen. Ein solches Schuldverhältnis entsteht insbesondere, wenn der Dritte in besonderem Maße Vertrauen für sich in Anspruch nimmt und dadurch die Vertragsverhandlungen oder den Vertragsschluss erheblich beeinflusst. Trotz dieser Normierung bleiben aber die Ansichten in der Lehre gespalten und zwar vor allem darüber, ob und unter welchen Voraussetzungen der Anwendungsbereich von § 311 Abs. 3 S. 2 BGB sich auf die Auskunftshaftungsfälle erstrecken kann.[413] Im Folgenden wird diesen Fragen nachgegangen.

B. Deliktshaftung

Das Deliktsrecht regelt den allgemeinen Rechtsverkehr zwischen Personen, die keine rechtsgeschäftsähnliche Beziehung zueinander haben.[414] Im Gegensatz zu anderen Rechtsordnungen mit allgemeinen Generalklauseln liegen drei „kleine" Generalklauseln im deutschen Deliktsrecht vor.[415] Einzeltatbestände haben ihr jeweiliges eigenes Rechtsgebiet. Auch die Dritthaftung unterliegt der deliktischen Haftung gemäß §§ 823 und 826 BGB. Bei der Dritthaftung geht es meistens um den Ersatz von primären Vermögensschäden, so dass insbesondere § 826 in Betracht gezogen werden kann.[416] Allerdings wird in der Rechtspraxis auf eine vertragliche Lösung Wert gelegt, da der Geschädigte im Regelfall den Vorsatz des

---

410 Zur Definition über den Sachwalter vom BGH vgl. etwa BGH NJW 1989, 293, 294.

411 *Herrmann*, JZ 1983, 422, 422.

412 *Medicus/Lorenz*, Schuldrecht AT, Rn. 541; *Wendelstein*, JURA 2018, 144, 151; BT-Drs. 14/6040, S. 163.

413 *Koch*, AcP 204 (2004), 59, 69 f.; *Tarman*, S. 148. Danach „war es sogar unter den Mitgliedern der Kommission zur Schulrechtsmodernisierung umstritten, ob diese Vorschrift vorwiegend auf die Fallgruppe der Sachwalterhaftung beschränkt bleibt oder auch die Fälle der Auskunftshaftung unter § 311 Abs. 3. BGB gefasst werden soll".

414 *Leyens*, JuS 2018, 217, 221; *Bell*, S. 132.

415 *Canaris*, in: FS Larenz (1983), S. 27, 35 f.; *Büttner*, S. 191.

416 *Lammel*, AcP 179 (1979), 337, 341; *Bell*, S. 27; *Leyens*, JuS 2018, 217, 221; *D. Fischer*, in: HB der Anwaltshaftung, § 15 Rn. 4; *Canaris*, in: FS Larenz (1983), S. 27, 32.

Schädigers nicht beweisen kann.[417] Im Ergebnis kann die Frage der Dritthaftung nicht befriedigend durch das Deliktsrecht gelöst werden, da es keine deliktische Generalklausel gibt, die einen umfassenden Vermögensschutz gegen fahrlässige Beeinträchtigung bietet.[418] Aufgrund des unzureichenden deliktsrechtlichen Vermögensschutzes neigt die Rechtsprechung dazu, durch Auslegung den Anwendungsbereich der traditionellen Rechtsfiguren zu erweitern.[419] Im Folgenden werden die Tatbestände jeder dieser Vorschriften untersucht.

I. Haftung gemäß § 823 Abs. 1 BGB

Wer vorsätzlich oder fahrlässig das Leben, den Körper, die Gesundheit, die Freiheit, das Eigentum oder ein sonstiges Recht eines anderen widerrechtlich verletzt, ist nach § 823 Abs. 1 BGB dem anderen zum Ersatz des daraus entstehenden Schadens verpflichtet. § 823 Abs. 1 BGB setzt eine widerrechtliche Verletzung von oben genannten Rechtsgütern oder sonstigen absoluten Rechten des Geschädigten voraus.[420] Die Bestimmung verlangt auch Vorsatz oder Fahrlässigkeit (Verschulden). § 823 Abs. 1 BGB kann beispielsweise im Falle der ungerechtfertigten Vollstreckungsmaßnahmen durch Rechtsanwälte von Bedeutung sein.[421] Im Ergebnis wird der Ersatz reiner Vermögensschäden nicht von § 823 Abs. 1 BGB erfasst, da das Vermögen nicht zu diesen Rechtsgütern oder sonstigen absoluten Rechten gehört.[422] Daher ist diese Vorschrift für die Dritthaftung nur wenig relevant.

II. Haftung gemäß § 823 Abs. 2 BGB

Nach dieser Vorschrift trifft die gleiche Verpflichtung denjenigen, welcher gegen ein den Schutz eines anderen bezweckendes Gesetz verstößt. Ist nach dem Inhalt des Gesetzes ein Verstoß gegen dieses auch ohne Verschulden möglich, so tritt die Ersatzpflicht nur im Falle des Verschuldens ein. Diese Vorschrift gilt grundsätzlich für strafrechtlich relevante Tatsachen.[423] Im Zusammenhang mit der Dritthaftung für reine Vermögensschäden hat die Rechtsprechung diese Vorschrift zurückhaltend

---

417 *Zugehör*, WM Sonderbeilage 1 (2010), 1, 38; *Grunewald*, JZ 1982, 627, 632; *Bosch*, ZHR 163 (1999), 274, 275.

418 *Bell*, S. 40 f.

419 *Grunewald*, JZ 1982, 627, 632; *Honsell*, in: FS Medicus (1999), S. 211, 213.

420 *Brox/Walker*, Schuldrecht BT § 45 Rn. 2 ff.; Grüneberg/*Sprau*, BGB, § 823 Rn. 2 ff.; *Bell*, S. 27 f.

421 *Bell*, S. 27.

422 *Bell*, S. 32; *Damm*, JZ 1991, 373, 381 f.

423 *Bell*, S. 32.

angewandt, so dass sie in der Praxis keine entscheidende Rolle bei der Lösung dieser Problematik spielt.[424]

1. Der Begriff des Schutzgesetzes

Wer gegen ein Schutzgesetz rechtswidrig und schuldhaft verstößt, ist nach § 823 Abs. 2 BGB zum Schadensersatz verpflichtet. Hierbei geht es darum, ob im Einzelfall die fragliche Norm ein Schutzgesetz betrifft. Die Schutzgesetze umfassen z. B. die Strafvorschriften zum Vermögensschutz (§§ 263, 266 StGB) sowie die Anwaltsdelikte (§§ 203 Abs. 1 Nr. 3, 356 StGB).[425] Die Schutzwirkung kommt einer Norm zu, wenn sie, sei es auch nur neben dem Schutz der Allgemeinheit, dazu dient, den Einzelnen oder bestimmte Personenkreise gegen die Verletzung eines Rechtsguts zu schützen.[426] Die Rechtsprechung des BGH hat daher schon früher gefordert, dass das betreffende Gesetz dem sich auf § 823 Abs. 2 BGB Berufenden einen Individualschutz gewähren wollte.[427] Eine zweckvolle Prüfung müsste letztlich immer direkt auf die Frage ausgerichtet sein, ob die Schaffung eines individuellen Schadensersatzanspruches, auch soweit sie nicht schon erkennbar vom Gesetz erstrebt wird, in diesen Fällen sinnvoll und im Lichte des haftpflichtrechtlichen Gesamtsystems tragbar erscheint.[428] Es ist allgemein anerkannt, dass ein Schutzgesetz neben einem Gesetz im formellen Sinn jede sonstige Norm des objektiven Rechts sein könnte, die nicht einmal strafbewehrt zu sein braucht, sofern darin nur ein bestimmtes Gebot oder Verbot ausgesprochen wird.[429] Die Rechtspraxis tendiert dazu, nur geschriebene Vorschriften als Schutzgesetze im Sinne von § 823 Abs. 2 BGB anzuerkennen.[430] Bei der Ermittlung der Schutzgesetzeigenschaft dient insbesondere die Strafbewehrung als ein wichtiges Kriterium.[431]

---

424 *Damm*, JZ 1991, 373, 382 f.

425 *D. Fischer*, in: HB der Anwaltshaftung, § 15 Rn. 94 f.; *Bell*, S. 28.

426 BGH, NJW 2008, 2245, 2249; BGH, NJW 2004, 256, 257; BGH, NJW 1993, 1580; BGH, NJW 1992, 241; *Zugehör*, WM Sonderbeilage 1 (2010), 1, 38.

427 BGH, NJW 1976, 1740; BGH, NJW 1973, 1547.

428 BGH, NJW 1976, 1740, 1740 f.

429 Art. 2 EGBGB; BGH, NJW 1977, 1147, 1148.

430 *Canaris*, in: FS Larenz (1983), S. 27, 45.

431 *Brox/Walker*, Schuldrecht BT § 46 Rn. 7; *Canaris*, in: FS Larenz (1983), S. 27, 50 f., 58 ff.; MünchKomm/*Wagner*, vor § 823 BGB Rn. 2. Trotz der strikten Trennung von Strafrecht und Zivilrecht in modernen Rechtssystemen kann ein und derselbe Sachverhalt einen deliktischen Schadensersatzanspruch und in einigen Fällen auch Strafen nach sich ziehen. Insbesondere § 823 Abs. 2 BGB ist eng mit dem Strafrecht verbunden.

2. *Theorie der Verkehrspflichten zum Schutz fremden Vermögens*

a) *Definition der deliktsrechtlichen Verkehrspflichten (Verkehrssicherungspflichten)*

Nach ständiger Rechtsprechung des BGH ergibt sich aus § 823 Abs. 1 BGB grundsätzlich für jeden, der in seinem Verantwortungsbereich eine Gefahrenlage schafft oder andauern lässt, die Verpflichtung, die notwendigen und zumutbaren Maßnahmen zu treffen, um andere vor Schäden zu bewahren.[432] Soweit eine Gefahrenquelle dem Einflussbereich des zunächst Verkehrssicherungspflichtigen ganz oder teilweise entzogen ist, kann sich eine neue Zuständigkeitsverteilung ergeben.[433] Für die haftungsrechtliche Zurechnung kommt es dann vor allem darauf an, wer in der Lage ist, die zur Gefahrenabwehr erforderlichen Maßnahmen zu treffen, was wesentlich von der tatsächlichen Verfügungsgewalt über die jeweilige Gefahrenquelle abhängen kann.[434] Die Verkehrspflichten werden vor allem im Rahmen des Schutzes der unter § 823 Abs. 1 BGB fallenden Rechtsgüter und Rechte diskutiert.[435] Sie kommen bei der Verletzung dieser Rechtsgüter und Rechte durch Unterlassen oder mittelbare Eingriffe in Betracht.[436] Sie sind durch richterliche Rechtsfortbildung entwickelt worden und als Gewohnheitsrecht anerkannt.[437]

b) *Verkehrspflichten zum Schutz reiner Vermögensschäden*

Nach einigen Autoren wie *Mertens*, *Huber* und *von Bar* sind die Verkehrspflichten unter § 823 Abs. 2 BGB erfasst.[438] Die Anhänger dieser Theorie befürworten die Entwicklung der Verkehrspflichten zum Schutz reiner Vermögensschäden nach § 823 Abs. 2 BGB.[439] Sie versuchen einen erweiterten deliktischen Vermögensschutz durch eine Deliktsrechtsfortbildung.[440] Danach gehören beispielsweise die

432 BGH, NJW 2017, 2905; BGHZ 195, 30 = BGH, NJW 2013, 48; BGH, NJW 1985, 1773, 1774; BGHZ 139, 43, 46 = BGH, NJW 1998, 2436; BGHZ 139, 79, 82 ff. = BGH, NJW 1998, 2905, 2906; RGZ 52, 373, 379; MünchKomm/*Wagner*, § 823 BGB Rn. 482.

433 BGH, NJW 2017, 2905, 2906.

434 BGH, NJW 2017, 2905, 2906.

435 *Canaris*, in: FS Larenz (1983), S. 27, 77 ff.; MünchKomm/*Wagner*, § 823 BGB Rn. 491.

436 *Brox/Walker*, Schuldrecht BT § 45 Rn. 32 f.

437 BeckOGK/*Spindler* (Stand: 1.12.2023), § 823 BGB Rn. 96.

438 *Büttner*, S. 175; vgl. *Picker*, AcP 183 (1983), 369, 460 ff. *Picker* habe für das Prinzip des „neminem laedere" als Ausganspunkt gesprochen und eine Auflösung der strikten Dichotomie zwischen vertraglicher und deliktischer Haftung versucht.

439 *Mertens*, AcP 178 (1978), 227, 229, 240 ff.; *von Bar*, Verkehrspflichten, S. 234; *Grunewald*, JZ 1982, 627, 631.

440 *Bell*, S. 28 f.; *Mertens*, AcP 178 (1978), 227, 232; *Damm*, JZ 1991, 373, 382,

Berufspflichten des Sachverständigen zu diesen Pflichten und die Dritthaftung soll auf die Verletzung dieser Pflichten gestützt werden.[441] Nach dieser Auffassung werden die Verkehrspflichten zum Schutz fremden Vermögens als Schutzgesetz im Sinne des § 823 Abs. 2 BGB angesehen.[442] Diese Theorie wird allerdings im Schrifttum kritisiert, da sie dem Willen der Verfasser des BGB widerspricht, die einen umfassenden Vermögensschutz durch allgemeine deliktsrechtliche Generalklausel ablehnen.[443] Dagegen wollen die Rechtsprechung und die herrschende Lehre die Problematik der Dritthaftung aufgrund der Vertragskonstruktionen lösen.

III. Die Haftung gemäß § 826 BGB

Bei der Dritthaftung spielt § 826 BGB eine tragende Rolle. § 826 BGB besagt, dass derjenige, der in einer gegen die guten Sitten verstoßenden Weise einem anderen vorsätzlich Schaden zufügt, dem anderen zum Ersatz des Schadens verpflichtet ist. Die Schadensersatzhaftung aus § 826 BGB setzt eine vorsätzliche sittenwidrige Schädigung voraus. Die Rechtsprechung hat jedoch seit langem die Anforderungen des § 826 BGB im Bereich der Berufshaftung drastisch reduziert.[444] Grob fahrlässiges oder leichtfertiges Verhalten des Sachverständigen wird mit einer vorsätzlichen Schädigung gleichgestellt.[445] Was den Vorsatz betrifft, reicht nach herrschender Meinung der bedingte Vorsatz aus.[446] Von vorsätzlichem Handeln sei auszugehen, wenn der Schädiger so leichtfertig gehandelt hat, dass er die Schädigung des anderen Teils in Kauf genommen haben müsste.[447] In der Rechtsprechung wird anerkannt, dass auch leichtfertigtes und gewissenloses Handeln einen Sittenverstoß darstellen.[448] Gemäß § 826 BGB hafte allerdings nicht nur, wer die die Sittenwidrigkeit seines Handelns begründenden Umstände positiv kennt, sondern auch, wer sich dieser Kenntnis bewusst verschließt und etwa seine

441 *Bell*, S. 29 f., 31; *Mertens*, AcP 178 (1978), 227, 240, 248 ff.; BeckOGK/*Spindler* (Stand: 1.12.2023), § 823 BGB Rn. 99; MünchKomm/*Wagner*, § 823 BGB Rn. 491.

442 *Bell*, S. 29, 146; *Canaris*, in: FS Larenz (1983), S. 27, 77 ff.; *Büttner*, S. 175; *Herrmann*, JZ 1983, 422, 426.

443 *Kersting*, S. 97 f.; *Bell*, S. 31; *Canaris*, in: FS Larenz (1983), S. 27, 83. Sie sei mit der Systematik des geltenden Deliktsrechts nicht vereinbar.

444 *Honsell*, in: FS Medicus (1999), S. 211, 214 f.; *Damm*, JZ 1991, 373, 383; *Bell*, S. 33; vgl. BGH, NJW-RR 1986, 1150; BGH, NJW 1987, 1758; BGH, NJW 1986, 180; BGH, NJW 1973, 321; BGH, NJW 1975, 970.

445 *Leyens*, JuS 2018, 217, 222.

446 *Bell*, S. 34 f.; *Faust*, AcP 210 (2010), 555, 559.

447 BGH, NJW 2008, 2245, 2249; BGH, NJW-RR 1986, 1158; BGH, NJW 1991, 3282.

448 BGH, NJW 1986, 180, 181.

Berufspflichten in solchem Maße grob fahrlässig und leichtfertig verletzt, dass sein Verhalten als bedenken- und gewissenlos zu bezeichnen ist.[449] Aus der Art und Weise des sittenwidrigen Handelns könne sich die Schlussfolgerung ergeben, dass mit Schädigungsvorsatz gehandelt worden ist.[450]

Nach der Rechtsprechung des BGH ist Voraussetzung für die Haftung eines Gutachters wegen vorsätzlicher sittenwidriger Schädigung eines Dritten durch ein fehlerhaftes Gutachten, dass der Sachverständige bei Erstellung des Gutachtens leichtfertig oder gewissenlos und zumindest mit bedingtem Vorsatz gehandelt hat.[451] Dass der Sachverständige ein falsches Gutachten erstellt, reicht dafür nicht aus.[452] Eine grob fahrlässige, gewissenlose Verletzung von Berufspflichten könne unter Umständen den Vorwurf der Sittenwidrigkeit begründen.[453] Erforderlich sei hier, dass sich der Sachverständige etwa durch nachlässige Ermittlungen zu den Grundlagen seines Auftrags oder gar durch „ins Blaue" gemachte Angaben der Gutachtenaufgabe leichtfertig entledige und damit eine Rücksichtslosigkeit gegenüber dem Adressaten des Gutachtens oder den in seinem Informationsbereich stehenden Dritten an den Tag gelegt habt, die angesichts der Bedeutung, die das Gutachten für deren Entschließungen hat und der von ihm in Anspruch genommenen Kompetenz als gewissenlos bezeichnet werden müsste.[454] Die bloß fahrlässige Verursachung eines Vermögensschadens führt weder nach § 826 BGB noch unter dem Gesichtspunkt eines strafbaren Betruges oder einer Untreue (§ 823 II BGB i. V. m. §§ 263, 266 StGB) zu einer Schadensersatzverpflichtung.[455] Eine vorsätzliche Schädigung gemäß § 826 BGB liegt vor, wenn der Auskunftsgeber wenigstens mit der Möglichkeit eines Schadenseintritts bei einem anderen gerechnet und diesen billigend in Kauf genommen hat.[456] Bei der Haftung eines Steuerberaters hat der BGH ausgeführt, dass für den Vorsatz es ausreicht, wenn er

449 BGH, NJW 2008, 2245, 2249; vgl. BGHZ 129, 136, 175 f. = BGH, NJW 1995, 1739; BGH, NJW 1994, 2289; BGH, NJW 1991, 3282; BGH, NJW 1992, 2821; BGH, NJW 2014, 383; *Grunewald*, Anw-Bl. 2000, 209, 213.

450 BGH, NJW 2008, 2245, 2249; BGHZ 129, 136, 177 = BGH, NJW 1995, 1739; BGH, NJW 1962, 1766; BGH, NJW 1987, 1758; BGH, NJW 1970, 1737; *Zugehör*, WM Sonderbeilage 1 (2010), 1, 38 f.; *D. Fischer*, in: HB der Anwaltshaftung, § 15 Rn. 113; *Honsell*, in: FS Medicus (1999), S. 211, 214 f.; *Sack*, NJW 2006, 945, 946.

451 BGH, NJW 2004, 3035, 3038; vgl. BGH, NJW 1987, 1758; BGH, NJW 1970, 1737.

452 BGH, NJW 2004, 3035, 3038.

453 BGH, NJW 1991, 32, 33; BGH, NJW 1991, 3282, 3283.

454 BGH, NJW 2004, 3035, 3038; BGH, NJW 2003, 2825, 2826; BGH, NJW 1991, 3282, 3283.

455 BGH, NJW 1991, 32, 33.

456 BGH, NJW 1991, 32, 33; vgl. BGH, NJW 1956, 1595; BGH, NJW 1962, 1766.

es sich vorstellt, der Abschluss könnte bei Kreditverhandlungen mit einem Geldgeber verwandt werden und diesen zu einer ihm nachteiligen Disposition veranlassen.[457] Diese Tendenz zur Aufweichung oder Absenkung der gesetzlichen Anforderungen ist allerdings in der Literatur auf Kritik gestoßen, da die Rechtsprechung im Ergebnis zur Denaturierung der Vorsatzhaftung geführt habe.[458]

C. Haftung aus einem stillschweigend geschlossenen Auskunftsvertrag

Lehre und Rechtsprechung haben die vertraglichen Lösungsansätze dem deliktischen vorgezogen, weil deliktische Ansprüche nur unter engen Voraussetzungen bestehen. Auf dieser Grundlage kann ein vertraglicher Schadensersatzanspruch auch Dritten, die am Schuldverhältnis nicht beteiligt sind, zustehen. Auf diesem Vertragsmodell beruhen die sog. Haftung aus einem (stillschweigend geschlossenen) eigenständigen Auskunftsvertrag sowie der Vertrag mit Schutzwirkung zugunsten Dritter, die im Folgenden erörtert werden.

I. Grundsätze

Hier handelt es sich um die Annahme eines Auskunftsvertrags[459] gemäß § 675 Abs. 1 BGB zwischen Geber der Auskunft (Rechtsanwalt) und deren Empfänger, wobei der Auskunftsvertrag nach der ständigen Rechtsprechung meistens durch schlüssiges Verhalten (stillschweigend/konkludent) zustande kommen kann.[460] Das Zustandekommen eines Auskunftsvertrags – unter Vorbehalt des § 675 Abs. 2 BGB – begründet ein Vertragsverhältnis zwischen Anwalt und Drittem, aufgrund dessen der Anwalt dazu verpflichtet ist, richtige und vollständige

---

457 BGH, NJW 1987, 1758, 1759.

458 BeckOK/*Spickhoff* (Stand: 1.2.2021), § 826 BGB Rn. 47 ff.; *Canaris*, in: FS Larenz (1983), S. 27, 38 f.; *Bell*, S. 37 f.; *Damm*, JZ 1991, 373, 383 f.; *Lammel*, AcP 179 (1979), 337, 342; *Leyens*, JuS 2018, 217, 221 f.

459 Vgl. RGZ 52, 365, 366; RGZ 129, 109; BGHZ 7, 371 = NJW 1953, 60; BGH, NJW 1970, 1737; BGH, WM 1976, 498; BGH, NJW 1992, 3167; BGH, NJW 1992, 2080; BGH, NJW 1993, 2433: *Bosch*, ZHR 163 (1999), 274, 274, 282.

460 BT-Drs. 14/6040, S. 163; *Grunewald*, Anw-Bl. 2000, 209, 210; *Zugehör*, NJW 2000, 1601, 1605 f.; *D. Fischer*, in: HB der Anwaltshaftung, § 11 Rn. 7; *Honsell*, in: FS Medicus (1999), S. 211, 219 ff.; *Leyens*, JuS 2018, 217, 219; *Philippsen*, S. 186.

Auskunft zu erteilen.[461] Nach der auf § 675 Abs. 2 BGB beruhenden Formulierung versucht die ständige Rechtsprechung mit der Erteilung der Auskunft einen Vertragsschluss zu begründen und aus diesem Vertrag eine Auskunftshaftung abzuleiten.[462] Der stillschweigend geschlossene Auskunftsvertrag spielt vor allem im Bereich der Gutachtenserstattung, der Haftung von Banken bei unrichtigen Kreditauskünften oder der Anlageberatung eine große Rolle.[463]

II. Allgemeine Haftungsvoraussetzungen

Das Reichsgericht (RG)[464] hatte bereits mehrfach eine vertragsmäßige Haftung in Fällen angenommen, in denen ein Rechtsanwalt einem Dritten, der nicht sein Klient war, unrichtige Auskunft unentgeltlich erteilt hatte: „Hierbei wurde für die Haftung des Anwalts als entscheidend angesehen, dass die gewünschte Auskunft für die Entschließung des Befragenden von wesentlicher Bedeutung war und als sachlich zuverlässige, nicht nur als einseitige Vertretung der Interessen eines anderen verstanden werden konnte". Das RG hat auch in anderen Fällen ausgesprochen, dass „in der Erteilung einer Auskunft der Abschluss eines zur sorgfältigen Auskunft verpflichtenden Auskunftsvertrages liegt, wenn der um Auskunft Angegangene erkennt, dass der Fragende von der Auskunft entscheidende Maßnahmen, insbesondere eine Vermögensverschiebung abhängig machen will".[465] In einem solchen Fall „kommt es nicht darauf an, dass bis dahin zwischen Geber und Empfänger der Auskunft ein vertragliches Band gegeben war".[466] In Anlehnung an die teilweise noch weitergehende Rechtsprechung des RG hat der BGH in seiner Leitentscheidung *BGHZ 7, 371* aus dem Jahr 1952 (Wirtschaftstreuhändler) aufgrund des übereinstimmenden Vertragswillens der Beteiligten die

461 BGH, NJW 1972, 678, 680; BGH, NJW 1973, 321, 323 (Wirtschaftsprüfer); BGH, NJW 1979, 1595, 1597; BGH, NJW 1992, 2080, 2082; BGH, NJW 2004, 3630, 3632; BGH, NJW-RR 1986, 484, 485 (Konsulfall); BeckOGK/*Teichmann* (Stand: 1.6.2023), § 675 BGB Rn. 1103; *D. Fischer*, in: HB der Anwaltshaftung, § 11 Rn. 2 ff. Danach kann dieser Auskunftsvertrag als Auftragsvertrag gemäß § 662 BGB oder entgeltlicher Geschäftsbesorgungsvertrag gemäß § 675 Abs. 1 BGB angesehen werden.

462 *Lammel*, AcP 179 (1979), 337, 339 f.

463 *Damm*, JZ 1991, 373, 376; z. B. BGH, NJW 1970, 1737; BGH, NJW 1973, 456; BGH, NJW 1979, 1595.

464 RG, JW 18, 90; BGH, NJW 1953, 60; vgl. *Grunewald*, AcP 187 (1987), 285, 295.

465 RGZ 101, 297, 301; BGH, NJW 1953, 60. Zur Rechtsprechungsentwicklung vgl. *Lammel*, AcP 179 (1979), 337, 339; *Huber*, in: FS Ernst von Caemmerer (1978), S. 359, 368 ff.

466 BGH, NJW 1953, 60.

Auskunftshaftung bejaht.[467] Nach gefestigter Rechtsprechung des BGH[468] ist die Haftung aus einem (stillschweigend abgeschlossenen) Beratungsvertrag immer dann zu bejahen, „wenn Auskünfte erteilt werden, die für den Empfänger erkennbar von erheblicher Bedeutung sind und die dieser zur Grundlage wesentlicher Entschlüsse oder Maßnahmen machen will. Das gilt insbesondere dann, wenn der Auskunftsgeber für die Erteilung der Auskunft sachkundig ist oder wenn bei ihm ein eigenes wirtschaftliches Interesse im Spiel ist. Das Fehlen sonstiger vertraglicher Beziehungen schließt einen solchen haftungsbegründenden Auskunftsvertrag nicht aus; dieser kommt gerade mit der Erteilung der Auskunft zustande".

Hieraus lassen sich folgende Haftungsvoraussetzungen herleiten: Bei der rechtlichen Beurteilung von Fällen ist wichtig, dass die Sachkunde des Auskunftsgebers und die Bedeutung der Informationen für den Empfänger berücksichtigt werden.[469] Darüber hinaus müssen die Besonderheiten des jeweiligen Falls in Erwägung gezogen werden.[470]

- Die Auskunft muss für den Empfänger von erheblicher Bedeutung sein, wobei dieser sie zur Grundlage wesentlicher Entschlüsse oder Maßnahmen (Vermögensdisposition) machen will.[471]
- Beide Umstände müssen für den Auskunftsgeber objektiv erkennbar sein.[472]
- Die Auskunft muss von einem Auskunftsgeber erteilt worden sein, der für die Erteilung gerade dieser Auskunft besonders sachkundig ist oder ein eigenes wirtschaftliches Interesse am (angestrebten) Vertragsschluss hat.[473]
- Eine Entgeltvereinbarung zwischen dem Auskunftsgeber und seinem Mandanten ist keine notwendige Voraussetzung für einen verbindlichen Vertrag.[474]

---

467 *Damm*, JZ 1991, 373, 376; *D. Fischer*, in: HB der Anwaltshaftung, § 11 Rn. 7.

468 BGH, NJW 1979, 1449; vgl. weiterhin die Urteile BGH, NJW 1953, 60; BGH, NJW 1962, 1500 Nr. 6; BGH, NJW 1970, 1737; BGH, NJW 1972, 678, 680 (Rechtsanwalt); BGH, NJW 1972, 1200; BGH, NJW 1973, 321, 323; BGH, NJW 1987, 1815; BGH, NJW 1991, 352; BGH, NJW 1992, 2080, 2082 (Steuerberater); BGH, NJW 2004, 3630, 3632 (Rechtsanwalt); BGH, NJW-RR 1986, 484, 485; BGH, NJW 1979, 1449; siehe auch *Lammel*, AcP 179 (1979), 337, 339 f.

469 BGH, NJW 2009, 1141, 1142 (Steuerberater).

470 BGH, NJW 1986, 180; BGH, NJW 2009, 1141, 1142.

471 *Damm*, JZ 1991, 373, 377 (sog. Tendenzformel); *Bell*, S. 137; *Lammel*, AcP 179 (1979), 337, 339 f.; Grüneberg/*Grüneberg*, BGB, § 675 Rn. 36; z. B. BGH, NJW 1989, 2882; BGH, ZIP 1999, 275.

472 *Damm*, JZ 1991, 373, 377; *Bell*, S. 137.

473 BGH, NJW-RR 1992, 1011; *Lammel*, NJW 1973, 700, 700.

474 BGH, NJW 1987, 1815, 1816; siehe auch BGH, NJW 1983, 1730; BGH, NJW 1984, 2524.

Nach der Rechtsprechung[475] stellen diese Umstände allerdings vielmehr lediglich Indizien (für die Bestimmung des Vorliegens von Rechtsbindungswillen) dar, die, wenn auch mit erheblichem Gewicht, in die Würdigung der gesamten Gegebenheiten des konkreten Falls einzubeziehen seien. Danach ist für den stillschweigenden Abschluss eines Auskunftsvertrags entscheidend darauf abzustellen, „ob die Gesamtumstände mit Rücksicht auf Verkehrsauffassung und -bedürfnis den Rückschluss zulassen, dass beide Teile nach dem objektiven Inhalt ihrer Erklärungen die Auskunft zum Gegenstand vertraglicher Rechte und Pflichten gemacht haben".[476] Insoweit hat der BGH bei Auslegung des Handelns „den vermutlichen Willen und die Interessenlage der Beteiligten" berücksichtigt.[477]

In Einzelfällen, in denen der konkludente Abschluss eines Auskunftsvertrags in Frage kommt, hat der BGH[478] noch weitere Umstände mitberücksichtigt, die für einen Verpflichtungswillen des Auskunftsgebers sprechen können, „wie z. B. dessen eigenes wirtschaftliches Interesse an dem Geschäftsabschluss, ein persönliches Engagement in der Form von Zusicherungen nach Art einer Garantieübernahme, das Versprechen eigener Nachprüfung der Angaben des Geschäftspartners des Auskunftsempfängers, die Hinzuziehung des Auskunftsgebers zu Vertragsverhandlungen auf Verlangen des Auskunftsempfängers oder die Einbeziehung in solche

475 BGH, NJW 2009, 1141, 1142; vgl. BGH, NJW 1973, 321; BGH, NJW 1986, 180 (Steuerberater).

476 BGH, NJW 2009, 1141, 1142; BGH, NJW 1986, 180; *Zugehör*, WM Sonderbeilage 1 (2010), 1, 32; *D. Fischer*, in: HB der Anwaltshaftung, § 11 Rn. 10.

477 *Damm*, JZ 1991, 373, 376; zu den Abgrenzungskriterien zwischen Gefälligkeit und vertraglicher Beziehung vgl. etwa BGH, NJW 2009, 1141, 1142; BGH, NJW 1971, 1404; BGH, NJW 1985, 1778. Dem BGH zufolge ist „die Abgrenzung, ob den Erklärungen der Parteien ein Wille zur rechtlichen Bindung zu entnehmen ist oder die Parteien nur auf Grund einer außerrechtlichen Gefälligkeit handeln, anhand der Umstände des jeweiligen Einzelfalls zu bewerten. Ob auf Seiten einer Partei ein Rechtsbindungswille vorhanden ist, ist danach zu beurteilen, ob die andere Partei unter den gegebenen Umständen nach Treu und Glauben mit Rücksicht auf die Verkehrssitte auf einen solchen Willen schließen musste. Dies ist anhand objektiver Kriterien auf Grund der Erklärungen und des Verhaltens der Parteien zu ermitteln, wobei vor allem die wirtschaftliche sowie die rechtliche Bedeutung der Angelegenheit, insbesondere für den Begünstigten, und die Interessenlage der Parteien heranzuziehen sind".

478 BGH, NJW 2009, 1141, 1142; BGH, WM 1962, 1110, 1111; BGH, NJW 1953, 60; BGH, NJW 1962, 1500; BGH, WM 1965, 287, 288; BGH, WM 1966, 1283, 1284; BGH, NJW 1972, 678; BGH, WM 1969, 36, 37.

Verhandlungen als unabhängige neutrale Person sowie eine bereits anderweitig bestehende Vertragsbeziehung zwischen Auskunftsgeber und Auskunftsempfänger".

III. Fallkonstellationen

1. Übersicht

In den Fällen der Dritthaftung von Sachverständigen kommen zwei Sachverhaltskonstellationen in Betracht: Zuerst tritt der Experte in direkten Kontakt zum geschädigten Dritten („Einmalkontakt").[479] Beispielsweise kann der Experte als Verhandlungsgehilfe in die Vertragsverhandlungen eingeschaltet werden und unmittelbar Auskünfte geben.[480] Zweitens gibt der Auftraggeber des Experten eine Auskunft an den Dritten weiter, so dass zwischen dem auskunftserteilenden Experten und dem Dritten keine unmittelbare Verbindung besteht („Drittweitergabe oder mittelbarer Auskunftskontakt").[481]

In Fällen der unmittelbaren Auskunftserteilung haben das Reichsgericht[482] und ständige Rechtsprechung des BGH[483] eine Haftung aus einem stillschweigend geschlossenen Auskunftsvertrag bejaht.[484] In diesem Fall kann die Haftung auf der Grundlage der oben genannten Voraussetzungen bejaht werden. Nach BGH wird diese häufig anerkannt, wenn der Experte als neutrale (unparteiische) und zuverlässige Person in die Verhandlungen eingeschaltet wird und dem Vertragsgegner direkt die Informationen gibt, die erkennbar für ihn von wesentlicher Bedeutung sind.[485] Dabei geht die Rechtsprechung davon aus, dass „ungeachtet der Vorschrift des § 675 BGB sich aus den (oben genannten) Umständen eine vertragliche Haftung für den Inhalt einer Auskunft auch dann ergeben kann, wenn eine ausdrückliche Vereinbarung nicht getroffen ist".[486]

479 *Tarman*, S. 37; *Bell*, S. 46; *Quiring*, S. 30.

480 *Leyens*, JuS 2018, 217, 217, 219.

481 MünchKomm/*Heermann*, § 675 BGB Rn. 134; *Tarman*, S. 37; *Bell*, S. 46; *Quiring*, S. 43 ff.; vgl. RGZ 114, 289; BGHZ 12, 105; BGH, WM 1962, 579; BGH, WM 1963, 913; BGH, WM 1965, 287; BGH, WM 1969, 470; BGH, WM 1976, 498; BGH, WM 1979, 578; BGH, WM 1982, 1201; BGH, WM 1985, 1520.

482 RGZ 52, 365.

483 Z. B. BGH, NJW 1954, 793; 1973, 456; BGH, NJW 1992, 3167; BGH, NJW 1992, 2080; BGH, NJW 1993, 2433.

484 *Tarman*, S. 37.

485 Münchkomm/*Gottwald*, § 328 BGB Rn. 217; Münchkomm/*Heermann*, § 675 BGB Rn. 129; *Leyens*, JuS 2018, 217, 219; vgl. BGH, NJW 1953, 60; BGH, NJW-RR 1998, 1343 (Kreditinstitut); BGH, WM 1969, 36, 37; BGH, WM 1986, 711, 712.

486 BGH, NJW 1953, 60; vgl. BGH, NJW 1973, 321, 323.

Diesen Grundsatz hat der BGH[487] in seinem wegweisenden Urteil vom *BGHZ 7, 371* etabliert und in der Folge mehrfach bestätigt. Nach der Rechtsprechung ist hervorzuheben, dass „in allen diesen Fällen indessen das Zustandekommen eines solchen stillschweigenden Vertrags nur bei unmittelbarem Kontakt (Fühlungnahme) zwischen Geber und Empfänger der Auskunft angenommen oder wenigstens in Betracht gezogen wurde".[488] Allerdings ist es zu beachten, dass die jüngste Rechtsprechung im Hinblick auf die Auskunft eines Rechtsanwalts klargestellt hat, dass das Zustandekommen eines solchen Auskunftsvertrags nur ausnahmsweise anerkannt werden kann.[489] Danach ist „die Annahme eines Auskunftsvertrages zwischen dem für seinen Mandanten tätigen Rechtsanwalt und dessen Geschäftsgegner ohnehin die Ausnahme und nur dann bejaht werden kann, wenn die im Einzelnen festgestellten Umstände deutlich für den Verpflichtungswillen des Anwalts sprechen".[490] Hingegen ist die Rechtsprechung für die Fallgruppe des fehlenden unmittelbaren Kontakts zwischen Experten und Drittem nicht einheitlich.[491] Ein direkter Auskunftsvertrag ist hier schwerlich anzunehmen.[492] In diesem Fall neigt die Rechtsprechung vielmehr dazu, die Konstruktion des Vertrags mit Schutzwirkung für Dritte zu bevorzugen.[493] Insbesondere ist die Annahme eines Rechtsbindungswillens des Erklärenden als problematisch anzusehen, wenn zwischen Experten und Drittem weitere Personen zwischengeschaltet werden.[494] Hier kommt ein konkludentes Angebot des

---

487 BGHZ 7, 371, 374 f. = NJW 1953, 60; vgl. weiterhin die Urteile BGH, WM 1962, 1110; BGH, WM 1965, 287; BGH, WM 1966, 918; BGH, WM 1969, 36; BGH, WM 1969, 560; BGH, WM 1970, 632; BGH, WM 1970, 878, 880; BGH, WM 1971, 206, 207; BGH, WM 1978, 576; BGH, NJW 1972, 678.

488 Vgl. BGH, NJW 1973, 321, 323; BGH, WM 1980, 527; BGH, WM 1972, 583; BGH, WM 1985, 381; BGH, WM 1989, 1836; *Leyens*, JuS 2018, 217, 219; *Bell*, S. 52; *Büttner*, S. 43 f.; dagegen BGH, WM 1965, 287.

489 *Quiring*, S. 42.

490 BGH, WM 1978, 576, 577 (Haftung verneint).

491 *Tarman*, S. 39; BGH, NJW 1973, 321; BGH, NJW 1995, 392 (Haftung abgelehnt); BGH, WM 1990, 1991 (Haftung angenommen).

492 *Tarman*, S. 39.

493 BGH, NJW 2004, 3420, 3421; BGH, NJW 2004, 3035, 3036; BGH, NJW 2001, 3115; BGH, NJW 2001, 514; BGH, NJW 2001, 360; BGH, NJW 2000, 725; BGH, NJW 1998, 1948; BGH, NJW 1997, 1235; BGH, NJW 1996, 2927; BGH, NJW 1995, 392; MünchKomm/*Heermann*, § 675 BGB Rn. 134; *Zugehör*, NJW 2008, 1105, 1105.

494 *Bell*, S. 46; *Lammel*, AcP 179 (1979), 337, 343.

Experten „an denjenigen, den es angeht" in Frage, das theoretisch zum Abschluss eines Auskunftsvertrags mit jedermann führen kann.[495]

Zusammenfassend lässt sich feststellen: Nach der Auffassung der Rechtsprechung ist der unmittelbare Kontakt zwischen Auskunftsgeber und Auskunftsempfänger in vielen Fällen eine wichtige Voraussetzung für den Zustandekommen eines Auskunftsvertrags, aber nicht immer nötig. In einigen Fällen ist das Wissen des Auskunftsgebers wichtiger.[496] Hier geht es darum, dass seine Auskunft für den Dritten bestimmt und dem Auskunftsgeber bewusst ist, welche Bedeutung sie für den Dritten (Geschädigten) hat, der auf die Richtigkeit der Information vertraut.[497]

2. *Anwaltsauskunft*

Zunächst einmal ist zu erwähnen, dass dieses Rechtsinstitut nur sorgfältig und zurückhaltend auf die Beziehungen zwischen Anwälten und Dritten angewendet werden sollte.[498] Laut Rechtsprechung[499] scheidet die Annahme eines Auskunftsvertrages zwischen einem Rechtsanwalt und dem Prozess- oder Geschäftsgegner seines Auftraggebers im Rahmen rechtsberatender Tätigkeit in aller Regel aus, weil ein Rechtsanwalt wegen der Problematik des Parteiverrats (§ 356 StGB) nicht in vertragliche Beziehungen zu der Gegenpartei treten dürfe.[500] Allerdings sei insbesondere außerhalb des Bereichs der Rechtsberatung der Fall denkbar, dass der Rechtsanwalt mit Zustimmung seines Mandanten Auskunftsperson für dessen Gegner werde.[501] Auf dieser Basis hat der BGH[502] „trotz Fehlens einer ausdrücklichen vertraglichen Vereinbarung ausnahmsweise eine Haftung des Anwalts für die Richtigkeit der Auskunft bejaht, wenn ihn sein Auftraggeber zu

495 *Bell*, S. 46; OLG Köln, NJW-RR 1988, 335; OLG Hamm, NJW-RR 1987, 209.

496 *Müssig*, NJW 1989, 1697, 1700.

497 BGH, NJW 1979, 1595, 1597; BGH, NJW 1991, 352; BGH, NJW-RR 1998, 1343; BGH, WM 1966, 1149; *Müssig*, NJW 1989, 1697, 1700.

498 *Bell*, S. 64 ff.; *D. Fischer*, in: HB der Anwaltshaftung, § 11 Rn. 34; vgl. BGH, NJW 1992, 2080, 2082.

499 BGH, NJW 1972, 678, 680; BGH, NJW 1991, 32 (Haftung abgelehnt); BGH, WM 1978, 576; BGH, NJW 2004, 3630.

500 *Quiring*, S. 41; *Bosch*, ZHR 163 (1999), 274, 283; siehe auch *Maier-Reimer*, NJW 2014, 2613, 2618 f. Gemäß § 43a. Abs. 4 BRAO darf der Rechtsanwalt nicht tätig werden, wenn er einen anderen Mandanten in derselben Rechtssache bereits im widerstreitenden Interesse beraten oder vertreten hat.

501 BGH, NJW 1972, 678, 680.

502 BGH, NJW 1972, 678, 680.

einer Besprechung hinzuzieht, die dessen Kreditwürdigkeit zum Gegenstand hat." In diesem Fall tritt der Rechtsanwalt mit Zustimmung seines Auftraggebers für diesen auf, wobei er unter dem Einsatz seines Ansehens als Sprecher für seinen Auftraggeber fungieren kann.[503] Dementsprechend haftet der Rechtsanwalt, der die Auskunft schuldhaft falsch erteilt (die Verletzung der Auskunftspflicht), also ggf. auch nur fahrlässig handelt, dem Empfänger nach Vertragsgrundsätzen auf Schadensersatz (§ 280 Abs. 1 BGB).[504] Wenn ein Rechtsanwalt namens und mit Zustimmung seines Auftraggebers einem Dritten eine Auskunft erteilt, „so hat diese in aller Regel ein besonderes Gewicht, weil der Rechtsanwalt als unabhängiges Organ der Rechtspflege (§ 1 BRAO) in der Bevölkerung ein besonderes Ansehen genießt und als vertrauenswürdig angesehen wird".[505] Deshalb bejaht der BGH eine Haftung aus einem Auskunftsvertrag zwischen einem Rechtsanwalt und dem Dritten, „wenn der Rechtsanwalt sich mit Zustimmung seines Mandanten unter Verschweigen ihm bekannter entgegenstehender Tatsachen positiv über dessen Zahlungsfähigkeit ausspricht und dadurch einen Gläubiger von Sicherungsmaßnahmen gegen seinen Mandanten abhält".[506] Hat ein Anwalt jedoch einem Dritten (Gläubiger) leichtfertig die Bonität seines Mandanten zugesichert, kommt der Auskunftsvertrag nicht in Betracht.[507] Ein Auskunftsvertrag kommt auch in Frage, wenn ein Rechtsanwalt einem potenziellen Geschäftspartner seines Mandanten im Rahmen einer internationalen Transaktion eine *third party legal opinion* über die Rechtsfragen des geplanten Geschäfts erteilt.[508] Für den Abschluss des Auskunftsvertrags in diesem Fall ist aber eine unmittelbare Verbindung zwischen Rechtsanwalt und Drittem erforderlich.[509]

---

503 BGH, NJW 1972, 678, 680.

504 BGH, NJW 1972, 678, 680; BGH, NJW 70, 1737; *D. Fischer*, in: HB der Anwaltshaftung, § 11 Rn. 36.

505 BGH, NJW 1972, 678, 680 f.

506 BGH, NJW 1972, 678.

507 BGH, WM 1978, 576; BGH, NJW 1991, 32; *D. Fischer*, in: HB der Anwaltshaftung, § 11 Rn. 12; *Eichler*, S. 214.

508 *D. Fischer*, in: HB der Anwaltshaftung, § 11 Rn. 15; *Ganter*, NJW 2014, 1771, 1771.

509 *D. Fischer*, in: HB der Anwaltshaftung, § 11 Rn. 15.

IV. Auskunftsvertrag mit „demjenigen, den es angeht“

Die Rechtsprechung[510] habe auch eine wenigstens vertragsähnliche Haftung für den Inhalt einer Auskunft für möglich gehalten, wenn der Auskunftsgeber zum Ausdruck bringt, dass er jedem, „den es angeht“, für die Richtigkeit haften will. Danach setze die Annahme eines Auskunftsvertrags mit dem, den es angeht, voraus, dass wenigstens im Verhältnis zu diesem Dritten die Grundlagen für eine vertragliche oder vertragsähnliche Bindung gegeben sind, insbesondere nach dem Willen der Gesprächspartner der Inhalt der Antwort die Grundlage für wesentliche Vermögensdispositionen desjenigen bilden soll, für den die Auskunft bestimmt sist.[511] Auf diese Konstruktion stützt die neuere Rechtsprechung die Auskunftshaftung auch bei Fällen der Drittweitergabe.[512] Sie kann dahingehend interpretiert werden, dass das Erfordernis eines direkten Kontakts zwischen Geber und Empfänger der Auskunft verzichtet wird.[513]

In diesem Zusammenhang geht es vor allem um die Rechtsprechung zur Frage der Haftung einer Bank für eine unrichtige Kreditauskunft, mit der sie sich an unbekannte Personen wendet, z. B. einen Darlehensgeber für den Kunden, über den die Auskunft erteilt wird.[514] Denn für die rechtliche Beurteilung könne es keinen Unterschied machen, ob die Bank die Anfrage des Interessenten abwartet und dann die Auskunft erteilt oder ob sie ohne solche Anfrage dem Kunden eine Bescheinigung mit dem Inhalt einer Auskunft gibt und ihm damit die Möglichkeit eröffnet, mit dieser an eine Vielzahl vielleicht noch ausfindig zu machender Interessenten heranzutreten und diesen die Anfrage zu ersparen.[515]

---

510 BGH, NJW 1973, 321, 323; BGH, NJW 1970, 1737; vgl. BGH, NJW 1954, 793. Rechtlich möglich wäre es, dass ein solches vertragliches oder vertragsähnliches Verhältnis wie bei einer auf Anfrage erteilten Auskunft mit einem der Bank nicht bekannten Partner im Wege eines Angebots „an den es angeht“ zustande komme.

511 BGH, NJW 1991, 352 (Bankauskunft als Auskunftsvertrag mit Schutzwirkung für Dritte).

512 *Bell*, S. 52; *Tarman*, S. 40; BGH, WM 1985, 1520; *Lammel*, AcP 179 (1979), 337, 340. Danach kann diese Formel vor allem für die Fälle verwendet werden, in denen „der Sachverständige positiv um die beabsichtigte Weitergabe seines Gutachtens wusste“.

513 *Bell*, S. 52, 137 f.; *Tarman*, S. 40; vgl. BGH, NJW 1979, 1595; BGH, NJW 1983, 276; BGH, WM 1985, 1520. „Allerdings kann in besonders gelagerten Fällen davonausgegangen werden, dass auch ohne dahingehende Anfrage der Auskunftsgeber gegenüber einem überschaubaren Kreis von Interessenten ein Angebot auf Abschluss eines Auskunftsvertrags abgibt“.

514 BGH, NJW 1979, 1595.

515 BGH, NJW 1970, 1737; *Canaris*, in: FS Larenz (1983), S. 27, 96.

Danach könne die Bank für die Richtigkeit und Vollständigkeit der von ihr erteilten Auskunft haften, wenn die Bankauskunft sich an einen ganz bestimmten (überschaubaren) Interessentenkreis eines bestimmten Projekts, nämlich private Geldgeber, richtet.[516] Die Bank müsse damit rechnen, dass ihre Auskunft im Sinne einer rechtsgeschäftlich verbindlichen Erklärung von dem in Betracht kommenden Rechtsverkehr verstanden wird.[517] Daher werden die Übermittler der Auskunft nur als Erklärungsboten tätig.[518] Aus diesen Gründen hat der BGH im vorliegenden Falle nach Treu und Glauben mit Rücksicht auf die Verkehrssitte ein Vertragsverhältnis zwischen dem Kreditinstitut und dem Auskunftsempfänger bejaht, wenn die Auskunft für den potentiellen Adressaten (einen Dritten), der auf ihre Richtigkeit und Vollständigkeit vertraut, bestimmt ist und der Bank bewusst ist, dass diese Auskunft für ihn erkennbar von erheblicher Bedeutung sein und unter Umständen als Grundlage wesentlicher Vermögensverfügungen dienen wird.[519] Allerdings hat der BGH einschränkend darauf hingewiesen, dass sich eine Bank mit ihrer Auskunft nicht einer unbestimmten, unübersehbaren Vielzahl von Personen verpflichten will.[520] Die Rechtsprechung betont, dass bei der Feststellung dieser Voraussetzung nach der Lebenserfahrung große Zurückhaltung geboten sei, so dass es sich hierbei nur um eine Ausnahme handelt.[521] Bei einer Bankauskunft werden solche Angebote daher grundsätzlich abgelehnt, da die Übernahme der Haftung durch die Bank gegenüber beliebigen noch unbekannten Dritten ungewöhnlich ist.[522]

---

516 BGH, NJW 1979, 1595, 1596; *Büttner*, S. 43 f.

517 BGH, NJW 1979, 1595, 1596.

518 BGH, NJW 1979, 1595, 1597.

519 BGH, NJW 1979, 1595, 1596; vgl. BGH, NJW 1970, 1737; BGH, NJW 1991, 352; BGH, NJW 1996, 2734; BGH, NJW-RR 1998, 1343; *D. Fischer*, in: HB der Anwaltshaftung, § 11 Rn. 21. Die Auskunft wende sich zwar an der Bank noch unbekannte Personen. Diese seien aber von ihrem Interesse her bestimmbar und stellen einen überschaubaren Personenkreis dar. Vgl. BGH, NJW 1979, 1595, 1597.

520 BGH, NJW 1979, 1595, 1597; vgl. BGH, NJW 1970, 1737.

521 BGH, NJW 1973, 321, 323; BGH, NJW 1970, 1737; BGH, NJW 1979, 1595, 1597; BGH, WM 1976, 498, 499; vgl. auch *Bell*, S. 54; *Müssig*, NJW 1989, 1697, 1697, 1700; MünchKomm/*Heermann*, § 675 BGB Rn. 131.

522 BGH, NJW 1970, 1737; vgl. ferner BGH, NJW 1954, 793; BGH, NJW 1973, 321, 323; BGH, NJW 1979, 1595, 1597; BGH, NJW 1991, 352; BGH, WM 1966, 1148, 1149; BGH, WM 1974, 685.

Der BGH hat diesen Grundsatz zwar in Fällen von Bankauskünften anerkannt.[523] Es ist aber fraglich, ob dieser auf den Bereich der Auskünfte von Rechtsanwälten allgemein übertragen werden kann.[524] Vielmehr lässt sich ein Rechtsbindungswille eines Anwalts in der Tat nicht feststellen, weil für den Abschluss des Auskunftsvertrags grundsätzlich ein Anfragender erforderlich ist.[525] Wegen des fehlenden unmittelbaren Kontakts zwischen Anwalt und Drittem kann die Ausdehnung des Anwendungsbereichs dieser Konstruktion zu unüberschaubaren Haftungsrisiken führen.[526] Deshalb wird dies in der Rechtsprechung auch regelmäßig verneint.[527]

V. Kritik

Der Ansatz der Rechtsprechung, die Haftung von Experten wie Rechtsanwälten für fehlerhafte Auskünfte auf einen Vertragsschluss erst durch die Auskunftserteilung zu stützen, ist in der Literatur auf heftige Kritik gestoßen.[528] Dabei wird in erster Linie auf den fehlenden objektiven Tatbestand entsprechender Willenserklärungen abgestellt.[529] Die Konstruktion des BGH, der davon ausgeht, dass – methodisch gesehen – der Rechtsbindungswille anhand objektiver Kriterien (oben genannter Indizien) aufgrund der Erklärungen und des Verhaltens der Parteien ermittelt wird,[530] stelle sich insoweit als eine reine Fiktion dar,[531] weil dem Auskunftsgeber ein tatsächlich nicht vorhandener Rechtsbindungswille unterstellt werde.[532] Für das Zustandekommen eines Vertrags seien nach §§ 145 ff. BGB übereinstimmendes Angebot und Annahme erforderlich, so dass ein Vertrag aus bloßem

523 *D. Fischer*, in: HB der Anwaltshaftung, § 11 Rn. 21; *Bell*, S. 52; vgl. BGH, WM 1970, 1021, 1022; BGH, WM 1979, 548, 549 f.; BGH, NJW 1991, 352; BGH, NJW 1996, 2734; BGH, WM 1998, 1771 f.; BGH, WM 2001, 134, 135.

524 *D. Fischer*, in: HB der Anwaltshaftung, § 11 Rn. 21.

525 *Bell*, S. 54; *D. Fischer*, in: HB der Anwaltshaftung, § 11 Rn. 21.

526 *D. Fischer*, in: HB der Anwaltshaftung, § 11 Rn. 21; *Tarman*, S. 41; *Quiring*, S. 44; vgl. BGH, NJW 1954, 793; BGH, NJW 1973, 321, 323.

527 *Damm*, JZ 1991, 373, 376 f.; Münchkomm/*Heermann*, § 675 BGB Rn. 131.

528 *Grunewald*, AcP 187 (1987), 285, 295; *Canaris*, ZHR 163 (1999), 206, 242.

529 *Canaris*, ZHR 163 (1999), 206, 242; *Pinger/Behme*, DS 2009, 54, 55; *Pinger/Behme*, JuS 2008, 675, 677; *Tarman*, S. 39.

530 BGH, NJW 2009, 1141, 1142; BGH, NJW 1971, 1404; BGH, NJW 1985, 1778.

531 *Bell*, S. 61; *Ballerstedt*, AcP 151 (1950/51), 501, 505; *Canaris*, ZHR 163 (1999), 206, 242; *Picker*, AcP 183 (1983), 369, 411; *Grunewald*, AcP 187 (1987), 285, 295; *Lammel*, AcP 179 (1979), 337, 341; *Mertens*, AcP 178 (1978), 227, 237 f.; *Grunewald*, JZ 1982, 627, 627; *Lammel*, NJW 1973, 700, 700; *Honsell*, JZ 1985, 951, 953; *Damm*, JZ 1991, 373, 376; *Kersting*, S. 79, 101 f., 104; *Frassek*, JuS 2004, 285, 287.

532 *Leyens*, JuS 2018, 217, 219.

Schweigen in der Regel nicht hergeleitet werden könne.[533] Vielmehr müsse ein Rechtsbindungswille auf jeder Seite vorliegen.[534] Es sollte hier davon ausgegangen werden, dass ein derartiger Wille zumindest beim Auskunftsgeber im Regelfall nicht vorhanden sei.[535] Deshalb sieht sich die Rechtsprechung zunehmender Kritik ausgesetzt: „Der Erklärende haftet nicht, weil er will, sondern weil er soll".[536] Diese Problematik zeigt sich besonders deutlich bei der Rechtsfigur des „Angebotes, an den es angeht", die zu unüberschaubaren Haftungsrisiken führen kann, weil kein unmittelbarer Auskunftskontakt zwischen Geber und Empfänger der Auskunft vorliegt.[537] Nach kritischer Ansicht kann das sogar zu „einer Erosion der Grundstruktur des Schuldrechts" führen.[538] Hier ist das Vorliegen eines Geschäftswillens auf Seiten des Anwalts auch als fragwürdig anzusehen. Das gleiche Problem kann sich auch ergeben, wenn in dem Fall der Drittweitergabe der Anwalt nicht weiß, dass die Informationen an Dritte weitergegeben werden können.[539]

Aus diesen Gründen ist in der Praxis neuerdings die Tendenz zu beobachten, dass für die Haftung zunehmend auf die Konstruktion eines zwischen dem Auskunftsgeber und seinem Mandanten abgeschlossenen Vertrags mit Schutzwirkung zugunsten Dritter zurückgegriffen wird, wenn nach dem Willen des Anfragenden die Weiterleitung der Auskunft an einen Dritten zwar erkennbar, dessen Person aber noch nicht bestimmt ist.[540] Dagegen stützt der BGH die Haftung auf einen Auskunftsvertrag, wenn ein unmittelbarer Kontakt zwischen dem Geber und Empfänger einer Auskunft gegeben ist oder wenn von vornherein die Weiterleitung der Auskunft an einen bestimmten Empfänger in

533 *Lammel*, AcP 179 (1979), 337, 341; *Leyens*, JuS 2018, 217, 219.

534 *Lammel*, AcP 179 (1979), 337, 341.

535 *Pinger/Behme*, DS 2009, 54, 55; *Lammel*, AcP 179 (1979), 337, 341; *Bell*, S. 61; *Philippsen*, S. 133.

536 *Medicus*, Bürgerliches Recht Rn. 371; *Damm*, JZ 1991, 373, 376; *Grunewald*, AcP 187 (1987), 285, 296; *Frassek*, JuS 2004, 285, 287.

537 *Bell*, S. 66; *Quiring*, S. 44; *W. Lorenz*, in: FS Larenz (1973), S. 575, 593.

538 *Honsell*, in: FS Medicus (1999), S. 211, 222 f.; *ders.*, JZ 1985, 951, 953.

539 *Quiring*, S. 43.

540 *Koch*, WM 2005, 1208, 1209; vgl. BGH, NJW 1982, 2431; BGH, WM 1986, 711; BGH, NJW 1987, 1758; BGHZ 127, 378; BGHZ 138, 257, 260 ff.; BGH, NJW 2001, 3115; BGH, NJW 2002, 1196, 1197.

Aussicht gestellt wird.[541] Dennoch ist diese Abgrenzung nicht immer deutlich.[542] Im Hinblick auf die Anwaltsauskunftsfälle tendiert die neuere Rechtsprechung vor allem dazu, die Annahme eines konkludent erklärten Rechtsbindungswillens abzulehnen und die Auskunftshaftung des Rechtsanwalts aus der Konstruktion des Vertrags mit Schutzwirkung zugunsten Dritter oder der deliktischen Haftung (§ 826 BGB) abzuleiten.[543]

D. Vertrag mit Schutzwirkung zugunsten Dritter (für Dritte)

I. Historische Entwicklung

1. Überblick und Rechtsgrundlage

In Rechtsprechung und Literatur ist seit langem anerkannt, dass auch Dritte, die an einem Vertrag nicht unmittelbar beteiligt sind, in den Schutzbereich eines Vertrags einbezogen werden können.[544] In diesem Fall sei der Schuldner gegenüber Dritten dann zwar nicht zur Leistung, aber zum Schadensersatz verpflichtet.[545] Wegen der unzulänglichen Vermögensschutzes des deutschen Deliktsrechts, der unter anderem auf die engen gesetzlichen Haftungsvoraussetzungen zurückgeführt ist, hat die Rechtsprechung diese neue Rechtsfigur geschaffen.[546] Der Rechtsprechung zufolge ist dies nämlich auf die folgenden Umstände zurückzuführen: „Die Erfüllung vertraglicher Leistungspflichten führt zu einem gesteigerten sozialen Kontakt der Vertragsparteien und dementsprechend zu einer größeren Einwirkungsmöglichkeit auf die Rechtsgüter des Vertragspartners und gegebenenfalls der mit diesem verbundenen Dritten und das Deliktsrecht – insbesondere wegen der Exkulpationsregelung bei der Gehilfenhaftung nach § 831 BGB und des Fehlens eines umfassenden Vermögensschutzes – sichert den geschädigten

541 *Koch*, WM 2005, 1208, 1209; vgl. zu dieser Unterscheidung die Ausführungen in BGHZ 127, 378, 380; BGHZ 133, 36, 42; BGH, WM 2001, 134; *Lammel*, AcP 179 (1979), 337, 340, 343. Danach können die Fälle der Drittweitergabe in der Regel mithilfe der Konstruktion des Vertrags mit Schutzwirkung zugunsten Dritter und der Haftung aus c.i.c. gelöst werden.

542 *Koch*, WM 2005, 1208, 1209.

543 *Bell*, S. 59; vgl. BGH, NJW 1972, 678, 679 f.

544 BGH, NJW 1996, 2927, 2928.

545 BGH, NJW 1996, 2927, 2928; vgl. auch BGH, NJW 1968, 885, 887; BGH, NJW 1959, 1676; BGH, NJW 1964, 33; BGH, NJW 1965, 1757; BGH, NJW 1965, 1955.

546 BeckOGK/*Mäsch* (Stand: 1.4.2023), § 328 BGB Rn. 161; *D. Fischer*, in: HB der Anwaltshaftung, § 10 Rn. 3; *Pinger/Behme*, JuS 2008, 675, 675; *Zugehör*, NJW 2008, 1105, 1105; *ders.*, NJW 2000, 1601, 1602; *Littbarski*, NJW 1984, 1667, 1669.

Dritten nicht immer zureichend ab".[547] Charakteristisch dafür ist, dass sich diese Ansprüche Dritter aus dem zwischen dem Schuldner (hier insb. Rechtsanwalt) und seiner Vertragspartei (Mandanten) geschlossenen fremden Vertrag (Auftragsverhältnis) ergeben.[548] Dieses Rechtsinstitut wird in der Praxis als Vertag mit Schutzwirkung zugunsten Dritter bezeichnet. Es beruht auf den Entscheidungen des Reichsgerichts, die unter Anwendung von § 328 BGB den Dritten eigene vertragliche Schadensersatzansprüche aus einem fremden Vertrag gewährt haben.[549] Das RG hat beispielsweise den geschädigten Familienangehörigen oder den Hausangestellten eines Mieters, die durch ein Verschulden des Vermieters oder eines von ihm mit einer Reparatur am Haus beauftragten Handwerkers geschädigt wurden, im Rahmen des Miet- oder Werkvertrags einen vertraglichen Anspruch auf Schadensersatz gegen den Schuldner zugebilligt.[550] In Anlehnung an die Rechtsprechungen des RG hat der BGH zunächst den vertraglichen Drittschutz in entsprechender Anwendung des §§ 328 ff. BGB entwickelt und diesen Grundsatz fortgesetzt.[551] Dazu wies *Larenz* darauf hin, dass es sich in diesen und ähnlichen Fällen nicht um einen echten Vertrag zugunsten Dritter handele, denn der Schuldner ist nach dem Vertrag nicht verpflichtet, an den Dritten zu leisten, wie § 328 BGB es voraussetzt.[552] Später hat der BGH in einer Rechtsprechung aus dem Jahr 1959 dementsprechend ausgeführt, dass dritte Personen in den Schutz des Vertrages einbezogen werden können, wenn die vertragliche Sorgfalts- und Schutzpflicht nach Treu und Glauben und dem Zweck des Vertrags nicht nur dem Vertragsgegner, sondern auch bestimmten weiteren Personen gegenüber zu beachten ist.[553] Nach dem Sinn und Zweck des Vertrags und nach den Grundsätzen von Treu und Glauben werde die vertragliche Sorgfalts- und Obhutspflicht

547 Ausführlich dazu BGH, NJW-RR 2017, 888, 889; *Saar*, JuS 2000, 220, 221.

548 *Büttner*, S. 33 f.; *Jungblut*, S. 41.

549 *Gellmann*, S. 5; *Quiring*, S. 48; *Zugehör*, NJW 2000, 1603; RGZ 91, 21, 24; vgl. RGZ 87, 64, 65; RGZ 102, 231 f.; RGZ 127, 218, 222; RGZ 160, 153 ff., 155.

550 *Pinger/Behme*, DS 2009, 54, 56; zu dieser Entwicklungsgeschichte BGH, NJW 1996, 2927, 2928; BGH, NJW-RR 2017, 888, 889; z. B. RGZ 91, 21, 24. In dieser grundlegenden Entscheidung hat das RG festgestellt, dass es sich bei dem Mietvertrag um einen Vertrag zugunsten Dritter gemäß § 328 BGB handelt.

551 *D. Fischer*, in: HB der Anwaltshaftung, § 8 Rn. 6, § 10 Rn. 2; *Zugehör*, NJW 2008, 1105, 1105; *Gellmann*, S. 5; *Quiring*, S. 48; vgl. RGZ 98, 210; 102, 231; 127, 218; für Personenbeförderung BGH, NJW 1957, 1187; für den Mietvertrag NJW 1952, 1050; für Dienst- und Werkvertrag etwa BGH, NJW 1954, 874; für die Krankenbehandlung BGH, NJW 1951, 798.

552 *Larenz*, NJW 1956, 1193, 1194; vgl. BGH, NJW 1959, 1676, 1677; *Plötner*, S. 28 f.

553 BGH, NJW 1959, 1676, 1676 f. (sog. „Capuzol-Entscheidung")

aber in der Regel gegenüber Personen bestehen, die durch den Gläubiger mit der Leistung des anderen Vertragsteils in Berührung kommen und deren Ergehen den Gläubiger selbst berührt, weil er seinerseits ihnen gegenüber zu Schutz und Fürsorge verpflichtet sei.[554] Die aktuelle Rechtsprechung hat jedoch ebenfalls durch die ergänzenden Vertragsauslegung nach §§ 133, 157 BGB die Schutzwirkung zugunsten Dritter begründet, auch wenn die Rechtsgrundlage dieses Rechtsinstituts im Schrifttum immer noch umstritten ist.[555] Danach knüpfe diese durch das Prinzip von Treu und Glauben geprägte Auslegung an den hypothetischen Willen der Parteien an, der gem. § 157 BGB unter Berücksichtigung von Treu und Glauben zu erforschen sei.[556] Dagegen wird in der Literatur überwiegend vertreten, dass seine Rechtsgrundlage auf die „richterliche Rechtsfortbildung des dispositiven Gesetzesrechts" nach dem Grundsatz von Treu und Glauben (§ 242 BGB) gestützt wird.[557] Angesichts des Willens des Gesetzgebers sollte jedoch festgestellt werden, dass § 311 Abs. 3 S. 1 BGB nicht als Rechtsgrundlage für dieses Rechtsinstitut dienen kann, obwohl es nach der Schuldrechtsreform widersprüchliche Meinungen gibt.[558]

2. *Weiterentwicklung der Rechtsprechung*

a) *Wohl und Wehe Formel (im „gleichen Lager")*

Diese Rechtsfigur geht davon aus, sonstige Verhaltenspflichten wie Schutz- und Sorgfaltspflichten (vertragliche Nebenpflichten), die sich von Leistungspflichten unterscheiden, im Wesentlichen auf dritte Personen zu erstrecken.[559]

---

554 BGH, NJW 1959, 1676, 1677 (sog. „Wohl und Wehe Formel").

555 RGZ 127, 218, 222 (Werkvertrag); BGH, NJW 1996, 2927, 2928; BGH, NJW 2017, 3777; BGH, NJW 2014, 2345; BGH, NJW 1957, 1187; BGH, NJW 1971, 1931; BGH, NJW 1984, 355, 356; BGH, NJW 1995, 51, 52; BGH, NJW 1996, 2927, 2928; BGH, NJW 1998, 1948, 1949; BGH, NJW 2004, 3630, 3632; BGH, NJW 2004, 3035, 3037; BGH, NJW 2017, 3777; MünchKomm/*Gottwald*, § 328 BGB Rn. 171; *Dahm*, JZ 1992, 1167, 1169 f.; *Leyens*, JuS 2018, 217, 220; *Bell*, S. 93 ff.; *Zumbansen*, JZ 2000, 442, 443; *Finn*, NJW 2004, 3752, 3752.

556 BGH, NJW-RR 2017, 888, 889; BGH, NJW-RR 2004, 1464, 1465.

557 Grüneberg/*Grüneberg*, BGB, § 328 Rn. 14; MünchKomm/*Gottwald*, § 328 BGB Rn. 171; *Pinger/Behme*, DS 2009, 54, 56; *Pinger/Behme*, JuS 2008, 675, 675; *D. Fischer*, in: HB der Anwaltshaftung, § 10 Rn. 2; *Zenner*, NJW 2009, 1030, 1030; *Leyens*, JuS 2018, 217, 220. Danach gehe es um eine subsidiäre Rechtsfigur.

558 MünchKomm/*Gottwald*, § 328 BGB Rn. 172; *Gellmann*, S. 164 ff.; *Pinger/Behme*, DS 2009, 54, 56 f.

559 *Larenz*, NJW 1956, 1193, 1194; BGH, NJW 1965, 1955, 1956; BGH, NJW 1976, 712, 713.

Daher hat sie zwangsläufig mit der Ausweitung des Haftungsrisikos des Schuldners zu tun.[560] Es handelt sich vor allem darum, ob die zu schützende Personengruppe überschau- und abgrenzbar ist, da eine uferlose Ausdehnung des Kreises der in den Schutzbereich einbezogenen Personen vermieden werden sollte.[561] In der Rechtsprechung des RG und der früheren Entscheidung des BGH wurde dieses Institut daher in erster Linie auf Personenschäden angewandt, um den Kreis der geschützten Dritten angemessen zu begrenzen und überschaubar zu machen.[562] Dabei hat die Rechtsprechung insbesondere in den klassischen Fällen die sog. „Wohl und Wehe Formel" entwickelt.[563] Nach dieser Formel ist die Ausdehnung der Sorgfalts- und Obhutspflichten zugunsten eines Dritten aus Sinn und Zweck des Vertrags nur dann erlaubt, „wenn der an sich berechtigte Gläubiger für das Wohl und Wehe des Dritten mitverantwortlich ist, weil er ihm zu Schutz und Fürsorge verpflichtet ist"[564] (z. B. wie etwa ein familienrechtliches oder ein miet-, dienst- oder arbeitsvertragliches Verhältnis). Die Rechtsprechung ist jedoch nicht stehen geblieben und hat den Anwendungsbereich dieses Rechtsinstituts schrittweise erweitert.[565] Mit einer Entscheidung aus dem Jahr 1965 (sog. Testamentsfall) ist die Einbeziehung dritter Personen in den Schutzbereich eines Vertrags sowohl auf Körper- oder Sachschäden als auf Vermögensschäden erstreckt worden.[566]

---

560 BGH, NJW-RR 2017, 888, 889.

561 *Zugehör*, NJW 2008, 1105, 1106; BGH, NJW-RR 2017, 888, 890; BGH, NJW 1959, 1676, 1677; BGH, NJW 1996, 2927, 2928; BGH, NJW 1984, 355; BGH, NJW 2004, 3630, 3632; BGH, NJW 1978, 883; BGH, NJW 1987, 2510, 2511; vgl. auch BGH, NJW 2004, 3035; BGH, NJW 1998, 1059, 1062.

562 *Zugehör*, NJW 2000, 1601, 1603; BGH, NJW 1996, 2927, 2928; BGH, NJW 1955, 257; für Sachschäden BGH, NJW 1968, 885, 887; BGH, NJW 1976, 712, 713. Die Einbeziehung Dritter in den Schutzbereich eines Vertrags erfordere – solle die vom Gesetzgeber getroffene unterschiedliche Ausgestaltung von Vertrags- und deliktischer Haftung nicht aufgegeben oder verwischt werden – eine Beschränkung auf eng begrenzte Fälle. Vgl. BGH, NJW 1956, 1193; BGH, NJW 1970, 38; BGH, NJW 1969, 269; BGH, NJW 1973, 2059.

563 *Odersky*, NJW 1989, 1, 3 f.

564 BGHZ 181, 12; BGH, NJW 1959, 1676, 1677; BGH, NJW 1968, 1929; BGH, NJW 1968, 885, 887; BGH, NJW 1970, 38, 40; BGH, NJW 1971, 1931, 1931 f.; BGH, NJW 1964, 33, 34f.; BGH, NJW 1969, 269; BGH, NJW 1976, 712; BGH, NJW 1977, 2208, 2209; vgl. BGH, NJW-RR 2017, 888, 889; BGH, NJW 1996, 2927, 2928; BGH, NJW 2008, 2245, 2248; *Grunewald*, JZ 1982, 627, 629; *Pinger/Behme*, DS 2009, 54, 57; *Canaris*, JZ 1995, 441, 442.

565 BGH, NJW 1996, 2927, 2928.

566 BGH, NJW 1965, 1955, 1957; BGH, NJW 1996, 2927, 2928; BGH, NJW-RR 2017, 888, 890; Grüneberg/*Grüneberg*, BGB, § 328 Rn. 15.

Hier hat der BGH dargelegt: Wenn ein Rechtsanwalt, der dem Erblasser gegenüber dazu verpflichtet ist, an der Erstellung eines Testaments mitzuwirken, in dem seine Tochter als Alleinerbin eingesetzt wird, kann die Tochter gegen den Rechtsanwalt einen Schadensersatzanspruch aus seiner schuldhaften Säumnis geltend machen.[567] Hervorzuheben ist, dass in diesem Fall die drittschützende Wirkung auf die Hauptleistung (Rechtsberatung) ausgedehnt worden ist, obwohl die Ausdehnung der (vertraglichen) Schutz- und Obhutspflicht auf Dritte im Mittelpunkt der frühen Rechtsprechungen zu dieser Figur stand.[568] Allerdings hat der BGH später auf diese Anforderung verzichtet und lediglich nach allgemeinen Auslegungsgrundsätzen geprüft, ob die Vertragsparteien den Willen haben, zugunsten eines Dritten eine Schutzpflicht zu begründen.[569] Der BGH hat im sog. Lastschriftenfall entschieden, dass diese Grundsätze nicht erforderlich sind, wenn es sich um Massengeschäfte eines bestimmten Typs mit einem einheitlich praktizierten Verfahren handelt, das dem Rechtsverkehr in großem Stil unter Inanspruchnahme des Vertrauens auf sach- und interessengerechte Abwicklung angeboten wird.[570]

b) Berufshaftung (Dritt- oder Expertenhaftung)

aa) Übersicht

Auf eben genannter Entwicklungslinie hat sich eine Berufshaftung für Rechtsanwälte, Sachverständige, Steuerberater und Wirtschaftsprüfer herausgebildet. Die Rechtsprechung hat die Problematik der Berufshaftung bei der Erstattung von fehlerhaften Gutachten in erster Linie über dieses Rechtsinstitut gelöst.[571]

---

567 Vgl. *Büttner*, S. 25 f.; BGH, NJW 1980, 589; BGH, NJW 1995, 51, 52; BGH, NJW 1995, 2551, 2552; BGH, WM 1981, 1309.

568 *Zugehör*, NJW 2000, 1601, 1603; *D. Fischer*, in: HB der Anwaltshaftung, § 10 Rn. 7; BGH, NJW 1965, 1955, 1957; BGH, NJW 1977, 2073; BGH, NJW 2004, 3420, 3421.

569 BGH, NJW 1996, 2927, 2928; z. B. BGH, NJW 1977, 1916 (Lastschriftenfall); BGH, NJW 1984, 355, 356 (Käufergruppefall); BGH, NJW 1983, 1053; BGH, NJW 1985, 459; BGH, NJW 1976, 1844; BGH, NJW-RR 1986, 484 (Konsulfall); *Müssig*, NJW 1989, 1697, 1699; *Honsell*, in: FS Medicus (1999), S. 211, 225 f.; *Damm*, JZ 1991, 373, 378, 384 f.; *Gellmann*, S. 8; *Canaris*, ZHR 163 (1999), 206, 208 f.; *Littbarski*, NJW 1984, 1667, 1669; *Hopt*, NJW 1987, 1745, 1746.

570 BGH, NJW 1977, 1916; *Grunewald*, JZ 1982, 627, 629.

571 BGH, NJW 1996, 2927, 2928; BT-Drs. 14/6040, S. 163; MünchKomm/*Emmerich*, § 311 BGB Rn. 217; *Medicus/Lorenz*, Schuldrecht AT Rn. 541; *Faust*, AcP 210 (2010), 555, 568; *Damm*, JZ 1991, 373, 377; *Picker*, in: FS Medicus (1999), S. 397, 397 ff.; *Kersting*, S. 98 ff.; *Zugehör*, NJW 2008, 1105, 1107.

In der Praxis ist dies vor allem im Hinblick auf die Haftung von Rechtsberatern oder Gutachtern von Bedeutung.[572] Es handele sich hier um Berufsgruppen, die über eine besondere, vom Staat anerkannte Sachkunde verfügen (z. B. öffentlich bestellter Sachverständiger, Wirtschaftsprüfer, Steuerberater) und deren Vertragsleistungen von vornherein erkennbar zum Gebrauch gegenüber einem Dritten bestimmt seien und nach dem Willen des Auftraggebers mit einer entsprechenden Beweiskraft ausgestattet sein sollen, so etwa ganz deutlich bei einer Bilanz oder einem Gutachten von Sachverständigen, die nicht für das Innenverhältnis zwischen Auftraggeber und Sachverständigem bestimmt seien.[573] Aufgrund der Sachkunde und der von ihm erwarteten Unabhängigkeit, Gewissenhaftigkeit und Unparteilichkeit seien dessen Stellungnahmen von besonderer Bedeutung und fungieren als Grundlage für Entscheidungen Dritter im Rechtsverkehr.[574] Dies sei jedoch nur dann gewährleistet, wenn der Verfasser ein Gutachten objektiv nach bestem Wissen und Gewissen erstellt und auch dem Dritten gegenüber dafür einsteht.[575] Hier sei entscheidend, dass der Sachverständige rechnen müsste, dass sein Gutachten dem Dritten gegenüber verwandt und von diesem zur Grundlage von Entscheidungen über Vermögensdispositionen gemacht wird.[576] Darüber hinaus ist in der Rechtsprechung anerkannt, dass auch solche Sachverständige, die ohne staatliche Anerkennung gutachterlich tätig werden, nach diesen Grundsätzen jedenfalls dann nicht nur gegenüber ihrem Vertragspartner haften, sondern auch

572 *Zugehör*, WM Sonderbeilage 1/2010, 1, 29.

573 BGH, NJW 1996, 2927, 2928; BGH, NJW 1987, 1758, 1759 (Bilanzfall); BGH, NJW 1994, 2483; BGH, NJW 1995, 392 (Dachbodenfall); BGH, NJW 1995, 589; BGH, NJW 2002, 3625, 2626; BGH, NJW 2006, 1975, 1976; BGH, NJW 1998, 1948, 1949; BGH, NJW 2001, 512; BGH, NJW 2004, 3035, 3036; BGH, NJW 2004, 3420, 3421; BGH, NJW 2001, 360; BGH, NJW-RR 2006, 611; BGH, NJW-RR 2004, 1356, 1357; BGH, NJW-RR 2004, 1464, 1465; BGH, NJW-RR 2003, 1035, 1036 f.; BGH, NJW-RR 2002, 1528; BGH, NJW-RR 1989, 696; *D. Fischer*, in: HB der Anwaltshaftung, § 10 Rn. 34 ff.; *Canaris*, ZHR 163 (1999), 206, 210; *Gellmann*, S. 12; *Eichler*, S. 157 ff.; *Finn*, NJW 2004, 3752, 3752.

574 BGH, NJW 2006, 1975, 1976.

575 BGH, NJW 1995, 392; vgl. BGH, NJW 2004, 3035, 3036. Ein Gutachten, das Dritten als Grundlage für Vermögensdispositionen insbesondere im Verhältnis zu dem Auftraggeber des Gutachtens vorgelegt werde und dienen solle, erfasse grundsätzlich auch den Schutz dieser Dritten.

576 *Emmerich*, JuS 2004, 1102, 1102 f.; BGH, NJW-RR 1986, 484, 486 (Konsulfall); BGH, NJW 1984, 355, 355 f. (Käufergruppefall); BGH, NJW 1998, 1059, 1060 (Bürgschaftsfall); BGH, NJW 1970, 1737; BGH, NJW 1973, 321; BGH, NJW-RR 2004, 1464, 1465; *D. Fischer*, in: HB der Anwaltshaftung, § 10 Rn. 34 ff.

Dritten für die Richtigkeit ihres Gutachtens einstehen müssen, wenn der Auftrag zur Erstattung des Gutachtens nach dem zu Grunde zu legenden Vertragswillen der Parteien den Schutz Dritter umfasst.[577] Es komme jedoch nicht entscheidend darauf an, ob dritte Personen dem Vertragspartner nicht namentlich benannt worden sind.[578] Ebenso wenig sei erforderlich, dass der Vertragspartner die genaue Zahl der in den Schutzbereich einbezogenen Personen kennt.[579] Die Rechtsprechung des BGH hat schon mehrfach die Schutzwirkung zugunsten Dritter in solchen Fällen bejaht, in denen dem Schutzpflichtigen weder die Zahl noch die Namen der zu schützenden Personen bekannt sind.[580] Erforderlich sei vielmehr allerdings, dass die zu schützende Personengruppe objektiv abgrenzbar ist, da der Kreis der unter die Schutzpflicht fallenden Personen nicht uferlos ausgeweitet werden dürfe.[581]

bb) Der Fall der Gegenläufigkeit von Interessen zwischen Auftraggeber und Drittem

Im sog. Dachbodenfall ist der BGH davon ausgegangen, dass das Vorliegen eines Vertrags mit Schutzwirkung für Dritte nicht zu verneinen ist, weil die Interessen des zu schützenden Dritten und des Auftraggebers hinsichtlich der Bewertung des Grundstücks gegenläufig sind.[582] Hier hat der BGH daher die Haftung eines Bausachverständigen für ein unrichtiges Wertgutachten bejaht, sollte dem beklagten Sachverständigen bekannt sein, dass sein Wertgutachten für einen potentiellen Käufer bestimmt ist.[583] Wer bei einem Sachverständigen ein Gutachten in Auftrag gibt, um davon gegenüber einem Dritten Gebrauch zu machen und dessen Entscheidung zu beeinflussen, ist in der Regel an der Beweiskraft des Gutachtens interessiert. Der BGH hat mehrfach entschieden, dass in einem solchen Falle die Gegenläufigkeit der Interessen des Auftraggebers und des Dritten nicht gegen

577 BGH, NJW-RR 2004, 1464, 1465.

578 BGH, NJW 1984, 355.

579 BGH, NJW 1984, 355.

580 Vgl. etwa BGH, NJW 1958, 710; BGH, NJW 1961, 211; BGH, NJW 1971, 194; BGH, NJW 1956, 1193; BGH, NJW 1959, 1676; BGH, NJW 1965, 1757; BGH, NJW 1984, 355; BGH, NJW 1995, 392; BGH, NJW 2004, 3035, 3038; *Finn*, NJW 2004, 3752, 3754.

581 BGH, NJW 1984, 355; BGH, NJW-RR 1986, 484, 486; BGH, NJW 1987, 1758, 1760.

582 BGH, NJW 1995, 392; *Canaris*, ZHR 163 (1999), 206, 209 f.; *Grunewald*, AcP 187 (1987), 285, 285, 294; *Zumbansen*, JZ 2000, 442, 443. Im Käufergruppefall sind dagegen die Interessen des Auftraggebers und des Dritten gleichläufig.

583 BGH, NJW 1995, 392; vgl. BGH, NJW 1987, 1760.

seine Einbeziehung in den Schutzbereich des Vertrages sprecht.[584] Die Rechtsprechung hat hier auch die Auffassung vertreten, dass dieser Bausachverständige zwar kein öffentlich bestellter und vereidigter Sachverständiger sei, dies aber in diesem Fall keine große Rolle spielt.[585]

cc) Die Haftung des Sachverständigen bei vom Auftraggeber arglistig herbeigeführter Unrichtigkeit des Gutachtens

Im oben genannten Dachbodenfall hat der BGH auch erörtert, dass der Annahme eines Vertrags mit Schutzwirkung für Dritte nicht entgegensteht, obwohl der Vertreter der Grundstückseigentümerin bei der Besichtigung des Anwesens dessen Mängel bewusst verheimlicht hat.[586] Danach „wäre dieser verborgen gebliebene innere Wille jedoch bei der Frage, welcher objektive Erklärungswert der bei der Auftragserteilung erfolgten Mitteilung des Zwecks der Begutachtung mit Blick auf eine etwaige Einbeziehung Dritter in den Schutzbereich des Vertrages beizumessen ist, nicht maßgebend." In diesem Fall hat der Sohn der auftraggebenden Verkäuferin, der den wahren Zustand des Gebälks gekannt hat, sich gegenüber den Mitarbeitern des Sachverständigen (Beklagten) die Schwierigkeiten bezüglich der Zugänglichkeit des Spitzbodens zunutze gemacht, um diese Mängel zu verheimlichen und sodann arglistig von dem objektiv unrichtigen Gutachten Gebrauch zu machen.[587] Aufgrund dieser Umstände könne die Auftraggeberin selbst keine Ansprüche gegen den Sachverständigen wegen schuldhafter Schlechterfüllung des Gutachtenauftrags geltend machen. Nach den Grundsätzen gemäß § 334 BGB könne der Sachverständige im Prinzip auch den Dritten diese

---

584 BGH, NJW 1995, 392; BGH, NJW-RR 1989, 696; BGH, NJW 1987, 1758, 1759f.; BGH, NJW-RR 1986, 484, 486 (Konsulfall). Es geht um die Berufsgruppen, die über eine besondere, vom Staat anerkannte Sachkunde verfügen.

585 *Eichler*, S. 148; BGH, NJW 1995, 392; BGH, NJW-RR 1986, 484; BGH, NJW 2001, 514, 516. Hieraus könne jedoch nicht abgeleitet werden, dass ein Gutachter, in den die Öffentlichkeit nicht in gleicher Weise die – beispielsweise bei einem öffentlich-bestellten Sachverständigen berechtigte – Erwartung einer besonders hervorgehobenen Kompetenz, Erfahrung und Zuverlässigkeit setzen könne, Dritten für ihnen schädliche Auswirkungen seines Gutachtens schlechthin nicht haften müsse.

586 BGH, NJW 1995, 392; *Canaris*, ZHR 163 (1999), 206, 209 f.; *Gellmann*, S. 13 ff.; *Eichler*, S. 138 ff.

587 BGH, NJW 1995, 392, 393.

Einwendung entgegenhalten.[588] Der Grund dafür sei der Ansatzpunkt, wonach dem geschützten Dritten, der seine Rechte aus den Vertragsbeziehungen der unmittelbaren Vertragspartner herleitet, grundsätzlich keine weitergehenden Rechte zustehen als dem unmittelbaren Vertragspartner des Schädigers. Daraus hat die Rechtsprechung gefolgert, dass sich der durch den Schutzpflichtigen schuldhaft geschädigte Dritte ein Mitverschulden des Vertragspartners seines Schädigers nach § 254 BGB auch dann entgegenhalten lassen muss.[589] Diese Begrenzung des Drittschutzes wird dabei sowohl dem Rechtsgedanken des § 334 BGB als auch dem Grundsatz von Treu und Glauben (§ 242 BGB) entnommen.[590] Allerding hat der BGH anerkannt, dass diese Vorschrift – auch stillschweigend - abbedungen werden könne, was sich insbesondere aus der Natur des Deckungsverhältnisses ergeben könne.[591] Eine solche, sich aus der „Natur des Vertrags" ergebende Durchbrechung des Grundsatzes, dass die Haftung des Schutzpflichtigen gegenüber dem Dritten nicht weiterreicht als gegenüber dem unmittelbaren Vertragspartner, müsse auch bei der Auslegung des vorliegenden Gutachtenvertrags in Erwägung gezogen werden.[592] In diesem Fall könne der Schuldner nicht alle Einwendungen aus diesem Verhältnis dem Dritten entgegensetzen.[593] Nach der Rechtsprechung besteht eine stillschweigende Abbedingung von § 334 BGB mit der Folge, dass dem Kreditgeber in Ansehung des dann falschen Wertgutachtens mehr Rechte zustehen können als dem Gutachtenauftraggeber, wenn der Wertgutachter Eigentümerangaben zum Mietertrag ungeprüft in sein Gutachten übernimmt, das, wie ihm bekannt, dem Kreditgeber des Eigentümers vorgelegt werden soll, und er auf diesen Umstand nicht gesondert hinweist.[594]

---

588 Vgl. auch OLG Köln, NJW-RR 1988, 335; BGH, NJW 1995, 392, 393. Die den echten Vertrag zugunsten Dritter betreffende Bestimmung des § 334 BGB, wonach dem Versprechenden die Einwendungen aus dem Vertrage auch gegenüber dem Dritten zustehen, sei dispositives Recht.

589 BGH, NJW 1961, 211; BGH, NJW 1965, 1757; BGH, NJW 1975, 867, 868 f.

590 BGH, NJW 1995, 392, 393.

591 BGH, NJW 1985, 1457, 1458; BGH, NJW 1995, 392, 393.

592 BGH, NJW 1995, 392, 393; BGH, NJW 1998, 1059, 1060 f.

593 BGH, NJW 1980, 450; BGH, NJW 1985, 1457, 1458.

594 BGH, NJW 1998, 1059; vgl. auch BGH, NJW-RR 1989, 696.

dd) Der Anwaltsvertrag mit Schutzwirkung für Dritte

Nach der Rechtsprechung soll die vertragliche Tätigkeit eines Anwalts bestimmungsgemäß nur seiner Mandantin zugutekommen.[595] Ihr zufolge ist ein Anwaltsvertrag mit Schutzwirkung zu Gunsten Dritter, bei dem der Anwalt nicht nur seinen Mandanten zu beraten hat, sondern auch drittschützende Pflichten gegenüber dem Verhandlungsgegner seines Mandanten wahrnehmen muss, nicht anzunehmen.[596] Anders als in den anderen Fällen, in denen die Gegenläufigkeit der Interessen des Auftraggebers und des Dritten seiner Einbeziehung in den Schutzbereich des Vertrags nicht entgegensteht, wäre ein solcher Schutz mit der Gegenläufigkeit der Interessen von Auftraggeber und anderem Teil nicht vereinbar, da der Vertrag zwischen Rechtsanwalt und Mandant im Allgemeinen nicht dem Schutz des Vertragsgegners des Mandanten diene.[597] Die Einbeziehung Dritter in den Schutzbereich eines berufstypischen echten Anwaltsvertrags kann daher nur in Ausnahmefällen anerkannt werden.[598] In diesem Zusammenhang wird beispielsweise der Parteiwille als mindestens Voraussetzung für eine Haftung unter diesem rechtlichen Gesichtspunkt, einen Dritten (Vertragsgegner des Mandanten) in den Schutzbereich eines von einem Rechtsanwalt mit seinem Mandanten geschlossenen Treuhandvertrags einzubeziehen, nicht anerkannt.[599]

Im Gegensatz dazu hat die Rechtsprechung seit langem anerkannt, dass auch (echte) Anwaltsverträge[600] oder Rechtsberaterverträge[601] die Schutzwirkung für die Angehörigen des Mandanten entfalten können. Nach dem Inhalt des

---

595 BGH, NJW 1991, 32, 33; *Eichler*, S. 213.

596 BGH, NJW 2009, 3927, 3301.

597 BGH, NJW 2009, 3297, 3301; OLG Düsseldorf, NJW-RR 1986, 730; *Ganter*, NJW 2014, 1773; *Adolff*, S. 85; *D. Fischer*, in: HB der Anwaltshaftung, § 10 Rn. 70.

598 *D. Fischer*, in: HB der Anwaltshaftung, § 10 Rn. 69; BGH, NJW 1977, 2073, 2074.

599 BGH, NJW 1991, 32, 33; vgl. BGH, NJW 1976, 1843, 1844; BGH, NJW 1984, 355, 356; BGH, NJW 1985, 489; *Zugehör*, NJW 2008, 1105, 1107.

600 *Zugehör*, NJW 2008, 1105, 1106; *ders.*, NJW 2000, 1601, 1604.; *ders.*, WM Sonderbeilage 1/2010, 1, 31; BeckOGK/*Mäsch* (Stand: 1.4.2023) § 328 BGB Rn. 208; *D. Fischer*, in: HB der Anwaltshaftung, § 10 Rn. 20 ff.; vgl. BGH, NJW 1965, 1955; BGH, NJW 1995, 51, 52; BGH, NJW 1995, 2551, 2552; BGH, NJW 1977, 2073; BGH, NJW 1988, 200, 201; BGH, NJW 2010, 1630; BGH, NJW 1997, 2327, 2328; OLG Hamm, MDR 1986, 1026.

601 *Zugehör*, NJW 2008, 1105, 1106; BGH, NJW 1974, 134; BGH, NJW 1986, 581, 582; BGH, NJW 1986, 1050; BGH, NJW 2000, 725; BGH, NJW-RR 2007, 857, 858. Der Rechtsanwalt ist der berufene unabhängige Berater (§ 3 BRAO). Er soll die Interessen seiner Partei wahrnehmen (§ 43a Abs. 4 BRAO). Ausführlich dazu *Henssler*, NJW 2001, 1521, 1522 ff.

Anwaltsvertrags können die Vermögensinteressen Dritter im Rahmen der Erfüllung der Hauptleistung vom Rechtsanwalt ggf. berücksichtigt werden.[602] In diesem Fall hat ein Anwaltsvertrag auch ohne ausdrückliche Regelung Schutzwirkungen zugunsten eines Dritten, sofern sich dies aus einer maßgeblich durch das Prinzip von Treu und Glauben geprägten ergänzenden Auslegung des Beratervertrags ergibt.[603] Die für die anwaltliche Haftung erforderliche Voraussetzung liegt hier nur vor, wenn die Leistung des Rechtsanwalts bestimmte Rechtsgüter des Dritten nach der objektiven Interessenlage im Einzelfall mit Rücksicht auf den Vertragszweck bestimmungsgemäß, typischerweise beeinträchtigen kann.[604] In einer Entscheidung wird beispielsweise die Haftung eines Rechtsanwalts bejaht, wenn seine Beratung bei einer Testamentserrichtung zum Verlust von Gesellschaftsanteilen des Erblassers führt.[605] Wenn ein Rechtsanwalt Eheleute beim Abschluss einer Scheidungsvereinbarung berät, in der der eine Teil dem anderen verspricht, ihren Kindern bestimmte Vermögenswerte zuzuwenden, so können die Dritten gegen den Anwalt unmittelbar Ersatzansprüche haben, wenn die Vereinbarung wegen seines Verschuldens nicht durchsetzbar ist.[606] In diesen Fällen kann der Rechtsanwalt im Rahmen seines Auftrags verpflichtet sein, auch die in den Schutzbereich des Anwaltsvertrags einbezogenen Personen vor voraussehbaren und vermeidbaren Nachteilen zu bewahren.[607] Ein Anwaltsvertrag kann ggf. die Schutzwirkung für andere Personen entfalten, die eine enge Beziehung zum Auftraggeber haben, aber die Rechtsprechung erkennt dies nur in begrenztem Umfang an.[608] Zum Beispiel hat ein zwischen Mandant und Anwalt geschlossener Beratungsvertrag im allgemeinen keine Schutzwirkungen zugunsten des Vertreters des Mandanten für Vermögenseinbußen des Vertreters, soweit der Gegenstand des Anwaltsvertrags die Beratung für Entscheidungen des Mandanten ist und für den Vertreter die

602 *D. Fischer*, in: HB der Anwaltshaftung, § 10 Rn. 19; *ders.*, DB 2012, 1489, 1491 ff.; BGH, NJW 2010, 1360, 1361; BGH, NJW 1977, 2073, 2074.

603 BGH, WM 2016, 1601, 1602; BGH, ZIP 2016, 371; BGH, WM 2013, 802; BGH, WM 2014, 935. Dafür müssen Dritte bestimmungsgemäß mit der Hauptleistung in Berührung kommen, der Gläubiger müsse an deren Schutz ein besonderes Interesse haben und Inhalt und Zweck des Vertrags müssen erkennen lassen, dass diesen Interessen Rechnung getragen werden solle.

604 BGH, WM 2016, 1601, 1602; BGH, NJW 2010, 1360, 1361; *Ganter*, NJW 2014, 1772.

605 BGH, NJW 1995, 2551.

606 BGH, NJW 1977, 2073.

607 *Ganter*, NJW 2014, 1771, 1773; *Maier-Reimer*, NJW 2014, 2613, 2616; BGH, NJW 2010, 1360, 1361.

608 *D. Fischer*, in: HB der Anwaltshaftung, § 10 Rn. 25 ff.; BGH, WM 2016, 1601.

Gefahr besteht, auf der Grundlage der anwaltlichen Beratung seinerseits seine gegenüber dem Mandanten bestehenden Pflichten zu verletzen.[609]

II. Voraussetzungen nach der Rechtsprechung

1. Allgemeines

Nach der Rechtsprechung unterliegt die Einbeziehung eines Dritten in den Schutzbereich des Vertrags folgenden Voraussetzungen: Der Dritte muss bestimmungsgemäß mit der Hauptleistung bzw. dem Leistungsgegenstand in Berührung kommen und den Gefahren von Schutzpflichtverletzungen ebenso ausgesetzt sein wie der Gläubiger (Leistungsnähe oder Näheverhältnis).[610] Zweitens muss der Vertragsgläubiger ein schutzwürdiges Interesse an der Einbeziehung des Dritten in den Schutzbereich des Vertrags haben (Einbeziehungs- oder Gläubigerinteresse).[611] Wie schon erwähnt hat der BGH auf die Anforderungen aus der „Wohl und Wehe Formel" verzichtet und lediglich nach allgemeinen Auslegungsgrundsätzen geprüft, ob die Vertragsparteien den Willen haben, zugunsten eines Dritten eine Schutzpflicht zu begründen.[612] Ein schutzwürdiges Interesse des Gläubigers an der Einbeziehung eines Dritten in den Schutzbereich des Vertrags ist nach der Rechtsprechung nur dann anzunehmen, wenn entweder – wie in den „Wohl-und-Wehe-Fällen" – zwischen ihm und dem Dritten eine rechtliche Beziehung mit persönlicher Fürsorge- und Obhutspflicht oder sozialer Abhängigkeit besteht oder ihm – ohne eine derartig enge Bindung – Schutzpflichten gegenüber dem Dritten aufgrund einer Sonderverbindung in Gestalt eines sonstigen Vertrags oder zumindest eines Gefälligkeitsverhältnisses oder eines besonderen sozialen Kontakts obliegen.[613] Im Fall der Berufshaftung steht eine Gegenläufigkeit der Interessen des Auftraggebers und des Dritten dessen Einbeziehung in den Schutzbereich des Vertrags nicht entgegen, wenn der Zweck

---

609 BGH, WM 2016, 1601, 1603.

610 BGH, NJW-RR 2017, 888, 890; BGH, NJW 1978, 883; BGH, NJW 1968, 885; BGH, NJW 1973, 2059; BGH, NJW 1996, 2927, 2928; BGH, NJW 2008, 2245; BGH, NJW 1976, 712, 713; BGH, NJW 1971, 1931; BGH, NJW 1968, 885, 887; vgl. BeckOGK/*Mäsch* (Stand: 1.4.2023), § 328 BGB Rn. 175; *Zugehör*, NJW 2000, 1601, 1603; *Medicus/Lorenz*, Schuldrecht AT Rn. 868; Grüneberg/*Grüneberg*, BGB, § 328 Rn. 17; *Zenner*, NJW 2009, 1030, 1031. *Schwab*, JuS 2002, 872, 873; *Leyens*, JuS 2018, 217, 220 f.; *Pinger/Behme*, DS 2009, 54, 57 ff.

611 BGH, WM 2016, 1601, 1602; *D. Fischer*, in: HB der Anwaltshaftung, §10 Rn. 9 ff.; *ders.*, DB 2012, 1489, 1490; *Medicus/Lorenz*, Schuldrecht AT Rn. 869; *Mäsch*, JuS 2013, 935, 936.

612 BGH, NJW 1996, 2927, 2928.

613 BGH, NJW-RR 2017, 888, 890; *Zenner*, NJW 2009, 1030, 1031.

des Gutachtens, dem Dritten gegenüber Vertrauen zu erwecken und Beweiskraft zu besitzen, in Erwägung gezogen wird.[614] Drittens muss die Einbeziehung Dritter in den Schutzbereich des Vertrags für den schutzpflichtigen Schuldner bekannt oder für ihn zumindest erkennbar sein (Erkennbarkeit).[615] Allerdings braucht der Schutzpflichtige die Zahl oder den Namen der zu schützenden Personen nicht zu kennen.[616] In den Fällen der Berufshaftung ist vielmehr erforderlich, dass die zu schützende Personengruppe objektiv abgrenzbar ist.[617] Der BGH betont deshalb, dass „der Kreis der von den Schutzpflichten eines Gutachtenauftrags erfassten Personen nicht uferlos ausgeweitet werden darf".[618] Danach sei ein tragender Gesichtspunkt für die Beschränkung des Kreises der einbezogenen Dritten in allen diesen Fällen das Anliegen, das Haftungsrisiko für den Schuldner kalkulierbar zu halten.[619] Die Haftung des Sachverständigen kommt daher nicht in Betracht, wenn ihm nach Treu und Glauben und unter Berücksichtigung des Vertragszwecks nicht zugemutet werden kann, sich ohne zusätzliche Vergütung auf das Risiko einer erweiterten Haftung einzulassen.[620] Dagegen bedarf es einer solchen Beschränkung des Kreises der in den Vertrag einbezogenen Dritten nicht, wenn durch ihre Einbeziehung eine Ausweitung des Haftungsrisikos nicht eintritt.[621] Nach der Rechtsprechung des BGH tritt eine Ausweitung des Haftungsrisikos nicht ein, wenn das Gutachten vereinbarungsgemäß Finanzierungszwecken diene und für den Gutachter damit erkennbar ist, dass es zu diesem Zweck auch Dritten vorgelegt wird.[622] Letztens muss für die Ausdehnung des Vertragsschutzes

---

614 BGH, NJW 1998, 1948, 1949; *Medicus/Lorenz*, Schuldrecht AT Rn. 871.

615 BGH, WM 2016, 1601, 1602; BGH, NJW-RR 2017, 888, 890; *Leyens*, JuS 2018, 217, 220 f.; *Mäsch*, JuS 2013, 935, 936.

616 BGH, NJW 1995, 392; vgl. BGH, NJW 1958, 710; BGH, NJW 1961, 211; BGH, NJW 1971, 194; BGH, NJW 1956, 1193; BGH, NJW 1959, 1676; BGH, NJW 1965, 1757; BGH, NJW 1978, 1760; BGH, NJW 1984, 355; BGH, NJW-RR 2004, 1464, 1466; BGH, NJW 2004, 3035, 3038.

617 BGH, NJW 1984, 355; *Damm*, JZ 1991, 373, 378.

618 BGH, NJW 2004, 3035, 3037; BGH, NJW 1987, 1758, 1760; BGH, NJW 2004, 3630, 3632 (Rechtsanwalt); *Emmerich*, JuS 2004, 1102, 1103 f.; *Zugehör*, NJW 2008, 1105, 1109.

619 BGH, NJW 2004, 3035, 3038; *Emmerich*, JuS 2004, 1102, 1103 f. Entscheidend sei mit anderen Worten die Überschaubarkeit und Kalkulierbarkeit sowie die daraus resultierende Versicherbarkeit des Risikos.

620 BGH, NJW-RR 2017, 888, 890.

621 BGH, NJW 2004, 3035, 3038; vgl. BGH, NJW 1998, 1059, 1062; BGH, NJW 1984, 355, 356; *Pinger/Behme*, DS 2009, 54, 58 f.; *Pinger/Behme*, JuS 2008, 675, 676.

622 BGH, NJW 2004, 3035, 3038; vgl. BGH, NJW-RR 1993, 944; *Lang*, WM 1988, 1001, 1006.

nach Treu und Glauben ein Bedürfnis bestehen, weil der der Dritte anderenfalls nicht ausreichend geschützt wäre (Schutzbedürfnis).[623] Ausgeschlossen ist ein zusätzlicher Drittschutz dann, wenn der Dritte wegen des verfahrensgegenständlichen Sachverhalts bereits über einen inhaltsgleichen vertraglichen Anspruch verfügt.[624] Hier kommt ein Anspruch aus unerlaubter Handlung nicht in Betracht.[625] Der Rechtsprechung zufolge kann dieser vertragliche Anspruch neben einem deliktsrechtlichen Schadensersatzanspruch bestehen.[626] Diese seit langem von der Rechtsprechung entwickelte Rechtsfigur des Vertrages mit Schutzwirkung zugunsten Dritter werde allerdings vor allem gerade dann herangezogen, wenn der verletzte Dritte seine nach den §§ 823 ff. BGB gegebenen Schadensersatzansprüche hatte verjähren lassen.[627]

2. *Der Fall des Anwaltsvertrags mit Schutzwirkung für Dritte*

Nach der Rechtsprechung ist entscheidend für eine Ersatzpflicht hinsichtlich von Vermögensschäden des Dritten, ob die vom Anwalt zu erbringende Leistung nach objektivem Empfängerhorizont auch dazu bestimmt ist, dem Dritten Schutz vor möglichen Vermögensschäden zu vermitteln.[628] Inwieweit dieses Näheverhältnis besteht, kommt entscheidend auf die Ausprägung und den Inhalt des anwaltlichen Beratungsvertrags an.[629] Dazu lassen sich u. a. zwei Fallgruppen unterscheiden: „Kennzeichnend für die eine Fallgruppe ist, dass die vom Anwalt zu erbringende Leistung nach objektivem Empfängerhorizont auch dazu bestimmt ist, dass ein Dritter die Beratungsleistung als Grundlage für Dispositionen über sein eigenes Vermögen verwenden oder auf ihrer Grundlage dem Dritten ein Vermögensvorteil zugewendet werden soll. Hierzu zählt etwa die Haftung des Beraters gegenüber Gesellschaftern der von ihm beratenen Gesellschaft, weil die Gesellschafter durch Vermögensdispositionen Schäden erleiden, weiter die Haftung bei vom Mandanten erstrebten Vermögenszuwendungen an den Dritten oder auch bei zugunsten des Dritten zu sichernden Vermögenspositionen oder zum Vermögensstand des Dritten. Der eine Teil dieser Fälle zeichnet sich dadurch aus, dass der Mandant einen Vermögenszuwachs beim Dritten erstrebt. Den übrigen Fällen ist

---

623 BGH, NJW-RR 2017, 888, 890; BGH, NJW 1996, 2927; BGH, NJW 2014, 2577; *Mäsch*, JuS 2013, 935, 936.

624 BGH, WM 2016, 1601, 1602; *Zugehör*, WM Sonderbeilage 1/2010, 1, 29 f.

625 *Pinger/Behme*, JuS 2008, 675, 677; BGH, NJW 1996, 2927.

626 *Pinger/Behme*, DS 2009, 54, 60.

627 BGH, NJW 1959, 1676; BGH, NJW 1971, 1931.

628 BGH, WM 2016, 1601, 1602; *D. Fischer*, DB 2012, 1489, 1491.

629 BGH, WM 2016, 1601, 1602.

gemeinsam, dass die Beratungsleistung in erster Linie oder jedenfalls in gleichem Maße wie gegenüber dem Mandanten dazu dient, dem Dritten selbstbestimmte Einwirkungen auf sein eigenes Vermögen zu ermöglichen, sei es, dass er Rechte erwerben solle, sei es, dass Verluste vermieden werden. Demgegenüber besteht die Besonderheit der anderen Fallgruppe darin, dass die Leistung des Anwalts nach objektivem Empfängerhorizont (auch) dazu bestimmt ist, dass der Dritte konkret feststehende Handlungsgebote, die ihn persönlich – neben dem Mandanten oder allein – treffen, einhalten und so eine – regelmäßig neben die des Mandanten tretende – persönliche Haftung vermeiden kann".[630]

Mit diesen Fallgestaltungen hat der BGH – wie schon erwähnt – dargelegt, dass ein zwischen Mandant und Anwalt geschlossener Beratungsvertrag im Allgemeinen keine Schutzwirkungen zugunsten des Vertreters des Mandanten für Vermögensschäden des Vertreters haben kann.[631] Der Grund dafür liegt im Folgenden: „Zunächst dient die vom Anwalt zu erbringende Leistung in diesen Fällen nach dem Inhalt des Vertrags entsprechend dem objektiven Empfängerhorizont weder eigenen vermögensrechtlichen Dispositionen des Vertreters noch soll sie den Vertreter vor einer Haftung gegenüber Außenstehenden aufgrund eigener Handlungspflichten des Vertreters bewahren, die im Interesse Außenstehender liegen. Die Beratung erfolgt in solchen Fällen vielmehr typischerweise zur Vorbereitung einer Entscheidung des Mandanten. Es entspricht feststehender Rechtsprechung, dass eine drittschützende Wirkung ausscheidet, wenn die vertraglich geschuldete Leistung weder für Vermögensdispositionen des Dritten noch zum Schutz des Vermögens des Dritten dient, sondern der Vorbereitung einer Entscheidung des Mandanten. Die Leistungen des Anwalts weisen in einem solchen Fall weder ein besonderes Näheverhältnis zu den Pflichten des Vertreters auf, noch hat der Mandant – ohne besondere Anhaltspunkte – ein eigenes Interesse an der Einbeziehung seines Vertreters in den Schutzbereich dieses Anwaltsvertrags. Es fehlt auch an einem Einbeziehungsinteresse des Mandanten".[632]

III. Rechtsfolgen

Wenn alle oben in den Rechtsprechungen genannten Voraussetzungen erfüllt sind, kann auch ein Dritter, der selbst keinen primären Anspruch auf die Hauptleistung aus dem Vertrag hat, in den Schutzbereich vertraglicher Nebenpflichten gemäß §§ 241 Abs. 2, 242 BGB oder einer vertraglichen Hauptleistungspflicht

630 BGH, WM 2016, 1601, 1602 f.
631 BGH, WM 2016, 1601, 1603.
632 BGH, WM 2016, 1601, 1603.

einbezogen werden und gegenüber dem Schuldner einen eigenen sekundären Schadensersatzanspruch haben.[633] Darüber hinaus kann der Dritte nach dem neuen Schuldrecht (§ 311 Abs. 3 S. 1 BGB) und den Grundsätzen dieses Rechtsinstituts auch in die vorvertraglichen rechtsgeschäftsähnlichen Schuldverhältnisse aus §§ 311 Abs. 2, 241 Abs. 2 BGB einbezogen werden.[634] Hier handelt es sich vor allem darum, unter welchen Voraussetzungen allein aufgrund der objektiven Interessenlage – also ohne einen konkreten Anhaltspunkt in ausdrücklichen Parteierklärungen oder im sonstigen Parteiverhalten – die stillschweigende Vereinbarung einer Schutzpflicht für Dritte anzunehmen ist.[635] Nach der Rechtsprechung können die Vertragsparteien daher auch dann, wenn einer von ihnen Wohl und Wehe eines Dritten anvertraut ist, wirksam vereinbaren, dass dieser Dritte nicht in den Schutzbereich des Vertrags einbezogen werden soll.[636] In der Literatur besteht Uneinigkeit darüber, ob nur die Haftung gegenüber Dritten isoliert ausgeschlossen oder beschränkt werden kann. Im Gegensatz zur herrschenden Meinung wird eine Ansicht vertreten, dass diese Art der Vereinbarungen aufgrund der Parteiautonomie prinzipiell bejaht werden kann.[637] In solchen Fällen könne eine Haftungsfreizeichnung allein zu Lasten des Dritten jedoch nach §§ 138, 242, 305c, 307, 309 Nr. 7 BGB nicht wirksam sein.[638] Im Vergleich dazu kann nach h. M. die inter partes wirksamen vertraglichen Haftungsfreizeichnungen oder -beschränkungen, die zwischen Schuldner und Hauptgläubiger vereinbart worden sind, auf den Anspruch Dritter ausgedehnt werden.[639] Da sich beim Vertrag mit Schutzwirkung zugunsten Dritter dessen Rechte aus dem zwischen dem Gläubiger und dem Schuldner geschlossenen Vertrage herleiten, können sie grundsätzlich nicht weiter gehen als die Rechte des Gläubigers als des Vertragspartners

633 BGH, NJW 2004, 3035, 3036; NJW 1996, 2927, 2928; NJW 1968, 885, 887; *D. Fischer*, in: HB der Anwaltshaftung, § 10 Rn. 4 ff.; *Lorenz*, JuS 2015, 398, 401; BeckOGK/*Mäsch* (Stand: 1.4.2023), § 328 BGB Rn. 201.

634 *Lorenz*, JuS 2015, 398, 401; *Medicus*/*Lorenz*, Schuldrecht AT Rn. 540, 874; *Zenner*, NJW 2009, 1030, 1032; *Frassek*, JuS 2004, 285, 286; BGH, NJW 1976, 712, 713 (Gemüseblattfall); BGH, NJW-RR 2003, 1035, 1036 f.

635 BGH, NJW-RR 1986, 484, 485 f.; BGH, NJW 1984, 355, 356.

636 BGH, NJW-RR 1986, 484, 485 f.; *Grunewald*, AcP 187 (1987), 285, 290; *Pinger*/*Behme*, DS 2009, 54, 61.

637 BeckOGK/*Mäsch* (Stand: 1.4.2023), § 328 BGB Rn. 204; *Mäsch*, JuS 2013, 935, 937; vgl. *Zenner*, NJW 2009, 1030, 1033; *Canaris*, ZHR 163 (1999), 206, 217 f.; *Volze*, DS 2004, 48, 49 f.

638 *Leyens*, JuS 2018, 217, 221; *Höhne*/*Kühne*, JuS 2012, 1063, 1067.

639 *Höhne*/*Kühne*, JuS 2012, 1063, 1067; Grüneberg/*Grüneberg*, BGB, § 328 Rn. 20; vgl. BGH, NJW 2010, 3152, 3153; BGH, NJW 1995, 392, 393.

des Schädigers (§ 334 BGB).[640] Daraus hat die Rechtsprechung auch gefolgert, dass sich der durch den Schutzpflichtigen schuldhaft geschädigte Dritte ein Mitverschulden des Vertragspartners seines Schädigers nach § 254 BGB auch dann entgegenhalten lassen muss, wenn dieser Vertragspartner nicht der gesetzliche Vertreter oder Erfüllungsgehilfe des Dritten i. S. des § 278 BGB ist.[641] Gleiches gelte für eine vertragliche Freizeichnung.[642] Allerdings kann die Vorschrift des § 334 BGB nach der Rechtsprechung auch stillschweigend abbedungen werden.[643] Denn die Anwendung dieser Vorschrift kann die Rechtsstellung des Dritten verschlechtern.[644] In diesem Fall könne die Rechtsstellung des Sachverständigen hierdurch nicht unzumutbar beeinträchtigt werden, indem er in seinem Gutachten deutlich darauf hinweist, dass das Gutachten nur für den internen Gebrauch des Auftraggebers bestimmt ist oder dass einige Punkte auf ungeprüften Informationen des Auftraggebers beruhen.[645]

Im Hinblick auf den Drittanspruch taucht auch die streitige Frage nach dem Verhältnis zur Drittschadensliquidation auf.[646] Trotz der Auseinandersetzungen sollte es für den Regelfall davon ausgehen, dass die Figur eines Vertrags zugunsten Dritter gegenüber der Drittschadensliquidation vorrangig ist.[647]

---

640 BGH, NJW 1971, 1931, 1932; BGH, NJW 1961, 211; BGH, NJW 1965, 1757.

641 BGH, NJW 1995, 392, 393; vgl. auch BGH, NJW 1961, 211; BGH, NJW 1965, 1757, 1759; BGH, NJW 1975, 867, 868 f.; *Müssig*, NJW 1989, 1697, 1702.

642 BGH, NJW 1995, 393, 393; BGH, NJW 1971, 1931.

643 BGH, NJW 1985, 1457, 1458; BGH, NJW 1998, 1059; *Leyens*, JuS 2018, 217, 221 f.; *Pinger/Behme*, JuS 2008, 675, 676.

644 *Zenner*, NJW 2009, 1030, 1032 f.

645 BGH, NJW 1998, 1059, 1061; *Canaris*, JZ 1995, 441, 446; *D. Fischer*, in: HB der Anwaltshaftung, § 10 Rn. 63.

646 *D. Fischer*, in: HB der Anwaltshaftung, § 10 Rn. 80 ff.

647 BeckOGK/*Mäsch* (Stand: 1.4.2023), § 328 BGB Rn. 171, 173; BGH, NJW 1977, 1916; BGH, NJW 1986, 249; BGH, NJW-RR 1988, 559; BGH, NJW 2008, 2245; dagegen *Zugehör*, NJW 2000, 1601, 1605. Im Gegensatz zu den Fällen der Drittschadensliquidation können nicht nur der Vertragsgläubiger, sondern auch der geschützte Dritte im Rahmen eines Vertrags mit Schutzwirkung zugunsten Dritter gegen den Schuldner einen Schadensersatzanspruch haben. Auch wenn verschiedene Meinungen im Schrifttum argumentiert werden, sei es daher anzunehmen, dass ein Vertrag mit Schutzwirkung für Dritte im Regelfall eine Drittschadensliquidation ausschließe. Vgl. auch BGH, NJW 1968, 885, 887.

IV. Kritik

Dieser durch die Rechtsprechung entwickelte Lösungsweg wird in der Literatur viel kritisiert.[648] Im Fall der Expertenhaftung liegt die große Schwäche insbesondere darin, dass nach dieser Konstruktion sich ein Anspruch Dritter aus dem Vertrag zwischen dem Auftraggeber und seiner Vertragspartei ableitet.[649] Nach Ansicht von *Canaris* hat dieses Recht deshalb nur einen derivativen Charakter und ist vom Hauptschuldverhältnis abhängig.[650] Darüber hinaus stellt sich das nächste Problem im Zusammenhang mit der Regelung des § 334 BGB, wonach dem Versprechenden Einwendungen aus dem Deckungsverhältnis auch gegenüber dem Dritten zustehen.[651] Die Rechtsprechung hat die (unmittelbare oder analoge) Anwendbarkeit von § 334 BGB in den Fällen bejaht, in denen es um einen Vertrag mit Schutzwirkung für Dritte geht.[652] Nach diesem Grundsatz stehen dem geschützten Dritten, der seine Rechte aus den Vertragsbeziehungen der unmittelbaren Vertragspartner herleitet, keine weitergehenden Rechte zu als dem unmittelbaren Vertragspartner des Schädigers.[653] Diese Begrenzung des Drittschutzes wird sowohl dem Rechtsgedanken des § 334 BGB als auch dem Grundsatz von Treu und Glauben (§ 242 BGB) entnommen.[654] Daher kann der Schuldner grundsätzlich dem Dritten alle Einwendungen und Einreden aus diesem Verhältnis entgegensetzen. Dieser Grundsatz ergibt sich aus der Tatsache, dass das Recht des Dritten aus dem Auftragsverhältnis abgeleitet wird. Aber dies kann vor allem zu einem Problem beim Drittschutz führen, wenn die Parteien vereinbaren, die Haftung des Sachverständigen zu beschränken oder auszuschließen, ohne dies im Gutachten offenzulegen.[655] Um diese Problematik zu lösen, hat die Rechtsprechung ausgesprochen, dass diese Vorschrift (ausnahmsweise) durch die ergänzende Vertragsauslegung gemäß § 157 BGB stillschweigend abbedungen

---

648 *Faust*, AcP 210 (2010), 555, 568; *Grunewald*, AcP 187 (1987), 285, 294.

649 *Jungblut*, S. 41; *Höhne/Kühne*, JuS 2012, 1063, 1067; *Leyens*, JuS 2018, 217, 221.

650 *Canaris*, ZHR 163 (1999), 206, 206, 217 f.

651 BGH, NJW 1985, 1457, 1458; *Canaris*, ZHR 163 (1999), 209 f., 215 ff.; *ders.*, JZ 1995, 441, 444; *Honsell*, in: FS Medicus (1999), S. 211, 227 ff.; *Pinger/Behme*, DS 2009, 54, 58, 61; *Grunewald*, Anw-Bl. 2000, 209, 210; *Kersting*, S. 79, 101 f., 104.

652 *Canaris*, JZ 1998, 603, 604; *Zenner*, NJW 2009, 1030, 1033.

653 BGH, NJW 1995, 392, 393; *Canaris*, ZHR 163 (1999), 206, 216.

654 BGH, NJW 1995, 392, 393.

655 *Canaris*, JZ 1998, 603, 604 f.

werden könnte.[656] Dieser Einwendungsverzicht ist allerdings nicht sachgerecht, wenn z. B. der Sachverständige aufgrund einer vorsätzlichen (arglistigen) Täuschung durch den Auftraggeber ein falsches Gutachten erstellt hat.[657] Denn der Vertrag hätte sogar gemäß § 123 BGB angefochten werden können. In der Literatur ist deshalb vielfach kritisiert worden, dass diese Annahme einer konkludenten Abbedingung des § 334 BGB rein fiktiv und nicht plausibel sei.[658]

Ein weiteres Problem liegt in derjenigen Rechtsprechung, die diese Rechtsfigur auf Fälle ausdehnt, in denen die Interessen des Auftraggebers und des Dritten gegenläufig sind.[659] Der BGH hat sich dazu geäußert, dass entsprechend dem Zweck des Gutachtens, dem Dritten gegenüber Vertrauen zu erwecken und Beweiskraft zu besitzen, eine Gegenläufigkeit der Interessen des Auftraggebers und des Dritten dessen Einbeziehung in den Schutzbereich des Vertrags nicht entgegensteht.[660] Dagegen sei diese Sichtweise in solchen Fällen nicht überzeugend, über den ursprünglichen Zweck des Vertrags – nämlich die Wahrnehmung der eigenen Interessen der Vertragsparteien – hinaus den Vertrag als Mittel zur Erfüllung eines altruistischen Ziels des Drittschutzes einzusetzen.[661] Nach *Canaris* droht dieses Rechtsinstitut damit, jegliche tatbestandliche Kontur zu verlieren.[662] Dies gilt auch für den oben genannten Fall der vom Auftraggeber arglistig herbeigeführter Unrichtigkeit des Gutachtens.[663] Nach der Rechtsprechung ist der hypothetische Wille der Vertragsparteien, einen Dritten in den Schutzbereich der zwischen ihnen geschlossenen Vereinbarung einzubeziehen, aufgrund einer sorgfältigen Abwägung ihrer schutzwürdigen Interessen und derer des Dritten zu

---

656 BGH, NJW 1985, 1457, 1458; BGH, NJW 1995, 392, 393; BGH, NJW 1998, 1059, 1061; *Canaris*, JZ 1998, 603, 604; *ders.*, JZ 1995, 441, 444; *Pinger/Behme*, DS 2009, 54, 58.

657 *Canaris*, JZ 1998, 603, 604 f.; *Faust*, AcP 210 (2010), 555, 568 f.

658 *Grunewald*, Anw-Bl. 2000, 209, 210; *Maier-Reimer*, NJW 2014, 2613, 2615 f.; *Honsell*, in: FS Medicus (1999), S. 211, 231, 233; *Gellmann*, S. 182 ff.; *Canaris*, JZ 1995, 441, 444; *Pinger/Behme*, DS 2009, 54, 58. Es wird in der Literatur vorgeschlagen, dass § 334 BGB auf diese Fälle gar nicht erst anzuwenden sei. Insbesondere wird argumentiert, dass § 334 BGB die Gleichläufigkeit der Interessen des Auftraggebers und des Dritten voraussetzt und daher bei Gegenläufigkeit der Interessen nicht anwendbar ist.

659 BGH, NJW 1995, 392; BGH, NJW 1998, 1059; *Canaris*, ZHR 163 (1999), 206, 242 f.

660 BGH, NJW 1998, 1059, 1060.

661 *Canaris*, JZ 1995, 441, 443; *Pinger/Behme*, DS 2009, 54, 58; *Faust*, AcP 210 (2010), 555, 568; *Damm*, JZ 1991, 373, 379.

662 *Canaris*, ZHR 163 (1999), 206, 242 f.

663 BGH, NJW 1995, 392 (Dachbodenfall).

ermitteln.[664] Hier wird der verborgen gebliebene innere Wille der Vertragsparteien nicht berücksichtigt.[665] Allerdings wäre der Parteiwille im Wege dieser ergänzenden Auslegung schwer anzunehmen, einen Dritten in den Schutzbereich des Vertrags einzubeziehen, weil der Auftraggeber in derartigen Fällen ein Interesse am Schutz des Dritten gar nicht hatte und der Sachverständige für das falsche Gutachten gegenüber dem Dritten nicht haften wollte.[666]

Auch diese Reihe von Entscheidungen, die dazu tendieren, den Anwendungsbereich dieser Rechtsfigur auszuweiten, wurde in der Literatur wie folgt kritisiert.[667] Nach der Rechtsprechung können Dritte auch in den Schutzbereich der Hauptleistungspflicht des Vertrags (z. B. Pflicht zur Erstattung des Gutachtens) einbezogen werden, wenn die Erfüllung der vertraglichen Leistung nach dem Vertragsinhalt erkennbar auch Dritten zugutekommt.[668] Dabei stehen vor allem die Fälle einer Schlechterfüllung des Anwalts-, Steuerberater- oder Wirtschaftsprüfervertrags im Mittelpunkt.[669] Es geht darum, ob die Haftung des Sachverständigen gegenüber dem Dritten sogar aus der Verletzung spezieller Leistungspflichten hergeleitet werden kann und deswegen ein Anspruch auf Schadensersatz diesem bei Leistungsstörungen zugebilligt wird.[670] Diese Betrachtungsweise der Rechtsprechung sei insofern nicht zu rechtfertigen, als die Auskunftserteilung durch Sachverständige in den meisten Fällen nicht auf die Drittwirkung ausgerichtet ist.[671] Dieses Rechtsinstitut solle daher nur im Falle einer Verletzung der sekundären Sorgfaltspflicht in Betracht gezogen werden.[672]

664 BGH, NJW-RR 2017, 888, 889.

665 BGH, NJW 1995, 392.

666 *Canaris*, JZ 1995, 441, 444; *Faust*, AcP 210 (2010), 555, 568; *Müssig*, NJW 1989, 1697, 1699; *Gellmann*, S. 183. Nach *Canaris* sei die Erklärung der Auftragserteilung allein aus der Sicht des Auftragnehmers auszulegen, da nur dieser Erklärungsadressat sei.

667 Ausführlich zu dieser „Aufweichungstendenz" *Damm*, JZ 1991, 373, 379.

668 *D. Fischer*, in: HB der Anwaltshaftung, § 10 Rn. 7; BGH, NJW 2010, 1360, 1361.

669 *D. Fischer*, in: HB der Anwaltshaftung, § 10 Rn. 7; BeckOGK/*Mäsch* (Stand: 1.4.2023), § 328 BGB Rn. 192, paradigmatisch BGH, NJW 1965, 1955.

670 BGH, NJW 1977, 2073, 2074; BGH, NJW 1984, 355, 356; BGH, NJW 1987, 1758, 1759; BGH, NJW 1988, 200; BGH, NJW-RR 1990, 1172, 1173; BGH, NJW 1995, 51, 52.

671 *Lammel*, AcP 179 (1979), 337, 344.

672 *Lammel*, AcP 179 (1979), 337, 344; *Gellmann*, S. 176; *Schwab*, JuS 2002, 872, 876. Danach können Dritte unter Geltung des neuen Rechts (§ 311 Abs. 3 BGB) nur in den Schutzbereich nicht leistungsbezogener Pflichten aus einem fremden Schuldverhältnis einbezogen werden.

Die Ansicht des BGH wirft auch eine Frage hinsichtlich des Kreises der geschützten Dritten bei Berufshaftung auf. Nach der gefestigten Rechtsprechung kommt es häufig vor, dass Auftraggeber ein Gutachten bestellen, um von ihm gegenüber Dritten Gebrauch zu machen.[673] Da der Sachverständige in diesem Fall mit einer solchen Verwendung des Gutachtens rechnen muss, kann er auch gegenüber dem Dritten für die Richtigkeit des Gutachtens haftbar sein, sofern die zu schützende Personengruppe objektiv abgrenzbar ist.[674] Allerdings kann dessen Haftungsrisiko damit unüberschaubar und uferlos insbesondere dann ausgeweitet werden, wenn die Auskunft bei fehlender Kenntnis der Weiterleitung erteilt worden ist und an einen bestimmten Personenkreis weitergegeben wurde.[675] Die Annahme der Konstruktion des „stillschweigenden Auskunftsvertrags mit Schutzwirkung zugunsten Dritter" macht dieses Problem noch deutlicher.[676] Aus diesem Grund wird in der Literatur häufig vorgeschlagen, dass die Problematik der Berufshaftung durch das auf die Inanspruchnahme von Vertrauen basierende Schuldverhältnis gelöst werden sollte.[677] In diesem Fall hat ein Anspruch des Dritten einen originären Charakter.[678]

E. Die Dritthaftung aus culpa in contrahendo

I. Überblick der c.i.c.

1. *Allgemeines*

Wie schon einmal dargestellt ist die Lehre vom Verschulden bei Vertragsverhandlungen (culpa in contrahendo) durch *Rudolph von Jhering* aufgrund seines Beitrages über die c.i.c. aus dem Jahre 1861 gebildet.[679] Nach *Ballerstedt* stützt sie sich auf den Gedanken von Treu und Glauben und begründet die Pflichten

673 BGH, NJW-RR 1986, 484, 486.

674 BGH, NJW 1984, 355; BGH, NJW 2004, 3035; BGH, NJW-RR 2004, 1464, 1466.

675 *Damm*, JZ 1991, 373, 378 f.; *Lammel*, AcP 179 (1979), 337, 344.

676 *Honsell*, in: FS Medicus (1999), S. 211, 222 f.; *Damm*, JZ 1991, 373, 378; *D. Fischer*, in: HB der Anwaltshaftung, § 11 Rn. 22; vgl. BGH, NJW-RR 1986, 484; BGH, NJW 1986, 1307; BGH, NJW 1998, 1948.

677 *Pinger/Behme*, DS 2009, 54, 61; *Kersting*, S. 98 ff., 318 ff.; *Canaris*, JZ 2001, 499, 499; *Koch*, AcP 204 (2004), 59, 59; *Schwab*, JuS 2002, 872, 872; *Löhnig*, JuS 2003, 727, 727; BT-Drs. 14/6040, S. 163.

678 *Canaris*, JZ 1998, 603, 604 f.

679 *Rudolf von Jhering*, Culpa in contrahendo, in: JherJb 4 (1861), S. 1 ff.; MünchKomm/*Emmerich*, § 311 BGB Rn. 38; BeckOGK/*Herresthal* (Stand: 15.5.2023), § 311 BGB Rn. 182.

aufgrund des besonderen Schuldverhältnisses, das bereits „durch den Eintritt in die Vertragsverhandlungen" entsteht.[680] Dieses Rechtsinstitut ist richterrechtlich herausgebildet worden und seit langem gewohnheitsrechtlich anerkannt.[681] Es hat seinen Ursprung im Linoleumrollenfall des Reichsgerichts und wurde seitdem durch die Rechtsprechung und Lehre weiterentwickelt.[682] Auch das BGB enthält einige einzelne Bestimmungen, die dieses Konzept widerspiegeln (z. B. §§ 122, 179 Abs. 2, 663 BGB, §§ 307, 309 BGB a. F.).[683] Dessen Entwicklung ist auf einen unzureichenden Vermögensschutz im Deliktsrecht zurückzuführen, insbesondere im Hinblick auf die Haftung für den Verrichtungsgehilfen (Exkulpationsmöglichkeit, § 831 gegenüber § 278 BGB) und die Beweislast des Geschädigten (im Vergleich zu § 282 BGB).[684] Nach der Rechtsprechung lässt sich die Haftung aus c.i.c. wie folgt charakterisieren: Sie beruhe auf einem in Ergänzung des geschriebenen Rechtes geschaffenen gesetzlichen Schuldverhältnis (ohne primäre Leistungspflichten) zwischen den Parteien, das bereits aus der Aufnahme der Vertragsverhandlungen entspringe und vom tatsächlichen Zustandekommen eines Vertrags und seiner Wirksamkeit weitgehend unabhängig sei.[685] Aus diesem vertragsähnlichen Schuldverhältnis ergeben sich nicht nur vorvertragliche Aufklärungs-, Offenbarungs- oder Hinweispflichten, sondern auch sonstige Verhaltenspflichten, insbesondere allgemeine Schutzpflichten, die eine Partei verpflichten, sich so zu verhalten, dass Person, Eigentum und sonstige Rechtsgüter

---

680 *Ballerstedt*, AcP 151 (1950/51), 501, 502 f.; *Flume*, AcP 161 (1962), 52, 63; vgl. *Heinrichis*, in: FS Canaris (2007), S. 421, 428. Danach haben die Lehre und die Rechtsprechung bisher das für das Schuldverhältnis der Vertragsanbahnung geltende Pflichtenprogramm auf der Grundlage des Grundsatzes von Treu und Glauben (§ 242 BGB) entwickelt.

681 *Medicus/Lorenz*, Schuldrecht AT Rn. 527; *Lorenz*, JuS 2015, 398, 398; *Heinrichis*, in: FS Canaris (2007), S. 421, 422; BGH, NJW 1979, 1983.

682 RGZ 78, 239; ausführlich dazu *Thiessen*, in: FS Canaris (2017), S. 51, 52 f.; *Nüßlein*, S. 30.

683 *Heinrichis*, in: FS Canaris (2007), S. 421, 422; *Lorenz/Riehm*, Schuldrecht Rn. 366; *Larenz*, Schuldrecht AT, § 9 I a, S. 107. Dabei handele es sich um eine verschuldensunabhängige Vertrauenshaftung.

684 BeckOGK/*Herresthal* (Stand: 15.5.2023), § 311 BGB Rn. 187, 357; *Heinrichis*, in: FS Canaris (2007), S. 421, 422 f., 437; *Medicus/Lorenz*, Schuldrecht AT Rn. 532; *Lorenz*, JuS 2015, 398, 399; *Faust*, AcP 210 (2010), 555, 560 f.; *Bell*, S. 40 f.; *Leyens*, JuS 2018, 217, 217 f.; *D. Fischer*, in: HB der Anwaltshaftung, § 8 Rn. 3, § 10 Rn. 3, § 13 Rn. 4; BGH, NJW 1976, 712.

685 BGH, NJW 1952, 1130, 1131; BGH, NJW 1968, 547; BGH, NJW 1976, 712; *Canaris*, in: FS Larenz (1983), S. 27, 34 f.; *D. Fischer*, in: HB der Anwaltshaftung, § 13 Rn. 22.

des anderen Teils nicht verletzt werden.[686] Wenn ein Teil diese Pflichten schuldhaft verletzt, haftet er auf Ersatz des Vertrauensschadens, der auf das negative Interesse gerichtet ist.[687] Hier gelten auch die vertraglichen Grundsätze (§§ 278, 280 Abs. 1 BGB).[688] Trotz unterschiedlicher Meinungsansätze hat die dogmatische Grundlage dieses Schadensersatzanspruches vor allem mit enttäuschtem Vertrauen zu tun.[689] Nach Ansicht des BGH sei ein Anspruch wegen Verschuldens bei Vertragsschluss gerechtfertigt durch das besondere Vertrauen desjenigen, der sich zum Zwecke von Vertragsverhandlungen in den Einflussbereich eines anderen begebe und in den Verhaltenspflichten, die dem anderen Teil daraus und aus dem Gebot von Treu und Glauben erwachsen.[690] Damit könne der Geschädigte damit redlicherweise auf eine gesteigerte Sorgfalt seines Verhandlungspartners vertrauen.[691] Dieser Anspruch basiert daher auf dem Vertrauensschutz.[692] Dieses durch richterliche Rechtsfortbildung entwickelte Rechtsinstitut hat allerdings durch das Schuldrechtsmodernisierungsgesetz im Jahr 2002 eine normative Rechtsgrundlage erhalten und ist in § 311 Abs. 2 und 3 in Verbindung mit § 241 Abs. 2 BGB verankert worden.[693] Nach der Schuldrechtsreform können diese Vorschriften als die Grundlage der Haftung aus c.i.c. angesehen werden.[694]

---

686 BGH, NJW 1979, 1983; Grüneberg/*Grüneberg*, BGB, § 241 Rn. 7; vgl. *Heinrichis*, in: FS Canaris (2007), S. 421, 426 f. Danach verwendet *Larenz* in diesem Zusammenhang den Begriff „weitere Verhaltenspflichten", während *Canaris* und *Stoll* den Terminus „Schutzpflichten" verwenden.

687 BGH, NJW 1981, 1035, 1036; vgl. BGH, NJW 1962, 1196, 1198; BGH, NJW 1974, 849, 852.

688 *Medicus/Lorenz*, Schuldrecht AT Rn. 528; vgl. *Canaris*, in: FG 50 Jahre BGH I (2000), S. 129, 178.

689 BGH, NJW 1981, 1035, 1036; vgl. *Ballerstedt*, AcP 151 (1950/51), 501, 501 ff.; *Canaris*, in: FS Larenz (1983), S. 27, 27 ff.; *Bell*, S. 128 f., 131 f., 161; MünchKomm/*Emmerich*, § 311 BGB Rn. 42; BeckOGK/*Herresthal* (Stand: 15.5.2023), § 311 BGB Rn. 196; siehe auch oben Teil 2. D. I. 1. Bei der Haftung aus c.i.c. steht der Vertrauensgedanke („die Inanspruchnahme und Gewährung besonderen Vertrauens") im Mittelpunkt.

690 BGH, NJW 1973, 752, 753; NJW 1976, 712; MünchKomm/*Emmerich*, § 311 BGB Rn. 42 f.

691 BGH, NJW 1976, 712; dazu auch BGH, NJW 1960, 720.

692 BGH, NJW 1973, 752, 753; BGH, NJW 1981, 1035, 1036.

693 Grüneberg/*Grüneberg*, BGB, § 311 Rn. 11; *Pinger/Behme*, DS 2009, 54, 63; *Heinrichis*, in: FS Canaris (2007), S. 421, 427.

694 MünchKomm/*Emmerich*, § 311 BGB Rn. 41; BeckOGK/*Herresthal* (Stand: 15.5.2023), § 311 BGB Rn. 193.

Mit dem Schuldrechtsmodernisierungsgesetz aus dem Jahr 2002 wird die Lehre der c.i.c. gesetzlich geregelt.[695] Einerseits sieht § 311 Abs. 2 BGB ein Schuldverhältnis im vorvertraglichen Stadium zwischen den Beteiligten vor. Gemäß § 311 Abs. 2 BGB „entsteht ein Schuldverhältnis mit Pflichten nach § 241 Abs. 2 auch durch die Aufnahme von Vertragsverhandlungen, die Anbahnung eines Vertrags, bei welcher der eine Teil im Hinblick auf eine etwaige rechtsgeschäftliche Beziehung dem anderen Teil die Möglichkeit zur Einwirkung auf seine Rechte, Rechtsgüter und Interessen gewährt oder ihm diese anvertraut, oder ähnliche geschäftliche Kontakte“. Es handelt sich nicht um ein vertragliches, sondern um ein gesetzliches Schuldverhältnis (eine sog. Sonderverbindung ohne primäre Leistungspflichten).[696] Deswegen hat die Haftung aus c.i.c. nur eine vertragsähnliche Natur.[697] Das gesetzliche Schuldverhältnis begründet die Pflichten nach § 241 Abs. 2 BGB. § 241 Abs. 2 BGB besagt, dass „das Schuldverhältnis nach seinem Inhalt jeden Teil zur Rücksicht auf die Rechte, Rechtsgüter und Interessen des anderen Teils verpflichten kann“. Durch die Schuldrechtsreform sind diese „Rücksichtnahmepflichten“, die in die nicht leistungsbezogenen Nebenpflichten (weitere Verhaltenspflichten) eingeordnet werden, nun gesetzlich definiert und von § 241 Abs. 2 BGB erfasst worden.[698] Danach ist ein Teil dem anderen bereits im vorvertraglichen Stadium dazu verpflichtet, auf die Rechte, Rechtsgüter und Interessen des anderen Teils Rücksicht zu nehmen.[699] Diese Pflichten unterscheiden sich von den allgemeinen „Jedermann-Pflichten“ im Deliktsrecht (§§ 823 ff. BGB) dadurch, dass sie einen besonderen rechtsgeschäftlichen Kontakt zwischen den Parteien voraussetzen, die einander auf die Rechtsgüter des anderen Teils Einfluss nehmen können.[700] Andererseits regelt § 311 Abs. 3 BGB die Eigenhaftung Dritter, die sich auf das Zustandekommen eines fremden Vertrags auswirken können. Demzufolge „kann ein Schuldverhältnis mit Pflichten nach § 241 Abs. 2 auch zu

695 Vgl. *Canaris*, JZ 2001, 499, 519 f.; *ders.*, The Yon-Sei Law Review 12/3 (2002), 279, 293 f.

696 *Lorenz/Riehm*, Schuldrecht Rn. 366.

697 BeckOGK/*Herresthal* (Stand: 15.5.2023), § 311 BGB Rn. 193; *Larenz*, Schuldrecht AT, § 9 I a, S. 106; *Medicus/Lorenz*, Schuldrecht AT Rn. 531; *Medicus*, in: FS Keller (1989), S. 205, 207; *Damm*, JZ 1991, 373, 380 f.

698 *Schwab*, JuS 2002, 773, 773; *Kersting*, S. 341; BT-Drs. 14/6040, S. 163; *Lorenz/Riehm*, Schuldrecht Rn. 366; *Larenz*, JZ 1962, 105, 109.

699 Zur Bestimmung der Schutzpflichten vgl. BT-Drs. 14/6040, S. 126; BeckOGK/*Herresthal* (Stand: 15.5.2023), § 311 BGB Rn. 336; BGH, NJW 2010, 1135, 1137; BGH, NJW 2013, 3366, 3368.

700 *Lorenz/Riehm*, Schuldrecht Rn. 366.

Personen entstehen, die nicht selbst Vertragspartei werden sollen. Ein solches Schuldverhältnis entsteht insbesondere, wenn der Dritte in besonderem Maße Vertrauen für sich in Anspruch nimmt und dadurch die Vertragsverhandlungen oder den Vertragsschluss erheblich beeinflusst".

2. *Drei Tatbestände des § 311 Abs. 2 BGB im neuen Schuldrecht*

Nach der Schuldrechtsreform kommen §§ 311 Abs. 2 und 3 (Sonderverbindung), 241 Abs. 2 (Pflichten), 280 Abs. 1 (Haftung) als Anspruchsgrundlagen in Betracht.[701] § 311 Abs. 2 BGB besteht aus drei Tatbeständen, die eine Sonderverbindung begründen.

a) *Aufnahme von Vertragsverhandlungen (Nr. 1)*

Ein Schuldverhältnis mit Rücksichtnahmepflichten nach § 241 Abs. 2 BGB entsteht zunächst durch die Aufnahme von Vertragsverhandlungen. Diese Fallgruppe ist als ein klassisches Beispiel der c.i.c. angesprochen und fällt unter dem Grundtatbestand in § 311 Abs. 2 Nr. 2 BGB.[702] Es handelt sich um die Handlungen zwischen den Beteiligten, die sich an dem Abschluss eines Vertrags oder der Vorbereitung eines Vertragsabschlusses orientieren.[703] Im weiteren Sinne kann eine Sonderverbindung entstehen, wenn die Parteien rechtsgeschäftliche Kontakte in allen Formen aufnehmen, die auf den Abschluss eines Vertrags abgestellt sind.[704]

b) *Anbahnung eines Vertrags (Nr. 2)*

Ein Schuldverhältnis mit Pflichten nach § 241 Abs. 2 BGB kann auch durch die Vertragsanbahnung zustande kommen. Nr. 2 dient als Grundtatbestand des § 311 Abs. 2 BGB.[705] Nach der Rechtsprechung entsteht ein solches gesetzliches Schuldverhältnis auch durch die Anbahnung eines Vertrags, bei welcher der eine Teil im Hinblick auf eine etwaige rechtsgeschäftliche Beziehung dem anderen Teil die Möglichkeit zur Einwirkung auf seine Rechte, Rechtsgüter und Interessen gewährt oder ihm diese anvertraut.[706] Wenn beispielsweise ein Kunde mit dem

701 *Kersting*, S. 106; *Canaris*, JZ 2001, 499, 507.
702 BeckOGK/*Herresthal* (Stand: 1.9.2023), § 311 BGB Rn. 285.
703 BeckOGK/*Herresthal* (Stand: 1.9.2023), § 311 BGB Rn. 286; *Heinrichis*, in: FS Canaris (2007), S. 421, 431.
704 BeckOGK/*Herresthal* (Stand: 1.9.2023), § 311 BGB Rn. 286; vgl. BGH, ZIP 2011, 2026.
705 Grüneberg/*Grüneberg*, BGB, § 311 Rn. 23; *Heinrichis*, in: FS Canaris (2007), S. 421, 433 f.
706 BGH, NJW 2013, 3366, 3368.

Ziel der Anbahnung geschäftlicher Kontakte die Geschäftsräume betritt, kann dieser Sachverhalt eine Sonderverbindung begründen.[707]

c) *Ähnliche geschäftliche Kontakte (Nr. 3)*

In der Rechtsprechung wird anerkannt, dass Ansprüche aus c.i.c. nicht nur bei Vertragsverhandlungen oder bei der Anbahnung von Verträgen entstehen, sondern auch bei ähnlichen geschäftlichen Kontakten, die nicht auf einen Vertragsschluss abzielen.[708] Ein bloßer sozialer Kontakt reicht nicht aus, um die Voraussetzungen der Nr. 3 zu erfüllen.[709] Nr. 3 stellt einen Auffangtatbestand dar, der dazu dient, die Lücken der Nr. 1 und 2 zu schließen.[710] Beispielsweise kann es unter Nr. 3 erfasst werden, wenn ein Kunde im Kaufhaus nur herumläuft, um sich die Waren anzusehen.[711] Auch hat der BGH in den Fällen nichtiger Verträge ausgesprochen, dass Aufklärungs- und Hinweispflichten, deren Verletzung die Haftung aus c.i.c. (§ 311 Abs. 2 BGB) zur Folge hat, allein aufgrund des rechtsgeschäftlichen Kontakts der Parteien entstehen können, auch wenn der Vertrag nicht wirksam zu Stande kommt.[712] Nach dem Gesetzentwurf der Bundesregierung umfasst Nr. 3 Kontakte, bei denen z. B. noch kein Vertrag angebahnt, ein solcher aber vorbereitet werden soll.[713] Voraussetzung für eine Haftung demnach ist, dass es sich um die an dem potenziellen Vertrag Beteiligten handelt.[714] Nicht ohne Weiteres erfasst werden Dritte, die in einem Näheverhältnis zu einer der Vertragsparteien stehen.[715] Dies liegt unter anderem daran, dass § 311 Abs. 2 BGB grundsätzlich auf einem Zweipersonenverhältnisberuht.[716] In Bezug auf die Auskunftshaftung

---

707 BGH, NJW 1976, 712; BGH, NJW 1962, 32; Grüneberg/*Grüneberg*, BGB, § 311 Rn. 23; *Heinrichis*, in: FS Canaris (2007), S. 421, 433 f.; *Lorenz/Riehm*, Schuldrecht Rn. 370.

708 BT-Drs. 14/6040, S. 163; BGH, NJW 1976, 712; *Heinrichis*, in: FS Canaris (2007), S. 421, 436.

709 *Lorenz/Riehm*, Schuldrecht Rn. 369; BeckOGK/*Herresthal* (Stand: 1.9.2023), § 311 BGB Rn. 295; *Canaris*, JZ 2001, 499, 520.

710 *Schwab*, JuS 2002, 773, 778; BeckOGK/*Herresthal* (Stand: 1.9.2023), § 311 BGB Rn. 295; *Heinrichis*, in: FS Canaris (2007), S. 421, 436.

711 *Schwab*, JuS 2002, 773, 778; *Lorenz/Riehm*, Schuldrecht Rn. 370.

712 BGH, NJW 2005, 3208, 3209; BGH, NJW 2005, 668, 670; BGH, NJW 1995, 1151, 1153; *Schwab*, JuS 2002, 773, 778.

713 BT-Drs. 14/6040, S. 163.

714 BT-Drs. 14/6040, S. 163; vgl. *Heinrichis*, in: FS Canaris (2007), S. 421, 436.

715 BT-Drs. 14/6040, S. 163. Diese werden vielmehr geschützt, wenn sie in den Schutzbereich des Schuldverhältnisses einbezogen seien.

716 *Kersting*, S. 130, 132 f.

Dritter vertreten einige Autoren die Ansicht, dass Nr. 3 ggf. auf die bestimmten Fälle der Auskunftshaftung anwendbar ist, in denen vor allem die Konstruktion des stillschweigend geschlossenen Auskunftsvertrags nach BGH in Betracht gezogen wird.[717] Allerdings sollte dies als Drittfälle angesehen und daher unter den Anwendungsbereich des § 311 Abs. 3 BGB eingeordnet werden.[718]

3. *Die Haftung Dritter (§ 311 Abs. 3 BGB)*

§ 311 Abs. 3 BGB schreibt die Haftung Dritter wegen der Inanspruchnahme besonderen persönlichen Vertrauens vor. Demzufolge kann ein gesetzliches Schuldverhältnis mit Pflichten nach § 241 Abs. 2 BGB auch zu Personen entstehen, die nicht selbst Vertragspartei werden sollen. Ein solches vorvertragliches Schuldverhältnis kann insbesondere entstehen, wenn der Dritte in besonderem Maße Vertrauen für sich in Anspruch nimmt und dadurch die Vertragsverhandlungen oder den Vertragsschluss erheblich beeinflusst. Im Vergleich zu § 311 Abs. 2 BGB geht es hier um ein Dreipersonenverhältnis.[719] Hinsichtlich der Haftung Dritter für fehlerhafte Auskünfte wird die Frage nach der Schuldrechtsreform in den Fokus gerückt, ob sich diese Problematik über § 311 Abs. 3 BGB lösen lässt.[720] Diese Frage wird weiter unten ausführlich erläutert.

II. Die Dritthaftung aus c.i.c. gemäß § 311 Abs. 3 BGB

1. *Entwicklungsgeschichte in der Rechtsprechung*

Die Dritthaftung aus c.i.c. im weiteren Sinne hat ihre Grundlage in der Rechtsprechung zur Eigenhaftung des Vertreters und wurde daraus entwickelt.[721] Sie ist in zwei Fallgruppen eingeteilt.[722] Zum einen ist die Fallgruppe der Haftung wegen der Inanspruchnahme besonderen persönlichen Vertrauens angesprochen, die insbesondere sich aus der Rechtsprechung zur „Sachwalterhafung“ herausbildet.

717 BeckOK/*Sutschet* (Stand: 1.8.2023), § 311 BGB Rn. 52; *Heinrichis*, in: FS Canaris (2007), S. 421, 441 f.; *Schwab*, JuS 2002, 773, 778; *Löhnig*, JuS 2003, 727, 728; *Canaris*, JZ 2001, 499, 520. Nach *Canaris* können „Gefälligkeitsverhältnisse mit rechtsgeschäftlichem Charakter ohne Leistungspflicht und die bestimmten Auskunftsfälle“ unter Nr. 3 fallen.

718 *Kersting*, S. 130, 132 f.; *Krebber*, VersR 2004, 150, 150 ff.

719 *Kersting*, in: Jahrbuch der Uni Düsseldorf (2008), S. 457, 458.

720 BT-Drs. 14/6040, S. 163.

721 *Bell*, S. 133.

722 *Kersting*, S. 34; *Medicus/Lorenz*, Schuldrecht AT Rn. 541 f.; *Lorenz/Riehm*, Schuldrecht Rn. 374 ff.

Zum anderen kann man auch von der Haftung des „*procurator in rem suam*" (ein eigenes unmittelbares wirtschaftliches Interesse) sprechen. Die Haftung aufgrund eines wirtschaftlichen Eigeninteresses beruht nach der Rechtsprechung nicht auf einem besonderen Vertrauensverhältnis, so dass diese beiden Fallgruppen getrennt zu prüfen sind.[723]

a) Die Vertreterhaftung

Nach ständiger Rechtsprechung des BGH – anknüpfend an *Ballerstedt* – ist die Eigenhaftung des Vertreters aus dem durch die Anbahnung von Vertragsverhandlungen begründeten gesetzlichen vertragsähnlichen Schuldverhältnis nur ausnahmsweise und unter besonderen Umständen anerkannt.[724] Diese Verpflichtungen treffen grundsätzlich nur den Vertretenen (§ 278 BGB).[725] Die Rechtsprechung geht davon aus, dass ausnahmsweise auch ein Vertreter für ein Verschulden bei Vertragsverhandlungen dann persönlich haften kann, wenn er entweder dem Vertragsgegenstand besonders nahesteht und bei wirtschaftlicher Betrachtung gleichsam in eigener Sache handelt *oder* wenn er gegenüber dem Verhandlungspartner in besonderem Maße persönliches Vertrauen in Anspruch genommen und dadurch die Vertragsverhandlungen beeinflusst hat.[726]

723 *Kersting*, S. 47; BGH, NJW 1986, 586, 587.

724 *Larenz*, Schuldrecht AT, § 9 I a, S. 114; *Ballerstedt*, AcP 151 (1950/51), 501, 507 f.; BGH, NJW-RR 1989, 110, 111; BGHZ 79, 281, 283 ff. = BGH, NJW 1981, 922; BGHZ 88, 67, 68 f. = BGH, NJW 1983, 2696; BGHZ 126, 181, 183 ff. = BGH, NJW 1994, 2220; BGH, NJW-RR 1988, 1488; BGH, NJW-RR 2002, 1309; BGH, NJW-RR 1991, 1241, 1242; BGHZ 129, 136, 170 = BGH, NJW 1995, 1739; BGH, NJW 1991, 32, 33. Für die Erfüllung vorvertraglicher Sorgfaltspflichten haben regelmäßig allein die Beteiligten des in Aussicht genommenen Vertrags selbst einzustehen.

725 BGH, NJW-RR 1989, 110, 111; BGHZ 56, 81, 85 = BGH, NJW 1971, 1309; BGHZ 79, 281, 283 = BGH, NJW 1981, 922; BGHZ 88, 67, 68 = BGH, NJW 1983, 2696; vgl. auch BGH, NJW 1987, 1141; BGH, NJW-RR 1988, 328; BGH, NJW-RR 1988, 615; BGH, NJW 1990, 1907; BGH, NJW-RR 1991, 289; Grüneberg/*Grüneberg*, BGB, § 311 Rn. 60.

726 BGH, NJW 1990, 1907, 1908; BGH, NJW-RR 1989, 110, 111; BGH, NJW 1987, 2511, 2512; BGHZ 14, 313, 318 = BGH, NJW 1954, 1925; BGHZ 56, 81, 83 = BGH, NJW 1971, 1309; BGHZ 63, 382, 384 f. = BGH, NJW 1975, 642; BGHZ 70, 337 = BGH, NJW 1978, 1374; BGHZ 79, 281, 283 f., 286 f. = BGH, NJW 1981, 922; BGHZ 87, 27, 33 = BGH, NJW 1983, 1607; BGH, NJW 1963, 2166, 2167; BGH, NJW 1992, 2080, 2082; BGH, NJW-RR 2002, 1309, 1310; BGH, NJW 1977, 1914; BGH, NJW 1978, 1625; BGH, NJW 1983, 2696; BGH, WM 1985, 384; BGH, NJW 1987, 1141; BGH, NJW 1990, 389; BGH, NJW 1990, 506; *Gellmann*, S. 18; *Grunewald*, JZ 1982, 627, 629.

Diese Grundsätze können auch für die anderen Verhandlungsgehilfen (Verhandelnde wie Vermittler oder Sachwalter) gelten.[727] In diesem Zusammenhang hat der BGH ausgeführt, dass die Verhandlungsgehilfen wegen Verletzung von vorvertraglichen Schutzpflichten nur dann haften, wenn sie gleichsam in eigener Sache tätig werden.[728] Wie bereits erwähnt ist dies der Fall, wenn sie im besonderen Maße persönliches Vertrauen in Anspruch genommen haben oder dem Verhandlungsgegenstand besonders nahestehen, weil sie wirtschaftlich selbst stark am Vertragsabschluss interessiert sind und aus dem Geschäft eigenen Nutzen erstreben.[729]

b) Die Haftung wegen der Inanspruchnahme besonderen persönlichen Vertrauens – sog. die Sachwalterhaftung (Eigenhaftung der Hilfspersonen)

Nach der Regierungsbegründung zum Schuldrechtsmodernisierungsgesetz (SMG) gehören diese Fälle zur Fallgruppe, in denen jemand besonderes Vertrauen für sich selbst in Anspruch nimmt.[730] Die Sachwalterhaftung hat sich aus der Rechtsprechung und Lehre zur Eigenhaftung des Vertreters entwickelt und ist in § 311 Abs. 3 S. 2 BGB exemplarisch geregelt worden.[731] Die Rechtsprechung hat die Grundsätze der Eigenhaftung des Vertreters auf die Sachwalterhaftung ausgedehnt.[732] Es kommt deshalb entscheidend darauf an, ob der Sachwalter dem anderen Verhandlungspartner gegenüber in besonderem Maße persönliches Vertrauen in Anspruch genommen und dadurch die Vertragsverhandlungen beeinflusst hat.[733] Dieser Gesichtspunkt wird auf den Gedanken

---

727 *D. Fischer*, in: HB der Anwaltshaftung, § 8 Rn. 8, § 13 Rn. 4 ff.; *Kersting*, S. 34; *Canaris*, JZ 1998, 603, 603; vgl. BGH, NJW 1998, 1059, 1060.

728 BGH, NJW 1991, 32, 33; BGH, NJW-RR 1990, 459, 461.

729 BGH, NJW 1991, 32, 33; BGH, NJW-RR 1990, 459, 461; BGH, NJW-RR 1991, 1241, 1242; BGH, NJW 2007, 1362, 1363; vgl. auch BGH, NJW 1971, 1309; BGH, NJW 1983, 1607; BGH, NJW-RR 1988, 365; BGH, NJW 1988, 2234 f.; *Zugehör*, NJW 2000, 1601, 1606 f.; *D. Fischer*, in: HB der Anwaltshaftung, § 8 Rn. 8, § 13 Rn. 4 ff.; *Eichler*, S. 213.

730 BT-Drs. 14/6040, S. 163.

731 *Medicus/Lorenz*, Schuldrecht AT Rn. 541; *Herrmann*, JZ 1983, 422, 422; *Wendelstein*, JURA 2018, 144, 151.

732 *Kersting*, S. 34 f.; *Koch*, AcP 204 (2004), 59, 65.

733 BGH, NJW 1971, 1309, 1310; vgl. auch BGHZ 70, 337, 341 f. = BGH, NJW 1978, 1374; BGHZ 74, 103, 108 = BGH, NJW 1979, 1449; BGHZ 129, 136, 170 = BGH, NJW 1995, 1739; BGH, NJW 1997, 1233; *Koch*, AcP 204 (2004), 59, 63.

der Vertrauenshaftung gestützt und die Haftung liegt im Kern in enttäuschtem Vertrauen begründet.[734]

aa) Der Begriff des Sachwalters

Die Haftung aus c.i.c. könne nach gefestigter Rechtsprechung des BGH unter bestimmten Voraussetzungen ausnahmsweise auch einen Dritten treffen, der selbst nicht potentielle Vertragspartei werden soll, an den Vertragsverhandlungen aber als Vertreter, Vermittler oder Sachwalter einer Partei beteiligt sei.[735] Mit der Leitentscheidung *BGHZ 56, 81* aus dem Jahr 1971 werden derartige Fälle üblicherweise unter dem Begriff „Sachwalterhaftung" zusammengefasst.[736] Nach der Rechtsprechung des BGH haftet der Sachwalter einer Vertragspartei nämlich ohne Rücksicht darauf, ob er als Vertreter tätig wird, der ihm vertrauenden Partei auf Ersatz des Vertrauensschadens aus dem Gesichtspunkt des Verschuldens bei Vertragsschluss.[737] Der Begriff des Sachwalters wird in der Rechtsprechung wie folgt definiert: Als Sachwalter bezeichnet der BGH „denjenigen, der weder Vertragspartner noch dessen Vertreter ist, der aber dennoch für die schuldhafte Verletzung vorvertraglicher Schutzpflichten ausnahmsweise persönlich einzustehen hat, weil er auf der Seite des Vertragspartners an dem Zustandekommen des Vertragsschlusses beteiligt ist und dabei über das bei der Anbahnung von Geschäftsbeziehungen immer vorauszusetzende normale Verhandlungsvertrauen in besonderem Maße Vertrauen für sich persönlich in Anspruch nimmt und dadurch dem anderen Verhandlungspartner eine zusätzliche, gerade von ihm persönlich ausgehende Gewähr für Bestand und Erfüllung des in Aussicht genommenen Rechtsgeschäfts bietet".[738] Für die Anerkennung der Haftung im konkreten Fall ist jedoch nicht

---

734 *Zugehör*, NJW 2000, 1601, 1606; *Damm*, JZ 1991, 373, 379 f.; *Kersting*, S. 46 f.; *Leyens*, JuS 2018, 217, 219; *Wendelstein*, JURA 2018, 144, 150; *D. Fischer*, in: HB der Anwaltshaftung, § 13 Rn. 4; BGHZ 60, 221, 226 = BGH, NJW 1973, 752; BGH, NJW 1997, 1233.

735 BGH, NJW 1997, 1233; MünchKomm/*Emmerich*, § 311 BGB Rn. 212; *Koch*, AcP 204 (2004), 59, 64; vgl. auch BGHZ 14, 313, 318 = BGH, NJW 1954, 1925; BGHZ 56, 81, 85 ff. = BGH, NJW 1971, 1309; BGHZ 70, 337, 341 = BGH, NJW 1978, 1374; BGH, NJW 1985, 2584; BGH, NJW 1989, 293; BGH, NJW-RR 2006, 993, 994.

736 *Lorenz/Riehm*, Schuldrecht Rn. 374; *Bell*, S. 133 f.; BT-Drs. 14/6040, S. 163.

737 BGH, NJW 1989, 293, 294.

738 BGH, NJW 1989, 293, 294; BGH, NJW 1971, 1309; vgl. ferner BGHZ 63, 382 = BGH, NJW 1975, 642; BGHZ 70, 337; BGH, NJW 1978, 1374; BGH, NJW 1987, 1141; BGH, NJW-RR 1992, 605; *Canaris*, ZHR 163 (1999), 206, 224; *Leyens*, JuS 2018, 217, 219.

entscheidend, ob der Dritte unter den Begriff des Sachwalters fällt, sondern ob die in der Rechtsprechung genannten Voraussetzungen erfüllt sind.[739]

bb) Haftungskriterien nach Rechtsprechung des BGH und Lehre

(1) Überblick

Zur Konkretisierung der Haftungstatbestände gemäß § 311 Abs. 3 S. 2 BGB, auf die weiter unten ausführlich eingegangen wird, sind die von der Rechtsprechung und Lehre entwickelten Voraussetzungen für die Haftung erstmal zu erläutern. Es ist wichtig zu beachten, dass bei der Anerkennung einer Haftung die Rechtsprechung im Allgemeinen zurückhaltend ist, da es sich nur um den Ausnahmecharakter handelt.[740] Ausnahmsweise kann der für einen Beteiligten auftretende Sachwalter selbst aus dem Gesichtspunkt des Verschuldens bei Vertragsschluss auf Schadensersatz haften, wenn er in besonderem Maße Vertrauen für sich in Anspruch genommen und dadurch die Vertragshandlungen oder Vertragsschluss beeinflusst haben soll.[741] Der BGH hat diese Anforderung wie folgt präzisiert: Für die Bejahung einer solchen Haftung ist dann erforderlich, dass „der sonstige am Vertrag nicht selbst beteiligte Dritte wie Sachwalter dem anderen Teil eine zusätzliche, gerade von ihm persönlich ausgehende Gewähr für die Seriosität und die Erfüllung des Geschäfts oder für die Richtigkeit und Vollständigkeit der Erklärungen, die für den Willensentschluss des anderen Teils bedeutsam gewesen sind, geboten oder in zurechenbarer Weise den Eindruck vermittelt hat, er werde persönlich mit seiner Sachkunde die ordnungsgemäße Abwicklung des Geschäfts selbst dann gewährleisten, wenn der andere Teil dem Geschäftsherrn nicht oder nur wenig vertraut oder sein Verhandlungsvertrauen sich als nicht gerechtfertigt erweist“.[742]

---

739 *Canaris*, ZHR 163 (1999), 206, 222 f.

740 BGH, NJW-RR 1991, 1241, 1242; BGH, NJW 1997, 1233, 1234; z. B. BGH, NJW 1987, 1141; BGH, NJW-RR 1988, 328; BGH, NJW-RR 1988, 615; BGH, NJW-RR 1989, 110; BGH, NJW 1990, 1907; BGH, NJW-RR 1991, 289.

741 BGH, NJW-RR 2005, 23, 25; vgl. auch BGH, NJW 1971, 1309; BGH, NJW 1978, 1374; BGH, NJW 1979, 1449; BGH, NJW 1995, 1739; BGH, NJW 1997, 1233.

742 BGH, NJW 1997, 1233, 1234; BGH, NJW 1990, 1907, 1908; BGH, NJW 2007, 1362, 1363; BGH, NJW 1990, 389; BGH, NJW 1971, 1309; BGH, NJW 1979, 1449; BGH, NJW 1983, 2696; BGH, NJW 1994, 2220; BGH, NJW-RR 2002, 1309; BGH, NJW-RR 2003, 1703; BT-Drs. 14/6040, S. 163; *Kersting*, S. 42; *Faust*, AcP 210 (2010), 555, 564 ff.; *Canaris*, ZHR 163 (1999), 206, 224 f.; *Larenz*, Schuldrecht AT, § 9 I a, S. 115; *Büttner*, S. 38 ff.

(2) Die Inanspruchnahme besonderen persönlichen Vertrauens

Für die unter diesem Gesichtspunkt eingreifende Eigenhaftung muss das besondere Vertrauen über das normale Verhandlungsvertrauen hinausgehen („in besonderem Maße").[743] Dafür genügt es nicht, wenn jemand auf eigene Sachkunde verweist oder der Wortführer ist.[744] Ausreichen könnte aber z. B. die Erklärung, man verbürge sich für den Vertragspartner oder Ähnliches.[745] In der Rechtsprechung zur Sachwalterhaftung wird das „persönliche" Vertrauen auch angesprochen. Das heißt, dass der Sachwalter unter besonderen Umständen selbst für die Verletzung vorvertraglicher Schutzpflichten einstehen muss, nämlich dann, wenn ihm persönlich vom Vertragsgegner besonderes Vertrauen entgegengebracht wird.[746] Deshalb sollte er aufgrund seiner beruflichen Sachkunde oder besonderen Stellung dieses Vertrauen in seine eigene Person in Anspruch genommen haben.[747] Ferner betont die höchstrichterliche Rechtsprechung, dass nicht nur der Vertragspartner dem Verhandelnden besonderes Vertrauen entgegenbringt, sondern auch Vertrauen seitens des Verhandelnden in Anspruch genommen wird, indem er über das allgemeine Verhandlungsvertrauen hinaus eine zusätzliche, gerade von ihm persönlich ausgehende Gewähr für die Seriosität und die Erfüllung des Geschäfts bietet.[748] Es bezieht sich auf etwa „ein normatives Vertrauendürfen", das sich nach herrschender Meinung in die Kriterien der Gewährung und Inanspruchnahme von Vertrauen detailliert untergliedern lässt.[749] In diesem Zusammenhang kann

743 BGH, NJW-RR 1991, 1241, 1242; BT-Drs. 14/6040, S. 163; *Kersting*, S. 40; *Faust*, AcP 210 (2010), 555, 562 f.

744 BT-Drs. 14/6040, S. 163; BGH, NJW-RR 1993, 342.

745 BT-Drs. 14/6040, S. 163.

746 *Larenz*, Schuldrecht AT, § 9 I a, S. 115; *D. Fischer*, in: HB der Anwaltshaftung, § 13 Rn. 6; BGHZ 56, 81, 83 ff. = BGH, NJW 1971, 1309; BGHZ 14, 313, 318 = BGH, NJW 1954, 1925; BGHZ 74, 103, 108 = BGH, NJW 1979, 1449; BGHZ 88, 67, 68 f. = BGH, NJW 1983, 2696; BGH, NJW 1986, 180, 181; BGH, NJW 1990, 1907, 1908; BGH, NJW-RR 1991, 1241, 1242; BGH, NJW-RR 1992, 605; BGH, NJW 1997, 1233; BGH, NJW-RR 2002, 1309; BGH, NJW-RR 2007, 1362, 1363.

747 *Faust*, AcP 210 (2010), 555, 562 f.; *Kersting*, S. 40; *Larenz*, Schuldrecht AT, § 9 I a, S. 115; *Canaris*, ZHR 163 (1999), 206, 232 f.; *Ballerstedt*, AcP 151 (1950/51), 501, 510; *Koch*, AcP 204 (2004), 59, 75.

748 BGH, NJW-RR 1992, 605, 606; BGH, NJW-RR 1991, 1241, 1242; BGHZ 56, 81, 84 = BGH, NJW 1971, 1309; BGHZ 87, 27, 33 = BGH, NJW 1983, 1607; BGHZ 88, 67, 69 = BGH, NJW 1983, 2696; *Gellmann*, S. 60, 80.

749 *Koch*, AcP 204 (2004), 59, 75; *Kersting*, S. 42 f., 44; MünchKomm/*Emmerich*, § 311 BGB Rn. 42; *Pinger/Behme*, DS 2009, 54, 61 f.; *Adolff*, S. 122; vgl. BGH, NJW-RR 1991, 289.

die Inanspruchnahme des Vertrauens ausgehend von der „Vertrauenswerbung" verstanden werden.[750] Mit anderen Worten: Die Haftung setzt voraus, dass „der Sachwalter für sich persönlich um Vertrauen geworben hat".[751] Ein solches besonderes, dem Sachwalter persönlich entgegengebrachtes Vertrauen kann etwa in dessen außergewöhnlicher Sachkunde für den Vertragsgegenstand begründet sein, aber auch in seiner persönlichen Zuverlässigkeit oder eigenen Einflussmöglichkeit auf die Vertragsabwicklung.[752] Das kommt insbesondere in Frage, wenn ernsthafte Zweifel an der finanziellen Leistungsfähigkeit des Vertretenen bestehen.[753] Die Inanspruchnahme besonderen persönlichen Vertrauens durch einen Sachwalter setzt in jedem Fall voraus, dass er entweder an den Vertragsverhandlungen selbst beteiligt ist oder im Rahmen der Vertragsverhandlungen mit einem Anspruch auf Vertrauen hervortritt.[754] Allerdings muss der Sachwalter nicht selbst die Verhandlungen führen.[755] Es genügt, dass er diese von einem anderen für sich führen lasse und dem Vertragspartner gegenüber als die Person erscheint, von deren Entscheidung der Abschluss des Vertrags abhängt.[756] Ausschlaggebend ist hier also, dass der besondere Vertrauenstatbestand von dem Sachwalter selbst oder in ihm zurechenbarer Weise überhaupt geschaffen worden ist und das Verhalten des anderen Verhandlungspartners maßgeblich beeinflusst hat.[757] In diesem Zusammenhang hat der BGH ausgeführt, dass diese Grundsätze auch auf den Sachwalter einer Vertragspartei Anwendung finden können, „der sich selbst bei

---

750 *Bell*, S. 135 f.; *Koch*, AcP 204 (2004), 59, 75; *Ballerstedt*, AcP 151 (1950/51), 501, 521.

751 *Bell*, S. 135 f.

752 BGH, NJW 1971, 1309, 1310; BGH, NJW 1990, 389; *Canaris*, ZHR 163 (1999), 206, 223 f.; *Kersting*, S. 42; *D. Fischer*, in: HB der Anwaltshaftung, § 13 Rn. 8; *Damm*, JZ 1991, 373, 379 f.; *Gellmann*, S. 20.

753 BGH, NJW 1971, 1309, 1310.

754 BGH, NJW-RR 2005, 23, 25; BGHZ 159, 94, 102 = BGH, NJW 2004, 2523; BGH, NJW 1981, 2810; BGH, NJW 1984, 2523; BGH, NJW 1986, 968; *Kersting*, S. 44, 218 f.; *D. Fischer*, in: HB der Anwaltshaftung, § 13 Rn. 7.

755 *Larenz*, Schuldrecht AT, § 9 I a, S. 115; *Bell*, S. 135 f.; BGH, NJW 1971, 1309, 1310. Gleiches gilt auch für den Vertreter. Der Vertreter könne auch durch einen Untervertreter tätig werden, der (Vierte) dann für etwaige den Dritten treffende eigene vorvertragliche Verpflichtungen als sein Erfüllungsgehilfe i.S. des § 278 BGB anzusehen sei.

756 BGH, NJW-RR 2005, 23, 25; BGH, NJW 1984, 2523; BGH, NJW 1986, 968; *Canaris*, ZHR 163 (1999), 206, 226.

757 BGH, NJW 1971, 1309, 1310; BGH, NJW 1997, 1233; *Gellmann*, S. 60 ff.; *Adolff*, S. 119. Aufgrund der besonderen Einflussnahme treten diese Personen als Entscheidungsträger auf eine Verhandlungsseite auf, „deren Sache sie insofern verwalten".

den Verhandlungen im Hintergrund hält und eigene Beziehungen zu dem Verhandlungsgegner nur mittelbar über den von ihm betreuten Verhandlungspartner insofern herstellt, als er zu dem beabsichtigten Vertragsschluss seine Zustimmung erteilt, diese seine Erklärung dem anderen Teil zur Kenntnis gebracht wird, für ihn auch maßgeblich ist und ihn zum Abschluss des Vertrags bestimmt".[758] Daher lässt sich hier festhalten, dass die Inanspruchnahme persönlichen Vertrauens durch den Sachwalter von einem unmittelbaren persönlichen Kontakt zwischen dem Schuldner und dem Vertrauensgeber nicht abhängt.[759]

Im Rahmen der Verhandlungen muss der Sachwalter durch sein Verhalten Einfluss auf die Entscheidung des anderen nehmen.[760] Nach *Canaris* ist die Aktivität des Sachwalters darauf ausgerichtet, das Geschäft zwischen dem Dritten und dem Auftraggeber zu beeinflussen.[761] In dieser Hinsicht liege die Grundlage der Haftung in der Einflussnahme des Sachwalters auf einen potentiellen Vertrag zwischen dem Dritten und dem Auftraggeber.[762] Der allgemeine Hinweis auf die bei ihm vorhandene Sachkunde reicht nicht aus.[763] Nach der Rechtsprechung des BGH kann nämlich derjenige, der als Dritter bei Vertragsverhandlungen das besondere Vertrauen in Anspruch nimmt, entscheidenden Einfluss auf die ordnungsgemäße Durchführung des Vertrages zu haben, wegen Verletzung von Schutzpflichten auch dann schadensersatzpflichtig sein, wenn er es nach Vertragsabschluss unterlässt, dem Verhandlungspartner wesentliche Informationen über die voraussichtliche Undurchführbarkeit des Geschäfts zu geben, und dieser deshalb Dispositionen trifft, die ihm schädlich sind, oder solche unterlässt, die ihn vor Schaden bewahrt hätten.[764]

---

758 BGH, NJW 1971, 1309, 1310; *Canaris*, ZHR 163 (1999), 206, 225.

759 *Canaris*, ZHR 163 (1999), 206, 225; *Kersting*, S. 85 f.; *Pinger/Behme*, DS 2009, 54, 62; dagegen *Leyens*, JuS 2018, 217, 222.

760 BGH, NJW-RR 1991, 1241, 1242; *Adolff*, S. 119.

761 *Canaris*, ZHR 163 (1999), 206, 224 f.

762 *Canaris*, ZHR 163 (1999), 206, 224 f.

763 BGH, NJW-RR 1991, 1241, 1242; BGH, NJW 1990, 1907, 1908; BGHZ 88, 67, 69 = BGH, NJW 1983, 2696; BGH, NJW 1990, 389; BGH, NJW 1990, 506; BT-Drs. 14/6040, S. 163; *Adolff*, S. 120; Grüneberg/*Grüneberg*, BGB, § 311 Rn. 63.

764 BGH, NJW 1997, 1233, 1234; BGHZ 70, 337, 342 ff. = BGH, NJW 1978, 1374; ähnlich auch BGH, NJW 1982, 1807.

(3) Das Erfordernis der „persönlichen Gewähr"

Im Rahmen der Inanspruchnahme des besonderen Vertrauens ist das Merkmal der persönlichen Gewähr für die Sachwalterhaftung auch erforderlich. In der Rechtsprechung wird dies dahingehend präzisiert, dass der Sachwalter im Zuge von Verhandlungen dem anderen Verhandlungspartner eine über das normale Verhandlungsvertrauen hinausgehende, von ihm persönlich ausgehende Gewähr für die Seriosität und die Erfüllung des Geschäfts oder die Richtigkeit und Vollständigkeit seiner Erklärungen geboten haben muss, die für den Willensentschluss des anderen Teils bedeutsam gewesen ist.[765] Hier muss der Sachwalter Gewähr nicht für die gesamte Vertragsdurchführung geboten haben;[766] es reiche vielmehr aus, dass die von ihm ausgehende Gewähr nur für die Richtigkeit seiner Aussagen geboten wurde.[767] Im vorliegenden Zusammenhang lässt sich sagen, dass der Sachwalter durch die Übernahme einer persönlichen Gewähr (Garantie) als etwa ein Gewährsmann oder ein Bürge für seinen Geschäftsherrn fungiert.[768] Nach Ansicht von *Canaris* stellt dies ein zentrales Kriterium zur Konkretisierung der für die Haftung aus c.i.c. erforderlichen Vertrauenstatbestand dar, das der Unterscheidung zwischen den haftenden „Tätern" und den haftungsfreien bloßen „Gehilfen" dient.[769] Hierfür hat der BGH – wie oben bereits erwähnt – in seiner Leitentscheidung *BGHZ 56, 81* aus dem Jahr 1971 die Zustimmung des Sachwalters, von der der Vertragsschluss abhängig ist, als ein wichtiges Element der Haftung angesehen.[770] Für die Haftung kommt es nicht darauf an, ob der Sachwalter bei den Vertragsverhandlungen persönlich aufgetreten ist.[771]

765 BGH, NJW-RR 2002, 1309, 1310; BGH, NJW-RR 1991, 1312, 1314; BGH, NJW-RR 1992, 605; BGH, NJW 1997, 1233, 1234; BGH NJW-RR 1989, 110; BGH, NJW 1990, 389; BGH, NJW 1990, 1907; BGH, NJW-RR 1990, 614; BGH, NJW-RR 1991, 289; BGH, NJW-RR 1991, 1241, 1242; BGH, NJW 1992, 2080; BGH, NJW-RR 2005, 1137; BGH, NJW-RR 2006, 993, 994; MünchKomm/*Emmerich*, § 311 BGB Rn. 212.

766 *Canaris*, ZHR 163 (1999), 206, 227.

767 *Koch*, AcP 204 (2004), 59, 66; *Canaris*, ZHR 163 (1999), 206, 227.

768 *Ballerstedt*, AcP 151 (1950/51), 501, 523; *Kersting*, S. 42 ff.; *Höra*, S. 129.

769 *Canaris*, ZHR 163 (1999), 206, 225, 232 f.

770 *Canaris*, ZHR 163 (1999), 206, 227.

771 BGH, NJW 1971, 1309, 1310.

cc) Expertenhaftung

Im Gegensatz zu den klassischen Fällen der Dritthaftung aus c.i.c. wird heftig diskutiert, ob die oben genannten Anforderungen auch im Bereich der Expertenhaftung unproblematisch erfüllt werden können.[772] Im Schrifttum wird behauptet, dass die von der Rechtsprechung und Lehre entwickelten Grundsätze über die Sachwalterhaftung aus c.i.c. auf die Tätigkeiten vermögenssorgender Berufe (z. B. Rechtsanwälte, Steuerberater und Wirtschaftsprüfer) übertragen werden können.[773] Ähnliches wird im Gesetzentwurf der Bundesregierung genannt.[774] Danach umfasst die Sachwalterhaftung auch die Haftung von Sachverständigen oder anderer „Auskunftspersonen", die nicht selbst ein Eigeninteresse an einem Abschluss des Vertrags haben, dennoch aber durch ihre Äußerungen entscheidend zum Vertragsabschluss beitragen, weil sich ein Verhandlungspartner auf ihre Objektivität und Neutralität verlässt.[775] Hierfür können beispielsweise die Haftung des Rechtsanwalts für Parteigutachten im Rahmen der sog. „Due-Diligence-Prüfung" sowie für *third party legal opinions* angeführt werden.[776] In diesem Sinne kann die Berufs- oder Expertenhaftung zu einer besonderen Fallgruppe der Sachwalterhaftung gehören.[777] Zwar fungiert der Sachverständige nicht als Sachwalter im eigentlichen Sinne und er ist im Allgemeinen nicht unmittelbar an den Vertragsverhandlungen beteiligt,[778] aber er fungiert den Verhandlungsgehilfen ähnlich, indem er in vielen Fällen durch sein Gutachten den Abschluss des fremden Vertrags oder dessen Konditionen beeinflusst.[779] Anders als im Falle des Sachwalters kommt es daher in diesen Fällen, in denen der Dritte grundsätzlich nicht unmittelbar an den Vertragsverhandlungen beteiligt ist, nicht

772 *Faust*, AcP 210 (2010), 555, 564 ff.; *Bell*, S. 127.

773 *Herrmann*, JZ 1983, 422, 425; *Canaris*, ZHR 163 (1999), 206, 222 ff., 243 f.; *Pinger/Behme*, DS 2009, 54, 62; *Faust*, AcP 210 (2010), 555, 570 f.; vgl. BGH, NJW 1971, 1309.

774 *Schwab*, JuS 2002, 872, 876 f.

775 BT-Drs. 14/6040, S. 163; *Büttner*, S. 12 f., 38 ff.; MünchKomm/*Emmerich*, § 311 BGB Rn. 213; *Pinger/Behme*, DS 2009, 54, 63; *Koch*, AcP 204 (2004), 59, 65, danach sei die neutrale Stellung des Dritten aber kein zwingendes Merkmal dieser Haftung; vgl. *Kersting*, S. 150. Danach sei missverständlich hieran vor allem, dass im Rahmen der Sachwalterhaftung die Regierungsbegründung auf die Expertenhaftung hinweist.

776 MünchKomm/*Emmerich*, § 311 BGB Rn. 213.

777 MünchKomm/*Emmerich*, § 311 BGB Rn. 212, 216; *Damm*, JZ 1991, 373, 379 f.; BT-Drs. 14/6040, S. 163.

778 *Büttner*, S. 12 f.; *Kersting*, S. 85; *Medicus/Lorenz*, Schuldrecht AT Rn. 541; MünchKomm/*Emmerich*, § 311 BGB Rn. 213.

779 *Canaris*, JZ 1998, 603, 603, 605; *ders.*, ZHR 163 (1999), 206, 235 f.; *ders.*, JZ 1995, 441, 445; *Bell*, S. 133; *Kersting*, S. 85 f.

darauf an, ob der Vertragsabschluss von seiner Entscheidung oder Zustimmung abhängt.[780] Auch die Rechtsprechung hat sich mit dieser Möglichkeit befasst. Dazu hat der BGH ausgeführt, dass auch der öffentlich bestellte und vereidigte Sachverständige – wie der Sachwalter und der Vertreter oder Verhandlungsgehilfe der künftigen Vertragspartei – ein besonderes Vertrauen desjenigen in Anspruch nimmt, dem das von ihm gefertigte Gutachten erkennbar vorgelegt werden soll.[781] Das besondere Vertrauen, das dem Gutachten eines öffentlich bestellten Sachverständigen im Geschäftsverkehr beigemessen werde, setzt voraus, dass der Sachverständige das Gutachten nach bestem Wissen und Gewissen erstellt und dafür Dritten gegenüber einsteht.[782] Daher hat die Rechtsprechung festgestellt, dass Personen, die über besondere, vom Staat anerkannte Sachkunde verfügen und in dieser Eigenschaft gutachterliche Stellungnahmen abgeben, gegenüber Dritten haften können, denen gegenüber der Auftraggeber von dem Gutachten bestimmungsgemäß Gebrauch mache, um deren Vermögensdispositionen zu beeinflussen.[783] Entscheidend für die Haftung ist hier vor allem, ob der Sachverständige – wie bereits oben erwähnt – eine persönliche Gewähr geboten hat.[784] Nach *Canaris* hängt dies wesentlich davon ab, ob das Gutachten (die Expertise, Stellungnahme usw.) die Funktion hat, eigene Untersuchungen des Dritten bzw. die Einholung einer weiteren Expertise durch diesen überflüssig zu machen oder nicht.[785] Anders als im Sachwalterfall ist das Erfordernis der Zustimmung nicht entscheidend für die Expertenhaftung, weil der Sachverständige den Vertrauenstatbestand durch die Erstellung der Expertise selbst geschaffen hat.[786] Im vorliegenden Zusammenhang hat der BGH dargelegt, dass der Sachverständige dabei seine Sorgfalt jedenfalls auf die Verkehrskreise ausrichten muss, in denen

---

780 *Koch*, AcP 204 (2004), 59, 65; *Pinger/Behme*, DS 2009, 54, 63; *Canaris*, ZHR 163 (1999), 206, 226 f.

781 BGH, NJW 1998, 1059, 1060; *Canaris*, JZ 1998, 603, 603.

782 BGH, NJW 1998, 1059, 1060; BGHZ 127, 378, 380 ff. = BGH, NJW 1995, 392; vgl. BGH, NJW 2012, 3165, 3167; BGHZ 145, 187, 198 = BGH, NJW 2001, 360. Dieser Rechtsprechung liege der allgemeine Rechtsgedanke zugrunde, dass für die Vollständigkeit und Richtigkeit der in Verkehr gebrachten Angaben jeder einstehen müsse, der durch von ihm in Anspruch genommenes und ihm auch entgegengebrachtes Vertrauen auf den Willensentschluss Dritter Einfluss genommen habe.

783 BGH, NJW 2004, 3035, 3036; BGHZ 145, 187, 197 = BGH, NJW 2001, 360; BGHZ 127, 378, 380 f. = BGH, NJW 1995, 392; BGH, NJW 2012, 3165, 3167; MünchKomm/*Emmerich*, § 311 BGB Rn. 216.

784 *Canaris*, ZHR 163 (1999), 206, 232 f., 243 f.

785 *Canaris*, ZHR 163 (1999), 206, 232 f.; *Pinger/Behme*, DS 2009, 54, 62.

786 *Canaris*, ZHR 163 (1999), 206, 227; vgl. BGH, NJW 1971, 1309 (Sachwalterhaftung).

er mit einer Verwendung des Gutachtens rechnen muss.[787] Dies bedeutet, dass z. B. die Beleihbarkeit vom Kreditgeber allein aufgrund des Gutachtens zu beurteilen wäre, ohne dass es weiterer eigener Ermittlungen seitens des Kreditgebers bedürfe.[788] Allerdings wurden solche Fälle in der Rechtsprechung bislang nicht auf diesem Weg, sondern mithilfe der Konstruktion des Vertrags mit Schutzwirkung für Dritte gelöst.[789] Nach der Schuldrechtsreform ist umstritten, ob § 311 Abs. 3 S. 2 BGB als Haftungsgrundlage für die Expertenhaftung herangezogen werden kann, worauf später noch eingegangen wird.

dd) Die Dritthaftung des Anwalts (Rechtsberaters)

Im Hinblick auf die anwaltliche Dritthaftung aus c.i.c. hat der BGH bislang hohe Anforderungen gestellt, wenn der Anwalt aufgrund eines echten Anwaltsvertrags in die Vertragsverhandlungen zwischen seinem Auftraggeber und einem Dritten eingeschaltet wird.[790] Zur Haftung des Anwalts für Erklärungen, die er gegenüber dem Vertragsgegner seines Mandanten abgibt, führt die Rechtsprechung – wie oben erwähnt – aus, dass er wegen Verletzung vorvertraglicher Nebenpflichten aus c.i.c. haftet, wenn er gleichsam in eigener Sache tätig wird, das heißt insbesondere, wenn er im besonderen Maße persönliches Vertrauen für sich in Anspruch genommen hat.[791] Dabei hat die Rechtsprechung die Annahme, dass ein Rechtsanwalt allein aufgrund des von ihm ausgeübten Berufes eine Vertrauensperson sei, die für die Erklärungen der beratenen Partei unter allen Umständen geradestehen wolle, verneint.[792] Dieses Vertrauen stützt sich auf seine besondere Sachkunde oder seine große persönliche Zuverlässigkeit.[793] Nach der Rechtsprechung erweckt allein der Hinweis auf diejenige Sachkunde, die für die übernommene Tätigkeit ohnehin erforderlich ist, kein besonderes Vertrauen in diesem Sinne.[794]

---

787 BGH, NJW 1998, 1059, 1060.

788 BGH, NJW 1998, 1059, 1060.

789 BT-Drs. 14/6040, S. 163; MünchKomm/*Emmerich*, § 311 BGB Rn. 217; BeckOGK/*Herresthal* (Stand: 15.5.2023), § 311 BGB Rn. 543; *Medicus/Lorenz*, Schuldrecht AT Rn. 541; *Canaris*, JZ 1998, 603, 603; *Patzina*, LMK 2003, 123, 124; *Löhnig*, JuS 2003, 727, 728; vgl. *Kersting*, S. 318, 333, 544 ff.

790 *D. Fischer*, in: HB der Anwaltshaftung, § 13 Rn. 15.

791 BGH, NJW 1991, 32, 33; BGHZ 70, 337, 342 = BGH, NJW 1978, 1374; *D. Fischer*, in: HB der Anwaltshaftung, § 13 Rn. 14.

792 BGH, NJW 1989, 293, 294; *Bell*, S. 140.

793 BGH, NJW 1991, 32, 33; BGH, NJW-RR 1990, 459, 461; vgl. BGH, NJW-RR 1988, 615, 616.

794 BGH, NJW-RR 1990, 459, 461; *D. Fischer*, in: HB der Anwaltshaftung, § 13 Rn. 15.

Daran fehle es auch regelmäßig, wenn eine Partei bei Vertragsverhandlungen zu ihrer eigenen Beratung einen Rechtsanwalt ihres Vertrauens hinzuzieht, weil er grundsätzlich die Interessen seines Mandanten wahrnimmt und nicht „in eigener Sache" hervortritt.[795] So begründe dies ohne Hinzutreten besonderer Umstände auch dann keine persönliche Haftung des Rechtsanwalts für die bei dieser Gelegenheit abgegebenen Parteierklärungen, wenn er bei der abschließenden Fixierung des Verhandlungsergebnisses mitwirkt.[796] Diese besonderen Umstände begründen die Eigenhaftung des Anwalts, die in dem Verhandlungsgegner die Annahme hervorrufen können, dass er in seiner Person eine besondere Gewähr für die Richtigkeit der Angaben übernehmen will, etwa indem er zu verstehen gibt, dass er das Zahlenwerk erstellt oder überprüft oder sich aus sonstigen Gründen für dessen Verlässlichkeit stark machen kann.[797] Eine solche Gewährübernahme kommt im Wesentlichen in Betracht, wenn er an das Vertrauen des Verhandlungsgegners in seine eigene Zuverlässigkeit und Sachkunde appelliere.[798] Auch haftet er nicht, wenn er bei Vertragsverhandlungen nur als Wortführer auftritt.[799]

c) *Unmittelbares wirtschaftliches Eigeninteresse* (procurator in rem suam)

Nach der Rechtsprechung können die Hilfspersonen wie Vertreter oder Sachwalter selbst für ein Verschulden bei Vertragsverhandlungen haftbar gemacht werden, wenn sie die Vertragsverhandlungen im eigenen Interesse maßgeblich führen und aus dem Geschäftsabschluss persönlichen Nutzen erstreben.[800] Hierfür wird die Eigenhaftung eines Gebrauchtwagenhändlers als ein klassisches Beispiel diskutiert, wenn er einen Gebrauchtwagen im Namen des Vorbesitzers verkauft,

---

795 BGH, NJW 1991, 32, 33; BGH, NJW 1989, 293, 294; *D. Fischer*, in: HB der Anwaltshaftung, § 13 Rn. 15; *Bell*, S. 127 f.; *Adolff*, S. 119, 152.

796 *Adolff*, S. 121; *Zugehör*, WM Sonderbeilage 1 (2010), 1, 35; MünchKomm/*Emmerich*, § 311 BGB Rn. 213; *Koch*, AcP 204 (2004), 59, 66; BGH, NJW-RR 2009, 140; BGH, NJW 1989, 293, 294.

797 BGH, NJW 1989, 293, 294; *Koch*, AcP 204 (2004), 59, 66.

798 *Koch*, AcP 204 (2004), 59, 66; *Adolff*, S. 121.

799 BGH, NJW-RR 1993, 342, 344.

800 RGZ 120, 249, 252; RGZ 132, 76, 80; RGZ 159, 54; BGH, Urt. v. 4.12.1958 – II ZR 168/57.

um Steuern zu sparen.[801] Der BGH geht nämlich davon aus, dass der Verhandlungsgehilfe einer Vertragspartei wegen der Verletzung vorvertraglicher Pflichten ausnahmsweise dann selbst haftet, wenn er ein unmittelbares eigenes wirtschaftliches Interesse am Zustandekommen des Vertrags hat und gleichsam in eigener Sache tätig wird.[802] Dieses nur mittelbare Interesse reicht aber für eine Haftung der Hilfspersonen aus c.i.c. wegen starken wirtschaftlichen Eigeninteresses nicht aus.[803] Eine solche Haftung setzt nach der ständigen Rechtsprechung des BGH vielmehr eine so enge Beziehung zum Vertragsgegenstand voraus, dass der Verhandelnde gleichsam in eigener Sache tätig wird, mithin als wirtschaftlicher Herr des Geschäfts anzusehen ist.[804] Die Rechtsprechung hat auch ausgesprochen, dass die persönliche Haftung eines Gebrauchtwagenhändlers neben einer Mängelhaftung des Verkäufers bestehen kann.[805] Allerdings hat der BGH für die Haftung des Kraftfahrzeughändlers aus c.i.c. wiederholt entschieden, dass die Haftung des Vermittlers nicht weiter geht als die gewährleistungsrechtliche Haftung des

801 *Kersting*, S. 35 ff.; *Medicus/Lorenz*, Schuldrecht AT Rn. 542; Grüneberg/*Grüneberg*, BGB, § 311 Rn. 61, 66; vgl. BGHZ 79, 281, 287 = BGH, NJW 1981, 922; BGH, NJW 2010, 858; BGH, NJW-RR 2011, 462; BGH, NJW 1975, 642; BGH, NJW 1977, 1914; *Adolff*, S. 119 f. Die Begründungsansatz der Rechtsprechung ist jedoch nicht immer eindeutig. In einigen Fällen hat der BGH die Auffassung vertreten, dass es sich auch um eine Haftung wegen Inanspruchnahme besonderen persönlichen Vertrauens handelt.

802 BGH, NJW-RR 2006, 993, 994; BGH, NJW 1990, 1907; BGH, NJW 2004, 2523, 2525; BGHZ 70, 337, 341 ff. = NJW 1978, 1374; BGHZ 74, 103, 108 = BGH, NJW 1979, 1449; BGHZ 129, 136, 170 = BGH, NJW 1996, 1739; *Zugehör*, NJW 2000, 1601, 1607.

803 BGH, NJW 1997, 1233; BGH, NJW 1991, 32, 33; Grüneberg/*Grüneberg*, BGB, § 311 Rn. 61; vgl. für das – ebenfalls nur mittelbare – Provisionsinteresse des Handelnden BGHZ 88, 67, 70 = BGH, NJW 1983, 2696; BGH, NJW-RR 1988, 394; BGH, NJW-RR 1991, 1241; BGH, NJW-RR 1992, 1061; BGH, NJW-RR 1992, 605; BGH, NJW 1990, 506.

804 BGH, NJW 1997, 1233, 1234; BGH, NJW 1971, 1309; BGH, NJW 1986, 587; BGH, NJW 1986, 180, 181; BGH, NJW 1991, 32, 33; BGH, NJW 1984, 2284, 2286; BGH, NJW-RR 1991, 1241; BGH, NJW-RR 1992, 605; BGH, NJW-RR 1992, 1061; BGH, NJW 1994, 2220; BGH, NJW-RR 2002, 1309; BGH, NJW 2004, 2523; BGH, NJW-RR 2007, 1362, 1363; Grüneberg/*Grüneberg*, BGB, § 311 Rn. 61; *D. Fischer*, in: HB der Anwaltshaftung, § 13 Rn. 10; *Bell*, S. 134; *Leyens*, JuS 2018, 217, 219.

805 BeckOGK/*Herresthal* (Stand: 1.9.2023), § 311 BGB Rn. 547; BGH, NJW-RR 2011, 462, 464; BGHZ 63, 382, 388 = BGH, NJW 1975, 642; BGHZ 87, 302, 304 f. = BGH, NJW 1983, 2192; BGH, NJW 2010, 858.

Verkäufers selbst.[806] Danach hat das Aufgehen des Ersatzanspruchs des Käufers aus Verschulden bei Vertragsschluss im Gewährleistungsanspruch nicht zur Folge, dass er einen Anspruch auf Ersatz des Vertrauensschadens gegen den Vermittler oder Vertreter verliert, dass aber andererseits die daneben bestehende Haftung des Vermittlers oder Vertreters aus enttäuschtem Verhandlungsvertrauen nicht weiter geht, als diejenige des Verkäufers aus dem Vertrag.[807] Nach der Schuldrechtsreform könne diese Fallgruppe sich auf § 311 Abs. 3 S. 1 BGB beziehen.[808]

2. *Analyse der Voraussetzungen gemäß § 311 Abs. 3 S. 2 BGB*

Im vorliegenden Teil wird mit den Tatbestandsvoraussetzungen für das Entstehen einer Sonderverbindung gemäß § 311 Abs. 3 S. 2 BGB – in erster Linie nach der Ansicht von *Kersting* – befasst. Dabei werden die in der Rechtsprechung zur Sachwalterhaftung entwickelten Haftungsanforderungen mitberücksichtigt.[809]

a) *Inanspruchnahme von Vertrauen*

aa) Der Vertrauensbegriff

Nach der Neuregelung muss der Dritte in besonderem Maße Vertrauen für sich in Anspruch nehmen. Eine klare und einheitliche anerkannte Definition des Begriffs „Vertrauen" ist sowohl im deutschen Recht als auch in der Literatur schwer zu finden. Allerdings muss dies nach *Canaris* nicht nur in einem psychologischen, sondern auch in einem juristischen und normativen Kontext festgestellt werden.[810] Das heißt: Hierbei handelt es sich darum, was man unter Vertrauen im Sinne des § 311 Abs. 3 S. 2 BGB versteht.[811] Innerhalb eines rechtlichen Zusammenhangs bezeichnet Vertrauen als „die subjektive Erwartung des Vertrauensgebers, dass sich der Vertrauensnehmer zukünftig wie angekündigt verhält".[812] Nach *Kersting* lässt sich dies zunächst wie folgt konkretisieren: Die Vertrauenshandlung des Vertrauensgebers werde in der Erwartung vorgenommen, dass die Angaben

806 BGH, NJW-RR 2011, 462, 464; BGH, NJW 1975, 642; BGH, NJW 1981, 922; BGH, NJW 1983, 2192.

807 BGH, NJW 1981, 922, 923; BGHZ 63, 382, 387 ff. = BGH, NJW 1975, 642; BGH, NJW 1977, 1914.

808 *Medicus/Lorenz*, Schuldrecht AT Rn. 542; vgl. *Lorenz/Riehm*, Schuldrecht Rn. 376.

809 *Temming/Weber*, JURA 2019, 923, 928.

810 *Canaris*, Die Vertrauenshaftung im deutschen Privatrecht, S. 503 ff.

811 *Kersting*, S. 210.

812 *Kersting*, S. 211; *Gellmann*, S. 40; *Canaris*, Die Vertrauenshaftung im deutschen Privatrecht, S. 503 ff.

oder Erklärungen des Vertrauensnehmers richtig sind.[813] Dies ergibt sich aus der Annahme, dass der Vertrauensnehmer über die von ihm behaupteten Fähigkeiten und Kenntnisse verfügt und sie zutreffend einsetzt.[814] Ferner hält der Vertrauensgeber aufgrund dieser Erwartung eine eigene Überprüfung der Richtigkeit der Angaben für überflüssig und kann auf eigene Kontroll- oder Sicherungsmaßnahmen verzichten („die Gegensätzlichkeit von Vertrauen und Kontrolle").[815] Auf diesen Grundlagen trifft der Vertrauensgeber gewisse Vermögensdispositionen. Die Berechtigung oder Schutzwürdigkeit des Vertrauens fällt allerdings nicht unter die Tatbestandsmerkmale des § 311 Abs. 3 S. 2 BGB.[816]

Im Rahmen des § 311 Abs. 3 S. 2 BGB ist der Vertrauenstatbestand zweiseitig konstituiert: zum einen als die (konkrete) Inanspruchnahme des Vertrauens und zum anderen als die Gewährung von Vertrauen.[817] Insbesondere die Gewährung von Vertrauen knüpft sich an das Erfordernis der Beeinflussung der Vertragsverhandlungen oder des Vertragsschlusses an.[818] Nach mehreren im Schrifttum vertretenden Ansichten muss dieses Vertrauen sich auf eine Person beziehen, da hier ein personales Vertrauen in Rede steht.[819] Nach der Rechtsprechung kann ein solches Vertrauen an erster Stelle in außergewöhnlicher Sachkunde des Dritten für den Vertragsgegenstand begründet sein.[820] Bei der Expertenhaftung liegt der Bezugspunkt dieses Vertrauens vor allem in der Wahrheit des Inhalts des Gutachtens, da dessen Zweck nach der Rechtsprechung darauf abgestellt ist, dem Dritten gegenüber Vertrauen zu erwecken und Beweiskraft zu besitzen.[821] Daher werden die Informationen, die in dem Gutachten angegeben sind, zum Gegenstand des Vertrauens.[822]

---

813 *Kersting*, S. 211 ff.

814 *Kersting*, S. 211 ff.

815 *Kersting*, S. 211 ff.; vgl. *Canaris*, ZHR 163 (1999), 206, 232 f.

816 *Kersting*, S. 239.

817 *Kersting*, S. 210; vgl. *Ballerstedt*, AcP 151 (1950/51), 501, 501 ff.; *Canaris*, in: FS Larenz (1983), S. 27, 27 ff.; *Bell*, S. 128 f., 131 f., 161; MünchKomm/*Emmerich*, § 311 BGB Rn. 42; BeckOGK/*Herresthal* (Stand: 15.5.2023), § 311 BGB Rn. 196; *Koch*, AcP 204 (2004), 59, 74 ff.; *Herrmann*, JZ 1983, 422, 425.

818 *Kersting*, S. 210, 215.

819 *Gellmann*, S. 42; *Kersting*, S. 211, 259; vgl. *Faust*, AcP 210 (2010), 555, 562 f.; *Kersting*, S. 40; *Larenz*, Schuldrecht AT, § 9 I a, S. 115; *Canaris*, ZHR 163 (1999), 206, 232 f.; *Ballerstedt*, AcP 151 (1950/51), 501, 510; *Koch*, AcP 204 (2004), 59, 75.

820 *Damm*, JZ 1991, 373, 380; BGH, NJW 1971, 1309, 1310; BGH, NJW 1975, 642; BGH, NJW 1981, 922 BGH, NJW 1983, 2192.

821 *Gellmann*, S. 44 f.; BGH, NJW 1998, 1948, 1949; BGH, NJW 1995, 392.

822 *Gellmann*, S. 45.

bb) In Anspruch nehmen

(1) Konkretisierung des Begriffs

Hierbei handelt es sich um die Handlung des Vertrauensnehmers.[823] Nach der Rechtsprechung reicht es für die Dritthaftung aus c.i.c. nicht aus, dass der Vertragspartner dem Verhandelnden besonderes Vertrauen entgegenbringt.[824] Vertrauen muss seitens des Dritten (Verhandelnden) in Anspruch genommen worden sein und der Dritte muss also durch sein Verhalten Einfluss auf die Entscheidung des anderen genommen haben (aktive Einflussnahme).[825] Sprachlich könne dieses Merkmal im Zusammenhang mit der Vertrauenswürdigkeit des Vertrauensnehmers des Vertrauens verstanden werden.[826] Aus sprachlicher Sicht bedeutet dies, dass der Vertrauensnehmer tatsächlich eine Vertrauenserwartung hervorruft oder sich auf eine bereits bestehende Vertrauenserwartung beruft sowie dass er diese dem Vertrauensgeber als Grundlage für eine Vertrauenshandlung zur Verfügung stellt.[827] Der Vertrauensnehmer müsse also nicht nur den Eindruck vermitteln, dass er vertrauenswürdig ist, sondern er müsse auch dadurch eine Vertrauenserwartung hervorrufen oder bestätigen und eine darauf aufbauende Vertrauenshandlung fördern.[828] Dies habe in diesem Sinne einen Appellcharakter und mit einer Vertrauenswerbung zu tun.[829] Inhaltlich ist die Inanspruchnahme des Vertrauens auch kausal mit dem Erfordernis der Beeinflussung der Vertragsverhandlungen oder Vertragsschlusses in § 311 Abs. 3 S. 2 BGB verbunden, da die Inanspruchnahme von Vertrauen nur dann die Grundlage für einen Vertragsschluss bilden könne, wenn der Vertrauensgeber daran glaubt, dass der Vertrauensnehmer entsprechend seiner Inanspruchnahme von Vertrauen handelt.[830] Die Anforderung dieser Beeinflussung weise auf die Notwendigkeit tatsächlichen Vertrauens des Vertrauensgebers hin.[831] Darüber hinaus kann die Schlussfolgerung gezogen werden, dass die „persönliche" Inanspruchnahme von

---

823 *Kersting*, S. 213.

824 BGH, NJW-RR 1991, 1241, 1242.

825 BGH, NJW-RR 1991, 1241, 1242; vgl. BGHZ 56, 81, 84 = BGH, NJW 1971, 1309; BGHZ 87, 27, 33 = BGH, NJW 1983, 1607; BGHZ 88, 67, 69 = BGH, NJW 1983, 2696.

826 *Kersting*, S. 214. Im allgemeinen Sprachgebrauch bedeutet dies, dass eine Person behauptet, eine solche Eigenschaft zu besitzen.

827 *Kersting*, S. 214; *Gellmann*, S. 50 f.

828 *Kersting*, S. 214 f.

829 *Koch*, AcP 204 (2004), 59, 74 ff.

830 *Kersting*, S. 215 ff.; *Koch*, AcP 204 (2004), 59, 79.

831 *Kersting*, S. 215 ff.; vgl. *Koch*, AcP 204 (2004), 59, 75. Vielmehr spricht *Koch* von einem normativen Vertrauendürfen.

Vertrauen erforderlich ist. Das Vertrauen müsse sich auf eine Person beziehen.[832] Dieses Merkmal lasse sich aus den Worten „für sich" in § 311 Abs. 3 S. 2 BGB und dem Begriff des Vertrauens selbst ableiten.[833] Nach der Rechtsprechung kann dieses Merkmal dahingehend präzisiert werden, dass ein Sachwalter oder Vertreter entweder an den Vertragsverhandlungen selbst beteiligt ist oder im Rahmen der Vertragsverhandlungen mit einem Anspruch auf persönliches Vertrauen hervortritt.[834] Es reicht aus, dass er diese von einem anderen für sich führen lässt und dem Vertragspartner gegenüber als die Person erscheint, von deren Entscheidung der Vertragsschluss abhängt.[835] Diese durch die Rechtsprechung entwickelte Formulierung könne auch auf die Sachverhalte nach neuem Recht übertragen werden.[836] Im Ergebnis lässt sich sagen, dass der Vertrauensnehmer als Person hervortreten und für sich Vertrauen in Anspruch nehmen muss.[837]

Nach herrschender Lehre zum alten Recht soll das Vertrauen in Bezug auf den zu beeinflussenden Vertrag zwischen dem Vertragsgeber und dessen Partner in Anspruch genommen werden.[838] Dies ist in erster Linie darauf zurückzuführen, dass die Haftung aus c.i.c. keine Haftung aufweist, die sich aus einem bloßen sozialen Kontakt ergibt, sondern aus einem rechtsgeschäftlichen Kontakt (§ 311 Abs. 2 BGB).[839] Hier komme es nicht darauf an, ob der Dritte als Interessenvertreter im Lager einer der beiden Parteien steht.[840] Das Merkmal eines rechtsgeschäftlichen Bezugs wird im Schrifttum als Teilnahme am rechtsgeschäftlichen Verkehr bezeichnet.[841] Dies kann auch bei der Ermittlung der Inanspruchnahme von Vertrauen nach neuem Recht in Erwägung gezogen werden. Nicht

832 *Faust*, AcP 210 (2010), 555, 562 f.

833 *Kersting*, S. 218 f.; *Quiring*, S. 157.

834 BGH, NJW-RR 2005, 23, 25; vgl. BGH, NJW 1981, 2810; BGH, NJW 1984, 2523; BGH, NJW 1986, 968.

835 BGH, NJW-RR 2005, 23, 25.

836 *Kersting*, S. 218 f.

837 *Kersting*, S. 218 f.

838 *Canaris*, in: FS Larenz (1983), S. 27, 107 f.; *ders.*, ZHR 163 (1999), 206, 234 f.; *Koch*, AcP 204 (2004), 59, 77; *Kersting*, S. 84, 220 f.; *Bell*, S. 149; *Adolff*, S. 128.

839 *Koch*, AcP 204 (2004), 59, 77; *Canaris*, ZHR 163 (1999), 206, 234 f.; *Gellmann*, S. 57; vgl. BGH, NJW-RR 2005, 23, 25. Ein unmittelbarer Kontakt sei jedoch nicht notwendig.

840 *Gellmann*, S. 54 ff.; *Koch*, AcP 204 (2004), 59, 77; *Bell*, S. 167 ff.; *Hopt*, AcP 183 (1983), 608, 646, 719; *Canaris*, ZHR 163 (1999), 206, 226. Danach seien Objektivitäts- und Neutralitätsanspruch ein zusätzlicher Anlass für eine Vertrauenshaftung.

841 *Canaris*, in: FS Larenz (1983), S. 27, 107 f.; *ders.*, ZHR 163 (1999), 206, 234 f.

erforderlich sei, dass der Vertrauensnehmer sich selbst geschäftlich verhält.[842] Da der Vertrauensnehmer durch seine Inanspruchnahme von Vertrauen die Vertragsverhandlungen oder den Vertragsschluss erheblich beeinflussen können muss, soll dieses Merkmal auch im Rahmen der Vertrauenshandlung festgestellt werden.[843] Daraus resultiert, dass die mit der Inanspruchnahme anvisierte Vertrauenshandlung ebenfalls auf ein Rechtsgeschäft Bezug genommen werden müsse.[844]

(2) Subjektiver Tatbestand der Vertrauensinanspruchnahme

Im Hinblick auf die Begründung einer vertragsähnlichen Sonderverbindung nach § 311 Abs. 3 S. 2 BGB handelt es sich um die Frage, ob und welche subjektiven Tatbestände erforderlich sind. Sie sind parallel zu den Anforderungen einer Willenserklärung. Zuerst setzt die Inanspruchnahme von Vertrauen einen Handlungswillen voraus.[845] Dem Vertrauensnehmer muss bewusst sein, dass die Vertrauenshandlung rechtsgeschäftsbezogen ist (Bewusstsein der Inanspruchnahme).[846] Der Wille der Inanspruchnahme kommt insbesondere im Hinblick auf die Notwendigkeit der Haftungsbegrenzung in Betracht. Dieses Kriterium bezieht sich auf die Gerichtetheit des Vertrauens, die *Canaris* vorgeschlagen hat.[847] Das von *Canaris* entwickelte Merkmal der Gerichtetheit unterscheidet sich dadurch von einem Inanspruchnahmewillen, dass es auf das angebahnte Projekt abgestellt ist.[848] Das Erfordernis des Inanspruchnahmewillens lässt sich in den klassischen Fällen, in denen es um eine Vertretereigenhaftung oder Sachwalterhaftung geht, problemlos erfüllen, da der Sachwalter oder Vertreter auf ein ganz bestimmtes fremdes Geschäft (Bezugsvertrag) Einfluss nimmt.[849] Im Bereich der Expertenhaftung kann es schwierig sein, einen Inanspruchnahmewillen festzustellen, da z. B. ein Gutachten des Experten durch Weiterleitung bei

---

842 *Kersting*, S. 220 f.

843 *Kersting*, S. 220 f.

844 *Kersting*, S. 220 f.

845 *Kersting*, S. 241.

846 *Kersting*, S. 241 ff.

847 *Kersting*, S. 243; *Bell*, S. 149; *Canaris*, in: FS Larenz (1983), S. 27, 95; *Koch*, AcP 204 (2004), 59, 75 f.; *Faust*, AcP 210 (2010), 555, 570 f.; *Schwab*, JuS 2002, 872, 878; *Büttner*, S. 173 ff.

848 *Canaris*, ZHR 163 (1999), 206, 235 f., 237 f.; vgl. BGH, NJW 1984, 355. Nach der Rechtsprechung sei hingegen erforderlich, dass die zu schützende Personengruppe objektiv abgrenzbar sein müsse.

849 *Büttner*, S. 38 ff.; *Kersting*, S. 243 ff.

mehreren verschiedenen Rechtsgeschäften verwendet werden kann.[850] Angesichts der Konzeption der Sonderverbindung sei es nicht schlüssig, dass in den Fällen der Drittweitergabe eine Sonderverbindung zu unbeschränktem Personenkreis entstehen könnte.[851] Die Erkennbarkeit und Kalkulierbarkeit des Haftungsrisikos werden auch angesprochen, um die Ausuferung der Haftung zu vermeiden.[852] Daher wird die Ansicht vertreten, dass im Falle der Weitergabe der Auskünfte die Entstehung einer Sonderverbindung zu diesen Empfängern grundsätzlich verneint werden müsste.[853]

b) „Für sich“

Ein Schuldverhältnis mit Pflichten nach § 241 Abs. 2 entsteht, wenn der Dritte Vertrauen für sich in Anspruch nimmt. Hier handelt es sich darum, für wen (Vertreter oder Vertretenen) dieses Vertrauen in Anspruch genommen wird.[854] Die Rechtsprechung hat dies dahingehend konkretisiert, dass der Vertreter in besonderem Maße „persönliches“ Vertrauen in Anspruch genommen haben muss.[855] Dies bedeutet, dass der Dritte Vertrauen für sich selbst als seine eigene Person - nicht für seinen Geschäftsherrn – in Anspruch genommen haben muss.[856] Der Geschäftsherr kann in diesem Fall nur in eine durch die Person des Vertreters vermittelte Vertrauensbeziehung zu dem Dritten einbezogen werden (§ 179 BGB).[857] Nach der Rechtsprechung zum alten Recht muss der Dritte eine von ihm persönlich ausgehende Gewähr für Bestand und Erfüllung des in Aussicht genommenen Rechtsgeschäfts geboten haben.[858] Bei der Expertenhaftung kommt es darauf an, ob die Expertise die Funktion habt, dass der Vertrauensgeber eigene Untersuchungen oder die Einholung einer weiteren Expertise durch diesen für überflüssig halten kann.[859]

---

850 *Büttner*, S. 38 ff.; *Canaris*, ZHR 163 (1999), 206, 235 f.

851 *Kersting*, S. 243 ff.

852 *Kersting*, S. 243 ff.; vgl. *W. Lorenz*, in: FS Larenz (1973), S. 575, 619.

853 *Bell*, S. 170 ff.; *Kersting*, S. 243 ff.

854 *Kersting*, S. 260 f.

855 Z. B. BGH, NJW 1971, 1309, 1310; *Kersting*, S. 259.

856 *Kersting*, S. 259; *Ballerstedt*, AcP 151 (1950/51), 501, 521; *Gellmann*, S. 85; *Canaris*, ZHR 163 (1999), 206, 232 f.; *ders.*, in: FS Larenz (1983), S. 27, 94.

857 *Ballerstedt*, AcP 151 (1950/51), 501, 510.

858 BGH, NJW 1997, 1233; BGH, NJW 1989, 293; *Kersting*, S. 259 f.

859 *Canaris*, ZHR 163 (1999), 206, 232 f.; *Pinger/Behme*, DS 2009, 54, 62; *Gellmann*, S. 91.

c) *„In besonderem Maße"*

Gemäß § 311 Abs. 3 S. 2 BGB muss der Dritte in besonderem Maße Vertrauen für sich in Anspruch genommen haben. Das besondere Vertrauen muss über das normale Verhandlungsvertrauen hinausgehen.[860] Diese bezieht sich auf eine besondere Intensität der Inanspruchnahme.[861] Der BGH hat dies dahingehend formuliert, dass auch der öffentlich bestellte und vereidigte Sachverständige – wie der Sachwalter und der Vertreter oder Verhandlungsgehilfe der künftigen Vertragspartei – ein besonderes Vertrauen desjenigen in Anspruch nimmt, dem das von ihm gefertigte Gutachten erkennbar vorgelegt werden soll.[862] Nach der Rechtsprechung zum alten Recht kann das Bieten einer zusätzlichen persönlichen Gewähr die Inanspruchnahme von Vertrauen in besonderem Maße begründen.[863] Danach muss der Dritte „eine über das normale Verhandlungsvertrauen hinausgehende, von ihm persönlich ausgehende zusätzliche Gewähr" für die Seriosität und die Erfüllung des Geschäfts oder die Richtigkeit und Vollständigkeit seiner Erklärungen geboten haben, die für den Willensentschluss des anderen Teils bedeutsam gewesen ist (Gewährübernahme).[864] Das Merkmal einer zusätzlichen persönlichen Gewähr könne sich aus dessen beruflichen Stellung, Objektivität, Neutralität und besonderen Sachkunden ergeben.[865]

---

860 BT-Drs. 14/6040, S. 163; vgl. BGH, NJW-RR 1991, 1242; BGH, NJW 1986, 180, 181.

861 *Koch*, AcP 204 (2004), 59, 76; *Gellmann*, S. 87.

862 BGH, NJW 1998, 1059, 1060; *Canaris*, JZ 1998, 603, 603; *Adolff*, S. 128; *Koch*, AcP 204 (2004), 59, 76.

863 *Gellmann*, S. 95; *Canaris*, ZHR 163 (1999), 206, 232 f.

864 BGH, NJW-RR 2002, 1309, 1310; vgl. BGH, NJW 2007, 1362, 1363; BGH, NJW-RR 1991, 1312, 1314; BGH, NJW-RR 1992, 605; BGH, NJW 1997, 1233, 1234; *Adolff*, S. 126; *Gellmann*, S. 89 ff.; *Koch*, AcP 204 (2004), 59, 76 f.

865 *Kersting*, S. 264, 267; *Leyens*, JuS 2018, 217, 219; *D. Fischer*, in: HB der Anwaltshaftung, § 13 Rn. 8; *Faust*, AcP 210 (2010), 555, 562 f.; *Gellmann*, S. 93; *Koch*, AcP 204 (2004), 59, 78 f.; BGH, NJW 2001, 360, 363 f. Z. B. Wirtschaftsprüfer habe seinen Beruf unabhängig, gewissenhaft, verschwiegen und eigenverantwortlich auszuüben und sich insbesondere bei der Erstattung von Prüfungsberichten und Gutachten unparteiisch zu verhalten (§ 43 WPO). Wirtschaftsprüfer genießen auf Grund ihrer staatlich anerkannten Sachkunde in wirtschaftlichen Fragen in der Öffentlichkeit besonderes Vertrauen. Ähnlich auch BGH, NJW 1213, 1214.

d) *Beeinflussung der Vertragsverhandlungen oder des Vertragsschlusses*

Der Dritte muss durch die Inanspruchnahme des besonderen persönlichen Vertrauens die Vertragsverhandlungen oder den Vertragsschluss erheblich beeinflusst haben. Demnach ist für die Entstehung einer Sonderverbindung nach § 311 Abs. 3 S. 2 BGB ein Kausalzusammenhang zwischen der Inanspruchnahme und dem Verhandlungsergebnis erforderlich.[866] In Anbetracht des Wortlauts der Vorschrift gilt § 311 Abs. 3 S. 2 BGB nur im rechtsgeschäftlichen Bereich.[867] Die Erheblichkeit der Beeinflussung bedeutet, dass die Aussagen des Dritten auf den Abschluss eines in Aussicht genommenen Vertrags zwischen Auftraggeber und dessen Partner oder auf die Vertragskonditionen erheblichen Einfluss genommen haben müssen.[868]

3. *Rechtsfolgen*

Gemäß § 311 Abs. 3 S. 2 BGB entsteht ein eigenständiges gesetzliches Drittschuldverhältnis, das von der Rechtsbeziehung des Bezugsvertrags unabhängig ist.[869] Ein Schuldverhältnis nach § 311 Abs. 3 S. 2 BGB begründet die Pflichten nach § 241 Abs. 2 BGB (Rücksichtnahmepflichten).[870] Nach § 241 Abs. 2 BGB ist der Dritte dazu verpflichtet, nach dem Inhalt eines Schuldverhältnisses auf die Rechte, Rechtsgüter und Interessen des anderen Teils Rücksicht zu nehmen. Hierzu können z. B. Schutz-, Aufklärung-, Hinweis-, Fürsorge- und Obhutspflichten gehören.[871] Gemäß §§ 311 Abs. 3 S. 2 BGB i. V. m. §§ 241 Abs. 2 und 280 Abs. 1 BGB kann der Gläubiger Ersatz des hierdurch entstehenden Vertrauensschadens verlangen, wenn der Schuldner eine Pflicht aus dem Schuldverhältnis schuldhaft verletzt. Dies gilt nicht, wenn der Schuldner die Pflichtverletzung nicht zu vertreten hat. Nach neuem Recht gilt die Verjährungsfrist gemäß §§ 195, 199 BGB für den Schadensersatzanspruch aus c.i.c.[872]

Es kann zu Konkurrenzverhältnis zwischen Ansprüchen aus c.i.c. und anderen Rechtsinstituten kommen. Hier kommt z. B. die Konkurrenz zum kaufrechtlichen Gewährleistungsrecht in Frage. Nach der Rechtsprechung bestehen

---

866 *Koch*, AcP 204 (2004), 59, 79; *Canaris*, ZHR 163 (1999), 206, 224 f.

867 *Kersting*, S. 279; *Faust*, AcP 210 (2010), 555, 566 f.; *Canaris*, in: FS Larenz (1983), S. 27, 107.

868 *Canaris*, ZHR 163 (1999), 206, 224 f.; *Gellmann*, S. 105.

869 *Gellmann*, S. 129; *Kersting*, S. 350 ff.; *Schwab*, JuS 2002, 872, 876 f.

870 *Lorenz*, JuS 2007, 213, 213; vgl. *ders.*, JuS 2008, 203, 203 ff.

871 *Köhler/Lorenz*, Schuldrecht AT S. 92; *Larenz*, Schuldrecht AT, § 9 I a, S. 110.

872 *Medicus/Lorenz*, Schuldrecht AT Rn. 538; *Zugehör*, WM Sonderbeilage 1 (2010), 1, 35 f.

Gewährleistungsansprüche nur im Verhältnis der Kaufvertragsparteien.[873] Das Aufgehen des Ersatzanspruchs des Käufers aus Verschulden bei Vertragsschluss im Gewährleistungsanspruch hat nicht zur Folge, dass der Geschädigte einen Anspruch auf Ersatz des Vertrauensschadens gegen den Dritten verliert.[874] Auch wenn ein tatbestandsmäßiger Sachmangel vorliegt, greift die abschließende Wirkung des Gewährleistungsrechts nicht im Verhältnis zum Sachwalter ein.[875] Darüber hinaus stellt sich bei einer bloß fahrlässigen Täuschung die Frage, ob auch in diesem Fall der Vertrag aufgrund c.i.c. rückgängig gemacht werden kann.[876] Hier kommt das Konkurrenzverhältnis zu § 123 Abs. 1 BGB in Betracht.[877] Die Rechtsprechung richtet sich nach dem unterschiedlichen Schutzzweck zwischen beiden Rechtsinstituten und bejaht bei fahrlässigen Falschangaben die Vertragsaufhebung unter dem Gesichtspunkt des Verschuldens bei Vertragsschluss (§§ 249 Abs. 1, 195 BGB).[878] Nach der Rechtsprechung setzt die Rückgängigmachung eines Vertrags aus c.i.c. einen Vermögensschaden voraus.[879] Die Anfechtung schützt die freie Selbstbestimmung auf rechtsgeschäftlichem Gebiet gegen unerlaubte Mittel der Willensbeeinflussung, und zwar unabhängig vom Eintritt eines Schadens.[880] Die Rückgängigmachung nach Grundsätzen aus c.i.c. verlangt dagegen auf der Tatbestandsseite den Eintritt eines Schadens.[881] Zu diesem Ergebnis ist der BGH durch den Rückgriff auf einen subjektiven Vermögensbegriff gekommen.[882]

---

873 BGH, NJW 1975, 642, 644; vgl. BGHZ 60, 319 = BGH, NJW 1973, 1234; *Grunewald*, JZ 1982, 627, 631. Fahrlässige Angaben oder Nichtangaben des Verkäufers über Eigenschaften der Kaufsache begründen keinen Anspruch auf Ersatz des Vertrauensschadens unter dem Gesichtspunkt der c.i.c. Die Haftung des Verkäufers für Eigenschaften der Kaufsache bestimme sich – abgesehen vom Falle des Mangelfolgeschadens – allein nach den Gewährleistungsvorschriften der §§ 459 ff. BGB.

874 BGH, NJW 1975, 642, 644; *Herrmann*, JZ 1983, 422, 429.

875 *Herrmann*, JZ 1983, 422, 430.

876 *Medicus/Lorenz*, Schuldrecht AT Rn. 538; *Canaris*, AcP 200 (2000), 273, 305 f.; *Lorenz*, ZIP 1998, 1053, 1053 ff.; *ders.*, NJW 1997, 2578, 2579; *ders.*, NZM 1998, 359, 360 ff.; *Gellmann*, S. 112 ff.; *Lieb*, in: FS Medicus (1999), S. 337, 343 ff.

877 *Medicus/Lorenz*, Schuldrecht AT Rn. 538. Nach § 123 Abs. 1 BGB kann nur eine durch arglistige Täuschung abgegebene Willenserklärung angefochten werden. Die Anfechtung einer nach § 123 BGB anfechtbaren Willenserklärung kann nur binnen Jahresfrist erfolgen (§ 124 BGB).

878 *Lorenz*, ZIP 1998, 1053, 1054.

879 BGH, NJW 1998, 302.

880 BGH, NJW 1998, 302, 304; *Schwab*, JuS 2002, 773, 774.

881 BGH, NJW 1998, 302, 304; vgl. BGH, NJW 1979, 1983, 1984.

882 *Medicus/Lorenz*, Schuldrecht AT Rn. 538; BGHZ 161, 361, 367.

Allerdings ist diese Entscheidung des BGH auf Kritik gestoßen. Nach der kritischen Ansicht wird vertreten, dass das Rechtsinstitut der c.i.c. auch die rechtsgeschäftliche Entscheidungsfreiheit umfasst und eine Naturalrestitution nach § 249 Abs. 1 BGB keinen Vermögensschaden voraussetzt.[883] Die Begründung des BGH sei daher nicht überzeugend.

Schließlich kann die Frage nach der Möglichkeit von Haftungsbeschränkungen aufgeworfen werden. Dafür kann der Dritte (der Experte) in erster Linie den Vertrauenstatbestand durch negative Angaben einschränken.[884] Der Sachverständige kann z. B. die bestimmen Informationen, auf die sich sein Gutachten stützt und die aber nicht überprüft werden, klar angeben und damit die Reichweite seines Gutachtens inhaltlich begrenzen.[885] Der Experte kann in seine Expertise den Kreis der Adressanten oder Verwendungszweck aufnehmen.[886] Es besteht die Möglichkeit, dass er seine Haftung begrenzen kann, indem er in seine Expertise die Erklärungen zum Haftungsausschluss oder zur Haftungsbeschränkung aufnimmt.[887] Bei vertraglicher Haftungsbeschränkung wird die Ansicht vorgeschlagen, dass die Wirksamkeit der Haftungsbeschränkung nach allgeneinen Vorschriften wie §§ 138, 307, 309 BGB bestimmt werden sollte.[888]

4. *Meinungsstand*

Hier geht es um die Frage, ob die Problematik der Dritt-, Berufs- oder Expertenhaftung im Rahmen des neuen Gesetzes gelöst werden kann. Nach der Schuldrechtsreform ist es noch umstritten, ob § 311 Abs. 3 S. 2 BGB als gesetzliche Ausgangsnorm für diese Fälle verstanden werden kann.[889] Diese Kontroverse ergibt sich vor allem daraus, dass der Begriff des Vertrauens in dieser Bestimmung nur schwer zu konkretisieren ist und die Haftungsvoraussetzungen zu vage sind.[890] Einige Autoren befürworten, dass die Haftung von Experten gegenüber Dritten für fehlerhafte Auskünfte seit der Kodifikation durch § 311 Abs. 3 S. 2 BGB

---

883 *Lorenz*, ZIP 1998, 1053, 1057.

884 *Kersting*, S. 423 ff.; *Canaris*, ZHR 163 (1999), 206, 230 ff.

885 *Koch*, WM 2005, 1208, 1209; *Canaris*, ZHR 163 (1999), 206, 230 ff.; *Maier-Reimer*, NJW 2014, 2613, 2616 f.

886 *Koch*, WM 2005, 1208, 1209.

887 *Kersting*, S. 425; *Gellmann*, S. 127; *Canaris*, ZHR 163 (1999), 206, 230 ff. Er wolle z. B. nur für Vorsatz und grobe Fahrlässigkeit haften oder nur bis zu einem bestimmten Höchstbetrag haften.

888 *Canaris*, ZHR 163 (1999), 206, 230 ff.

889 *Kersting*, S. 107 f.; *Koch*, AcP 204 (2004), 59, 69 ff.; *Tarman*, S. 148; *Keller*, S. 208 ff.

890 *Tarman*, S, 147; *Koch*, AcP 204 (2004), 59, 69 f.

erfasst werden kann.[891] In der Regierungsbegründung wird auch (unverbindlich) darauf hingewiesen, dass die Vorschrift der Rechtsprechung aufzeigen soll, dass solche Drittfälle auch auf diesem Wege zu lösen sind.[892] Dieser Ansatz würde dazu führen, dass die Konstruktion des Vertrags mit Schutzwirkung für Dritte wieder auf ihren traditionellen Anwendungsbereich (Kernbereich) zurückgeführt werden könnte.[893] Auf diese Weise kann der Geschädigte einen originären – nicht derivativen – Anspruch auf Schadensersatz gegenüber dem Experten haben.[894] Bei der Anwendung dieser Vorschrift kommt es entscheidend darauf an, ob Vertrauen in Anspruch genommen worden sei oder nicht.[895] Die Dritthaftung liegt daher in „der Enttäuschung des in Anspruch genommenen Vertrauens" begründet.[896] § 311 Abs. 3 S. 2 BGB dient als Anspruchsgrundlage der Fälle einer vertrauensrechtlichen Auskunftshaftung, in denen ein Dritter einen informationellen Einfluss auf einen fremden Vertrag nehmen kann.[897] Diese Vorschrift kann in diesem Sinne zu einer sonstigen gesetzlichen Bestimmung des § 675 Abs. 2 BGB gehören.[898] Dagegen gibt es kritische Stimmen. Sie behaupten, dass diese Vorschrift sehr restriktiv ausgelegt werden und ihr Anwendungsbereich auf klassische Fälle wie die Sachwalterhaftung beschränkt bleiben sollte, da die gesetzlichen Haftungstatbestände nicht exakt konturiert sind.[899] Dies liegt daran, dass der Gläubigerkreis angemessen begrenzt werden müsste, um die Erweiterung des Haftungsrisikos zu vermeiden.[900] Insbesondere die Lehre der c.i.c. ist dazu nicht geeignet, die Fälle der Drittweitergabe sachgerecht zu lösen, in denen es in der Regel an einem unmittelbaren Kontakt zwischen dem Auskunftsgeber und dem späteren Empfänger

---

891 *Kersting*, S. 318 ff.; *Canaris*, JZ 2001, 499, 520; *Koch*, AcP 204 (2004), 59, 69 ff.; *Schwab*, JuS 2002, 872, 876 f.; *Gellmann*, S. 156 f.; *Pinger/Behme*, DS 2009, 54, 63; *Temming/Weber*, JURA 2019, 1039, 1048; vgl. *Lorenz*, JuS 2015, 398, 401.

892 BT-Drs. 14/6040, S. 163; *Plötner*, S. 286; *Kersting*, S. 148 ff.

893 *Canaris*, ZHR 163 (1999), 206, 245; *Kersting*, S. 321; *Tarman*, S. 151.

894 *Tarman*, S. 149 ff.; *Canaris*, ZHR 163 (1999), 206, 223, 232.

895 BT-Drs. 14/6040, S. 163.

896 *Tarman*, S. 149; *Schwab*, JuS 2002, 872, 877.

897 *Kersting*, S. 104 ff.; *Koch*, AcP 204 (2004), 59, 69; *Damm*, JZ 1991, 373, 380; *Canaris*, ZHR 163 (1999), 206, 243 f. *Canaris* hat versucht, in Anlehnung an die Grundsätze der c.i.c. die Fälle der vertrauensrechtlichen Dritthaftung einheitlich zu lösen.

898 *Kersting*, S. 109.

899 *Koch*, AcP 204 (2004), 59, 70; *Löhnig*, JuS 2003, 727, 728; *Tarman*, S. 153 f.

900 *Koch*, AcP 204 (2004), 59, 70.

fehlt.[901] In solchen Fällen kann es besonders schwierig sein, die Entstehung einer Sonderverbindung durch die Inanspruchnahme von Vertrauen zu begründen.[902] Hinzu kommt, dass § 311 Abs. 3 S. 2 BGB nicht alle Fallkonstellationen der Dritthaftung umfassen kann.[903] Da diese Vorschrift nur das vorvertragliche Verhältnis voraussetzt, kann sie nur in Fällen Anwendung finden, in denen der Experte zu den Vertragsverhandlungen herangezogen worden ist und in deren Rahmen die Auskunft erteilt hat.[904] Danach sollen die Lösungswege der Rechtsprechung und Lehre überlassen bleiben und einige Fälle sollen noch über die Rechtsfigur des Vertrags mit Schutzwirkung für Dritte gelöst werden.[905]

F. Fazit

Die Problematik der vertraglichen und deliktischen Haftungsgrundlagen für die Dritthaftung ist auf den unzureichenden Vermögensschutz im deutschen Deliktsrecht zurückzuführen, da das Rechtssystem des BGB ablehnt, einen Schutz für primäre Vermögensschäden durch eine allgemeine deliktische Generalklausel zu gewährleisten. Um das Problem zu lösen, wurden durch die Rechtsprechung und die Lehre verschiedene vertragliche Lösungsansätze geschaffen und weiterentwickelt. Die Rechtsprechung bevorzugt die Konstruktion des Vertrags mit Schutzwirkung für Dritte, insbesondere in den Fällen der Dritthaftung. Was das Rechtsinstitut der c.i.c. angeht, ist es schließlich in § 311 Abs. 2 und 3 BGB kodifiziert worden und diese Vorschrift ist am 1.1.2002 in Kraft getreten. Auch nach der Schuldrechtsreform bleibt die Haftungsgrundlage jedoch umstritten. Zusammenfassend lässt sich sagen, dass jeder Lösungsansatz seine eigenen Vor- und Nachteile hat und keine dieser Lösungen völlig befriedigend ist. Diese Frage bleibt noch der Rechtspraxis überlassen.

---

901 *Bell*, S. 144 ff.; *Tarman*, S. 154 f.; *Büttner*, S. 38 ff. Für die Sachwalterhaftung ist dahingehend charakteristisch, dass der Sachwalter im Lager seines Auftraggebers tätig sei und sich an den Vertragsverhandlungen beteilige. Hier liegt eine unmittelbare Kontaktaufnahme vor. Dagegen fungiere der Gutachter im Regelfall als eine neutrale Person und er nehme mit seinem unparteiischen Gutachten Einfluss auf eine Entscheidung des anderen.

902 *Bell*, S. 145; *Faust*, AcP 210 (2010), 555, 572 f., 577.

903 *Löhnig*, JuS 2003, 727, 728.

904 *Löhnig*, JuS 2003, 727, 728; *Tarman*, S. 156.

905 *Tarman*, S. 148, 152; BGH, NJW 2004, 3035; BT-Drs. 14/6040, S. 163. „Deshalb gilt auch für Absatz 3, dass im Gesetz zwar die Möglichkeit einer Haftung auch von Dritten angesprochen, aber in einer Weise geregelt werden soll, die eine Weiterentwicklung dieses Rechtsinstituts durch Praxis und Wissenschaft erlaubt".

Teil 4. Rechtsvergleich und eigene Stellungnahme

In vorliegenden Teil werden die Gemeinsamkeiten und Unterschiede zwischen den beiden Rechtssystemen verglichen und auf dieser Grundlage eine eigene Stellungnahme abgegeben.

A. Die Dritthaftung nach Deliktsrecht

In Bezug auf die anwaltliche Dritthaftung besteht Einigkeit darüber, dass beide Rechtssysteme einen Schadensersatzanspruch aus unerlaubter Handlung anerkennen können, wenn ein Rechtsanwalt einem Dritten durch die Erteilung falscher Informationen den Vermögensschaden zugefügt hat. Der Unterschied liegt allerdings im Anwendungsbereich des Deliktsrechts, der vorwiegend sich aus dem Vorhandensein einer Generalklausel ergibt.[906] Aus rechtsvergleichender Sicht liegt der wesentliche Unterschied zwischen den beiden Rechtssystemen letztlich im Bereich des Deliktsrechts. Die rechtsvergleichende Arbeit in diesem Teil zielt vor allem auf das Deliktsrecht ab.

I. Überblick über die historische Entwicklung der Rezeption des deutschen Rechts in Korea

Die Frage, woher die Unterschiede in den beiden Deliktsrechtssystemen kommen, lässt sich durch einen kurzen Blick auf die Geschichte der Übernahme des deutschen Rechts in Korea beantworten. Das koreanische Zivilrecht hat das deutsche Zivilgesetzbuch über das japanische Zivilgesetzbuch rezipiert.[907] Es entwickelte sich unter dem Einfluss des japanischen Zivilrechts. Das koreanische und das japanische Rechtssysteme haben insofern etwas gemeinsam, als sie das Zivilrecht in Kontinental Europa übernahmen. Die westeuropäischen Rechtstraditionen übten einen starken Einfluss auf die ostasiatische Gesetzgebung der Nachkriegszeit aus. Was das Vermögensrecht betrifft, rezipierte das koreanische Zivilrecht durch die Gesetzgebung in den 1960er Jahren das deutsche Zivilrecht über das japanische.[908] Im Vergleich zu Japan steht das koreanische Zivilgesetzbuch dem deutschen viel näher, da der koreanische Gesetzgeber viele aus dem französischen

906 *Yeo*, The Journal of Comparative Private Law 27/1 (2020), 1, 3.
907 *Seong*, ZJapanR/J.Japan.L. 32 (2011), 199, 200.
908 *Kim*, The Korean Journal of Civil Law 71 (2015), 149, 152.

Zivilgesetzbuch abgeleitete Rechtsinstitute entfernte und stattdessen Rechtsinstitute aus dem schweizerischen Obligationenrecht und dem deutschen Zivilgesetzbuch weitreichend hinzufügte.[909] Es wird jedoch davon ausgegangen, dass das koreanische Deliktsrecht auch durch das französische Zivilgesetzbuch (Art. 1382 und 1382 Code Civil) stark beeinflusst wurde, denn aus diesem stammen die Generalklauseln.[910] Genau das führte zu erheblichen Unterschieden zwischen dem koreanischen und deutschen Deliktsrecht. Das koreanische Zivilrecht unterscheidet sich in seiner Regelungsform vom japanischen, ist aber inhaltlich relativ ähnlich.[911] § 709 des japanischen Zivilgesetzbuches besagt: „Wer vorsätzlich oder fahrlässig die Rechte oder die geschützten Rechtsgüter des anderen verletzt, ist diesen zum Ersatz des daraus entstandenen Schadens verpflichtet". Im Gegensatz dazu ist das taiwanesische Deliktsrecht, das vom deutschen Bürgerlichen Gesetzbuch beeinflusst wurde, ebenso auf der Basis von der Enumerationsprinzip (Einzeltatbestände) ausgerichtet.[912] Im Ergebnis lässt sich festhalten, dass das koreanische Zivilrecht das deutsche Rechtssystem, einschließlich der c.i.c. (§ 311 Abs. 2 und 3 BGB) und der Lehre der positiven Vertragsverletzung (§§ 241 Abs. 2, 280 Abs. 1 BGB), sowohl durch Gesetzgebung (§ 535 KBGB) als auch durch Theorien unmittelbar aufnahm, so dass es ihm an ausreichenden historischen und theoretischen Grundlagen fehlt.

II. Rechtsvergleich und Stellungnahme

1. Rechtsvergleich

a) Ausgangspunkt

Der entscheidende Ausgangspunkt für die Rechtsvergleichung ist das grundsätzliche Nichtvorhandensein des Deliktsschutz im deutschen Zivilrechtssystem für fahrlässig verursachte primäre Vermögensschäden.[913] Demgegenüber hat das Deliktsrecht in der koreanischen Rechtspraxis einen relativ umfangreichen Anwendungsbereich. So beschäftigt sich die Debatte in Deutschland mit der

---

909 *Kim*, The Korean Journal of Civil Law 71 (2015), 149, 152.

910 *Brüggemeier*, AcP 182 (1982), 385, 425. Danach gehen die modernen Kodifikationen des 19. und 20. Jahrhunderts überwiegend von einem einheitlichen Deliktsbegriff und einem allgemeinen Grundtatbestand aus, vgl. Art. 1382, 1383 Code Civil in Frankreich; Art. 41 OR in der Schweiz; § 1295 ABGB in Österreich; Art. 2043 Codice Civile in Italien.

911 *Yeo*, The Journal of Comparative Private Law 27/1 (2020), 1, 21.

912 *Kim*, The Korean Journal of Civil Law 71 (2015), 149, 164.

913 *Honsell*, in: FS Medicus (1999), S. 211, 213.

Frage, ob der Anwendungsbereich des Deliktsrechts durch eine Reduktion der Haftungsvoraussetzungen ausgeweitet werden kann, während sich die Diskussion in Korea darauf konzentriert, ob der Umfang der Haftung nach dem Deliktsrecht angemessen begrenzt werden kann. Die Regelung über den allgemeinen Deliktstatbestand hat den Vorteil der Flexibilität, kann aber aufgrund der Möglichkeit der Ausuferung der Haftung die Rechtssicherheit untergraben.[914] Der allgemeine Deliktstatbestand fungiert in Korea quasi als Allzweckwaffe, aber die fehlende Konkretisierung der Haftungsanforderungen wird als Schwachpunkt angeführt. Kritisiert wird auch die mangelnde Rollenverteilung mit anderen vertragsrechtlichen Instituten wie c.i.c. im ganzen Rechtssystem.[915] Zum Beispiel bejaht die Rechtsprechung im Ausnahmefall eine Haftung nach Deliktsrecht für die Verletzung einer Forderung durch einen Dritten.[916] Wie oben bereits erwähnt, wird in vielen Fällen, in denen die Haftung aus c.i.c. in Frage steht, eine deliktsrechtliche Lösung bevorzugt. In Deutschland hingegen hat die Unzulänglichkeit des Deliktsrechts dazu geführt, dass durch Rechtsprechung und Lehre verschiedene vertragliche Haftungsgrundlagen geschaffen werden. Die Schwierigkeit besteht hier darin, dass es keine einheitliche Meinung gibt und die theoretische Debatte sehr heftig ist.

b) Vergleichende Betrachtung der beiden Systeme des Deliktsrechts

Die konkreten Unterschiede lassen sich wie folgt beschreiben. § 823 Abs. 1 BGB stellt eine Schlüsselnorm im deutschen Deliktsrecht dar. Darin werden einige Rechtsgüter und Rechte detailliert aufgezählt. „Leben, Körper, Gesundheit und Freiheit" gehören zu den Rechtsgütern und beziehen sich auf die Person.[917] Hingegen zählen „das Eigentum und ein sonstiges Recht" zu den absoluten Rechten.[918] Hier müssen sonstige Rechte etwas sein, das dem Eigentum gleichgestellt werden kann.[919] Forderungsrechte können nicht im Kreis von absoluten Rechten erfasst werden, da ein Schuldner nur dem bestimmten Gläubiger gegenüber zur Leistung verpflichtet ist.[920] Bei der Beeinträchtigung von relativen Rechten können

914 *Seo*, The Han-Yang Journal of Economic Studies 24/2 (2007), 511, 535.

915 *Seo*, The Han-Yang Journal of Economic Studies 24/2 (2007), 511, 512, 532.

916 KOGH, Urt. v. 8.5.2001 - AZ 99Da38699; KOGH, Urt. v. 21.9.2007 - AZ 2006Da9446; KOGH, Urt. v. 29.10.2009 - AZ 2008Da82582; KOGH, Urt. v. 13.9.2012 - AZ 2010Da77538; KOGH, Urt. v. 14.3.2003 - AZ 2000Da32437.

917 *Brox/Walker*, Schuldrecht BT § 45 Rn. 2.

918 *Brox/Walker*, Schuldrecht BT § 45 Rn. 5; *Bell*, S. 27.

919 *Brox/Walker*, Schuldrecht BT § 45 Rn. 9.

920 Grüneberg/*Sprau*, BGB, § 832 Rn. 11; *Brox/Walker*, Schuldrecht BT § 45 Rn. 9.

§§ 823 Abs. 2 und 826 BGB eingegriffen werden. Daher kann die Differenzierung zwischen absoluten und relativen Rechten bei der Anwendung des § 823 Abs. 1 BGB von erheblicher Bedeutung sein. In Korea erkennt § 750 KBGB einen Schadensersatzanspruch für alle Vermögensschäden an – sowohl absolute als auch relative Rechte.[921] Die Deliktshaftung gemäß § 750 KBGB setzt nicht notwendigerweise eine Verletzung der Rechte oder Rechtsgüter voraus. Hierbei sind z. B. das Eigentum, alle dinglichen Rechte und das allgemeine Persönlichkeitsrecht auch absolute Rechte. Forderungsrechte gehören zu den subjektiven und relativen Rechten. Bei der Beeinträchtigung dieser Rechte kann der Geschädigte einen Schadensersatz nach dem Deliktsrecht verlangen. Der Umfang des Schadensersatzes ist jedoch auf den gewöhnlichen Schaden gemäß § 393 KBGB beschränkt. Allerdings spielt die Unterscheidung von Rechtsarten dabei keine große Rolle.[922] Die Aufnahme der unerlaubten Beeinträchtigung relativer Rechte in § 750 KBGB wirft auch die Frage auf, dass in den meisten Fällen der Leistungsstörungen vertragliche Schadensersatzansprüche mit deliktischen Ansprüchen auf Schadensersatz konkurrieren werden.[923] Außerdem unterscheidet das koreanische Deliktsrecht bezüglich auf Rechtsfolgen – anders als in Deutschland – nicht zwischen vorsätzlicher und fahrlässiger Handlung, so dass die Differenzierung zwischen Vorsatz und Fahrlässigkeit in der Rechtspraxis kaum von Bedeutung ist.[924]

c) *Vergleichende Betrachtung der Dritthaftung*

In Deutschland kommt der Deliktsschutz für reine Vermögensschäden nur im Ausnahmefall in Betracht.[925] Im Bereich des deutschen Deliktsrechts wird die Frage der Dritthaftung durch die §§ 823 Abs. 2 und 826 BGB geregelt. Aufgrund des begrenzten Schutzumfangs sind jedoch im Einzelfall der deliktischen Lösung klare Grenzen gesetzt. Die Diskussion in Deutschland konzentriert sich daher auf die Ausweitung des Anwendungsbereichs dieser Bestimmungen. In Korea wird in der Literatur und Rechtsprechung nicht viel darüber diskutiert, unter welchen Umständen dieses Problem auftaucht. Wenn es um die oben genannte Dritthaftung geht, kommt es entscheidend darauf an, ob die Voraussetzungen der Deliktshaftung nach § 750 KBGB erfüllt sind.

921 *Seo*, The Han-Yang Journal of Economic Studies 24/2 (2007), 511, 520.
922 *Seo*, The Han-Yang Journal of Economic Studies 24/2 (2007), 511, 535.
923 *Seo*, The Han-Yang Journal of Economic Studies 24/2 (2007), 511, 522.
924 *Seo*, The Han-Yang Journal of Economic Studies 24/2 (2007), 511, 521.
925 *Büttner*, S. 25.

2. *Stellungnahme und Zusammenfassung*

a) *Die Dritthaftung im koreanischen Deliktsrecht – Das Erfordernis nach Haftungsbeschränkung*

Im koreanischen Deliktsrecht steht meines Erachtens die Notwendigkeit der Begrenzung der Deliktshaftung im Mittelpunkt. Die Rechtsordnungen mit allgemeinen deliktischen Generalklauseln haben den Vorteil der Flexibilität. Da die allgemeine deliktische Generalklausel des koreanischen Bürgerlichen Gesetzbuchs einen umfassenden Vermögensschutz vor fahrlässigen Eingriffen vorsieht, würde diese Tatsache es überflüssig machen, das Rechtsinstitut der c.i.c. allgemein anzuerkennen, mit Ausnahme der gesetzlich vorgeschriebenen besonderen Haftung aus c.i.c., wie z. B. in § 535 KBGB.[926] Dementsprechend wird immer wieder argumentiert, dass insbesondere bei der Problematik der Dritthaftung eine Lösung nach Deliktsrecht ausreicht. Zahlreiche Rechtsordnungen stützen sich auch auf das Deliktsrecht als Haftungsgrundlage für die Dritt- oder Expertenhaftung.[927] Hier geht es jedoch um die Frage, wie die Ausweitung der Haftung nach Deliktsrecht angemessen begrenzt werden kann. In der Literatur gehen verschiedene Perspektiven mit diesem Grundgedanken einher. In erster Linie sollte die (rechtspolitische) Perspektive erwähnt werden, dass es notwendig ist, im geltenden Rechtssystem „die freie Entfaltung der Persönlichkeit, das Wettbewerbsprinzip und die Handlungsfreiheit" zu gewährleisten.[928] Genauer gesagt: Eine der zentralen Aufgaben des Deliktsrechts besteht in der Ermöglichung eines angemessenen Ausgleichs der privaten Interessenkonflikte im Spannungsverhältnis zwischen Rechtsgüterschutz und Handlungsfreiheit.[929] Die Handlungs- und Wirtschaftsfreiheit kann unter der Prämisse garantiert werden, dass ein Bürger die Vermögensinteressen eines anderen im Gemeinschaftsleben beeinträchtigen darf.[930] Nach einem weiteren Argument sollte der Begriff der Rechtswidrigkeit und deren Maßstäbe im Deliktsrecht streng ausgelegt werden.[931] In Korea haben Leistungsstörungen und unerlaubte Handlung insofern etwas gemeinsam, als es

926 Vgl. *Canaris*, in: FS Larenz (1983), S. 27, 90.
927 *Büttner*, S. 191.
928 *Canaris*, in: FS Larenz (1983), S. 27, 36 f.; *Pak*, HUFS Law Review 18 (2005), 249, 268 ff.; *Büttner*, S. 25; *Mohr*, JURA 2013, 567, 568. Diese Ansicht basiert auf dem Menschenbild von „homo oeconomicus".
929 *Mohr*, JURA 2013, 567, 567.
930 *Canaris*, in: FS Larenz (1983), S. 27, 36 f.
931 Siehe oben Teil 2. B. III. 1.

sich um eine rechtswidrige Handlung handelt.[932] Aber im Falle der Leistungsstörungen kann die Rechtswidrigkeit unmittelbar durch die Tatsache anerkannt werden, dass es sich um eine Pflichtverletzung handelt, so dass die Frage, wie die Rechtswidrigkeit auszulegen ist, hauptsächlich im Bereich des Deliktsrechts behandelt wird.[933] Die Rechtswidrigkeit diene hier der Unterscheidung zwischen haftungsrechtlich relevantem und irrelevantem Verhalten.[934] Eben dafür spricht die Auffassung, dass der Schutzzweck der Norm und die in der deutschen Rechtsprechung zur Dritthaftung genannten verschiedenen Faktoren bei der Feststellung der Rechtswidrigkeit berücksichtigt werden müssen.[935] Insbesondere steht diese Auslegung im Einklang mit dem Zweck des staatlich anerkannten Expertensystems und ihres Ermessensspielraums. Auch eine ökonomische Hinsicht kann im Hinblick auf die Beschränkung der Haftungsrisiken in Betracht gezogen werden: Je weniger Anforderungen an die Dritthaftung gestellt werden, desto höher sind das Haftungsrisiko und die Kosten für ein Gutachten.[936] In diesem Zusammenhang ist zu überlegen, inwieweit die Haftungsrisiken wegen der allgemeinen Generalklausel des Deliktsrechts angemessen und sachgerecht eingeschränkt werden können. Hierfür kommt es entscheidend darauf an, die Überschaubarkeit des Gläubigerkreises zu garantieren. Die Konkretisierung der Tatbestandsmerkmale einer unerlaubten Handlung, wie z. B. der Rechtswidrigkeit, dient also der Vorhersehbarkeit für die Experten und verhindert eine unbegrenzte Ausweitung der Haftung. Schließlich hat jedes der zivilrechtlichen Systeme – c.i.c. (§ 535 KBGB), Leistungsstörungen (§§ 390 ff. KBGB), ungerechtfertigte Bereicherung (§§ 741 ff. KBGB), unerlaubte Handlung (§§ 750 ff. KBGB), Geschäftsführung ohne Auftrag (§§ 734 ff. KBGB) usw. – eine angemessene Rolle in den jeweiligen Bereichen zu spielen (Erfordernis nach der Rollenverteilung).[937]

b) Die Dritthaftung im deutschen Deliktsrecht – Möglichkeit der Haftungsausdehnung?

In Deutschland hingegen wird versucht, den Umfang der Haftung nach Deliktsrecht zu erweitern.[938] Hierzu gehört z. B. die Theorie der Verkehrspflichten zum

932 *An*, The Journal of Comparative Private Law 23/3 (2016), 831, 832 f.
933 *An*, The Journal of Comparative Private Law 23/3 (2016), 831, 832 f.
934 *Mohr*, JURA 2013, 567, 570.
935 *Pak*, HUFS Law Review 18 (2005), 249, 272 f.
936 *Pinger/Behme*, DS 2009, 54, 54; *Kersting*, S. 243 ff.
937 *Seo*, The Han-Yang Journal of Economic Studies 24/2 (2007), 511, 522, 535.
938 *Herrmann*, JZ 1983, 422, 426; *Picker*, JZ 1987, 1041, 1046 f.

Schutz reiner Vermögensinteressen.[939] Sie behauptet, dass diese Verkehrspflichten die Schutzgesetzeigenschaft im Sinne von § 823 Abs. 2 BGB aufweisen.[940] Diese Ansicht stößt in der Literatur und Rechtsprechung – wie bereits erörtert – auf Ablehnung, da sie der Systematik des BGB nicht passt, denn sie lehnt einen umfassenden Vermögensschutz vor fahrlässiger Beeinträchtigung grundsätzlich ab.[941] Darüber hinaus hat die Rechtsprechung trotz der Kritik von der Literatur versucht, die Anforderungen des § 826 BGB zu reduzieren. Dennoch herrscht die Meinung vor, dass die Rolle des deutschen Deliktsrechts in seinem Kernbereich bleiben sollte.

B. Die Dritthaftung nach Vertragsrecht

I. Problemlage und Ausgangspunkt

In Deutschland stellt sich die Frage der Berufs- oder Expertenhaftung, wenn z. B. ein Sachverständiger im Rahmen von Vertragsverhandlungen zwischen seinem Auftraggeber und dem Dritten ein Gutachten erstellt hat, um den künftigen Vertragsschluss zu beeinflussen. Das Problem stellt sich dann, wenn später sich herausstellt, dass die Auskünfte fehlerhaft sind. Hierfür wird der Terminus Dritthaftung (im weiteren Sinne) benutzt. Hier gibt es zwei denkbare Lösungsmöglichkeiten: Zum einen einen Anspruch des Dritten aus einem Vertragsverhältnis (Mandatsverhältnis) zwischen dem Auftraggeber und dem Experten abzuleiten.[942] Als Beispiel lässt sich die Konstruktion des Vertrags mit Schutzwirkung für Dritte anführen. In diesem Fall werden die vertraglichen Verpflichtungen auf den Dritten ausgedehnt und der Anspruch hat einen derivativen Charakter.[943] Zum anderen kann ein Anspruch des Dritten auf einem eigenständigen Rechtsverhältnis zwischen dem Dritten und dem Experten basieren. Dabei steht ein originärer Anspruch dem Dritten zu.[944]

Rechtsdogmatisch gesehen handelt es sich um Vermögensschutz und Drittschutz.[945] Im Schrifttum wird häufig gesagt, dass diese Problematik „im Niemandsland zwischen Vertrags- und Deliktsrecht steht".[946] Aus rechtspolitischer

939 Siehe oben Teil 3. B. II. 2. b).
940 *Herrmann*, JZ 1983, 422, 426
941 *Kersting*, S. 97 f.; *Herrmann*, JZ 1983, 422, 426.
942 *Büttner*, S. 5; *Jungblut*, S. 41.
943 *Büttner*, S. 5.
944 *Büttner*, S. 5.
945 *Damm*, JZ 1991, 373, 374.
946 *D. Fischer*, in: HB der Anwaltshaftung, § 8 Rn. 2.

Sicht sind die folgenden Umstände zu beachten. Ein Sachverständiger wird zwar in der Gesellschaft für den Einsatz seines Fachwissens besonders honoriert, doch er unterliegt auch haftungsrechtlichen Sanktionen, wenn er seine Berufspflichten verletzt.[947] Die besondere Stellung des Sachverständigen kann in diesem Sinne zu einer schärferen Haftung führen.[948] Allerdings haben Fachleute mit besonderer Sachkunde einen umfangreichen Ermessensspielraum. Deren Urteil sollte respektiert werden, woraus sich auch der Bedarf ergibt, ihre Haftung angemessen zu begrenzen.

II. Rechtsvergleich

1. Die Dritthaftung im deutschen Vertragsrecht – vertragliche oder vertragsähnliche Modelle

Die Tendenz des deutschen Rechts in der Frage der Dritthaftung lässt sich durch die Ausdehnung der vertraglichen oder vertragsähnlichen Haftung erklären.[949] In Deutschland werden verschiedene Vertragskonstruktionen als vertragliche Lösungen für die Dritthaftung gegenüber Dritten diskutiert. Darunter fallen die Lösungsansätze wie der stillschweigend geschlossene Auskunftsvertrag, der Vertrag mit Schutzwirkung zugunsten Dritter und die Haftung aus c.i.c. Die Lehre von Verschulden bei Vertragsverhandlungen ist im Jahr 2002 auch gesetzlich geregelt worden. Daher liegt der Schwerpunkt der Diskussion im Bereich des Vertragsrechts. An dieser Stelle ist bemerkenswert, dass in Deutschland die Unzulänglichkeiten des Deliktsrechts zu einer theoretischen und rechtsdogmatischen Diskussion im Bereich des Vertragsrechts geführt haben. Die Rechtsstreitigkeiten wurden eher in der Praxis, also nicht durch gesetzliche Regelungen, sondern durch die Rechtsprechung und Lehre gelöst. Diese Tendenz hat zur Schaffung der zahlreichen theoretischen Haftungsgrundlagen im Rahmen des Vertragsrechts beigetragen. Dieses Ergebnis ist praktisch gesehen auch auf die Begründung zurückzuführen, dass der vertragliche Schadensersatzanspruch für die Gläubiger günstiger ist als die Deliktshaftung.[950] Was die Dritthaftung betrifft, so sind die bisher von der Rechtsprechung im Rahmen der Sachwalterhaftung entwickelten Haftungsvoraussetzungen nunmehr in § 311 Abs. 3 BGB enthalten. Dabei kommt es im Wesentlichen auf die Inanspruchnahme besonderen persönlichen Vertrauens an. Die Rechtsprechung bevorzugt in Fällen wie der

---

947 *Damm*, JZ 1991, 373, 373.

948 *Damm*, JZ 1991, 373, 373.

949 *Picker*, JZ 1987, 1041, 1042.

950 *Picker*, JZ 1987, 1041, 1041; vgl. *H. Eichler*, AcP 162 (1963), 401, 411 ff.

Gutachterhaftung überwiegend die Konstruktion des Vertrags mit Schutzwirkung für Dritte.[951] Die Herausforderung für die Wissenschaft und die Rechtsprechung nach der Schuldrechtsreform besteht darin, dass die Anforderungen von § 311 Abs. 3 S. 2 BGB weiter präzisiert werden müssen, wenn man für eine Lösung nach dieser Vorschrift spricht.

2. *Die Dritthaftung im koreanischen Vertragsrecht – Versuch nach Vertragskonstruktionen*

Während die vertraglichen Lösungsansätze für die Dritthaftung in Deutschland darauf abzielen, die Unzulänglichkeiten des Deliktsrechts zu kompensieren, geht es in der Diskussion über vertragliche Qualifikationen in Korea darum, den Gläubigern verschiedene Anspruchsgrundlagen zu bieten. Insbesondere fällt es im Bereich des Vertragsrechts schwerer als im Deliktsrecht, einen Anspruch Dritter anzuerkennen, da Letzteres das haftungsrechtlich die Jedermann-Beziehungen regelt.[952] Im koreanischen Schuldrecht gibt es zwar eine allgemeine Bestimmung über die Nichterfüllung (§ 390 KBGB im Vergleich zu § 280 Abs. 1 BGB), doch fehlt es im Rahmen des Vertragsrechts an einer genügenden Diskussion über das Rechtsverhältnis von Parteien, die nicht in einem unmittelbaren Vertragsverhältnis stehen. Im Hinblick auf die Haftung aus c.i.c., die im Mittelpunkt der vorliegenden Arbeit steht, ist die theoretische Debatte über die Schutzpflichten zuerst zu erwähnen. In Korea ist es umstritten, ob der Begriff der Schutzpflichten im Sinne des deutschen Rechts überhaupt bejaht werden kann.[953] In Deutschland ist hingegen seit langem weithin anerkannt, dass sich die Schutzpflichten aus einem Schuldverhältnis ergeben können. Die Schutzpflichten können auch im vorvertraglichen Schuldverhältnis entstehen, das auf einer durch Vertrauen begründeten Sonderverbindung beruht, und eine Verletzung dieser Pflichten in diesem Stadium wirft die Frage der Haftung aus c.i.c. auf. Im vertraglichen Schuldverhältnis stellen die Schutzpflichten nicht leistungsbezogene Nebenpflichten dar, und ihre Verletzung kann zur Haftung wegen positiver Vertragsverletzung führen. In § 241 Abs. 2 BGB werden diese Pflichten als Pflichten zur Rücksichtnahme auf die Rechte, Rechtsgüter oder Interessen des anderen Teils bezeichnet. In Korea hingegen wird noch viel darüber diskutiert, ob die Schutzpflichten anerkannt werden sollen und wie ein Verstoß gegen diese Pflichten im vorvertraglichen Stadium sanktioniert werden kann. Darüber hinaus gibt es keine etablierte

951 Vgl. BGH, NJW 2004, 3035; *Tarman*, S. 157.
952 *Damm*, JZ 1991, 373, 374.
953 Siehe oben Teil 2. D. I. 2. b).

Rechtstradition der Vertrauenshaftung, so dass der Gesichtspunkt der Sonderverbindung für ungewöhnlich gehalten wird. Als Ergebnis lässt sich festhalten: Da das Konzept der Schutzpflichten und das Rechtsinstitut der c.i.c. bisher in Korea nicht als Gewohnheitsrecht anerkannt ist und nicht durch die richterrechtliche Rechtsfortbildung entwickelt wurde, ist diese Frage letztlich darauf zurückführen, ob die deutsche Theorie direkt übernommen werden soll.

III. Stellungnahme und Zusammenfassung

1. *Zum koreanischen Vertragsrecht – die Möglichkeit der Haftung aus c.i.c.*

Im Ergebnis sollte eine vertragsrechtliche Lösung auch im koreanischen Rechtssystem geprüft werden. Dabei sollte es von der Problemlage der Dritthaftung ausgegangen werden, um eine tragfähige Lösung zu finden. Es gibt in vielen Fällen, in denen es um die Haftung aus c.i.c. geht, zumindest gewisse geschäftsähnliche Kontakte zwischen dem Gläubiger und dem Schuldner. Dies kann als Grundlage für die Entstehung einer Sonderverbindung dienen. Bei der Dritthaftung ist die Rechtslage im Grunde nicht anders. In den meisten Fällen, in denen die Dritthaftung in Betracht kommt, kann das Verhältnis zwischen einem Experten und einem Dritten nicht mit der Jedermann-Beziehung gleichgesetzt werden. Beispielsweise wird der Rechtsanwalt häufig vom Mandanten in die Vertragsverhandlungen einbezogen und gibt dabei eine Stellungnahme ab. Hier kann man davon sprechen, dass der Anwalt die erhöhte Einwirkungsmöglichkeit auf die Rechte, Rechtsgüter und Interessen des anderen Teils hat.[954] Er kann auf einen fremden Vertragsschluss Einfluss nehmen. In Anlehnung an die Ansicht von *Stoll* stellt dies für die Begründung einer Sonderverbindung ein entscheidendes Merkmal dar.[955] In diesem Fall verwandeln sich die allgemeinen Verhaltenspflichten in die erhöhten Sorgfaltspflichten im Rahmen eines durch eine Sonderverbindung begründeten Schuldverhältnisses.[956] Die Schutzpflichten hängen mit diesen Umständen zusammen. Daraus lässt sich resultieren, dass im koreanischen Schuldrechtssystem auch die Möglichkeit besteht, die Haftung von Berufsangehörigen auf der Grundlage der Lehre von der c.i.c. zu regeln. In diesem Fall stellt die Pflichtverletzung eine vertragsähnliche Haftung dar und es gelten die Grundsätze des Vertragsrechts. Die Schutzpflichten können von dem Zustandekommen

954 *Heinrichis*, in: FS Canaris (2007), S. 421, 433 f.; *Temming/Weber*, JURA 2019, 1039, 1047.

955 *Temming/Weber*, JURA 2019, 1039, 1047.

956 *Heinrichis*, in: FS Canaris (2007), S. 421, 433 f.

oder der Wirksamkeit des Vertrags unabhängig vorliegen. In diesem Fall können die deutschen Theorien und die deutsche Rechtsprechung hinsichtlich der konkreten Haftungsvoraussetzungen berücksichtigt werden. Hier kann es zu dem Konkurrenzproblem kommen. Die Anspruchskonkurrenz kann vorliegen, wenn ein Sachverhalt sowohl die Voraussetzungen für eine deliktische als auch für eine vertragliche Haftung erfüllt. In diesem Fall können beide Ansprüche entstehen, und der Gläubiger kann auswählen, ob er den einen oder den anderen verfolgt.[957]

2. *Zum deutschen Vertragsrecht – die Lösung nach neuem Recht*

Die Frage nach einer Lösung der Dritthaftung in Deutschland sollte m. E. im Zusammenhang mit § 311 Abs. 3 S. 2 BGB nach neuem Recht diskutiert werden. Einerseits kann den folgenden Umständen positiv Rechnung getragen werden. Der Gesetzgeber hat mit der Kodifizierung die Möglichkeit eröffnet, auf diesem Weg das Problem zu lösen.[958] Durch die Kodifizierung wird das Rechtsinstitut der c.i.c. in § 311 Abs. 2 und 3 als Generalklausel gesetzlich verankert.[959] Nach jahrzehntelanger Diskussion hat auch die Fallgruppe der Sachwalterhaftung ihre Grundlage im Gesetz gefunden.[960] In der Regierungsbegründung wird damit die Haftung von Sachverständigen angesprochen. Hier stützt sich eine außervertragliche Sonderverbindung auf ein besonderes Vertrauensverhältnis. Es kommt ausschlaggebend auf die Inanspruchnahme eines besonderen persönlichen Vertrauens an. Dies ist auch ein wichtiges Merkmal für die Feststellung des berechtigten Gläubigerkreises. Andererseits ist zu berücksichtigen, dass die oben genannten anderen Vertragskonstruktionen in der Literatur auf heftiger Kritik gestoßen sind. Das Problem besteht darin, dass die Haftungsanforderungen nach § 311 Abs. 3 S. 2 BGB wegen des Charakters als Generalklausel nicht scharf konturiert sind.[961] Es wird dahingehend kritisiert, dass ein Konzept wie Vertrauen im Einzelfall nicht als eindeutiger Maßstab funktionieren kann.[962] Dieser Charakter bedeutet jedoch auch, dass es Spielraum für eine weitere Gestaltung und Konkretisierung der Vorschrift gibt. Die Lösung nach neuem Recht ist überzeugender und die Weiterentwicklung bleibt der Literatur und Rechtsprechung überlassen.

957 Vgl. KOGH, Urt. v. 22.3.1983. – AZ 82Daka1533; *Brox/Walker*, Schuldrecht AT § 3 Rn. 15 f.
958 *Temming/Weber*, JURA 2019, 1039, 1048.
959 *Temming/Weber*, JURA 2019, 1039, 1047.
960 *Temming/Weber*, JURA 2019, 1039, 1047.
961 *Temming/Weber*, JURA 2019, 1039, 1047.
962 *Tarman*, S. 153.

Literaturverzeichnis

Adolff, Johannes, Die zivilrechtliche Verantwortlichkeit deutscher Anwälte bei der Abgabe von Third Party Legal Opinions, München 1997.

Ahn, Byung-Ha (안병하), Die Haftung für die Verletzung der vorvertraglichen Informationspflicht über ein Leistungshindernis – Eine kritische Anmerkung zum KOGH, Urt. v. 25. 8. 2011, 2011Da43778 (급부장애사유에 대한 계약체결 전 고지의무 위반의 책임 – 대법원 2011. 8. 25. 선고 2011다43778 판결에 대한 비판적 검토 –), Journal of Private Case Law Studies (민사판례연구) 38 (2016), 371 ff.

An, Choon-Soo (안춘수), Die Rechtswidrigkeit im Bürgerlichen Recht (민법상의 위법성 – 재산법을 중심으로), The Journal of Comparative Private Law (비교사법) Band 23 Heft 3 (2016), 831 ff.

Ballerstedt, Kurt, Zur Haftung für culpa in contrahendo bei Geschäftsabschluss durch Stellvertreter, AcP 151 (1950/51), 501 ff.

Bar, Christian von, Verkehrspflichten: Richterliche Gefahrsteuerungsgebote im deutschen Deliktsrecht, Köln – Berlin – Bonn – München 1980.

Beck'scher Online-Großkommentar zum Zivilrecht, hrsg. v. Gsell/Krüger/Lorenz/Reymann, Stand: 2023 (zit.: BeckOGK/*Bearbeiter*)

Beck'scher Online-Kommentar BGB, hrsg. v. *Hau/Poseck*, 67. Ed., 2023 (zit.: BeckOK/*Bearbeiter*)

Beck'scher Online-Kommentar BGB, hrsg. v. *Hau/Poseck*, 65. Ed., 2023 (zit.: BeckOK/*Bearbeiter*)

Beck'scher Online-Kommentar BGB, hrsg. v. *Hau/Poseck*, 57. Ed., 2021 (zit.: BeckOK/*Bearbeiter*)

Bell, Martin, Anwaltshaftung gegenüber Dritten, Frankfurt am Main 1996.

Borgmann, Brigitte, Die Rechtsprechung des BGH zum Anwaltshaftungsrecht bis April 2010, NJW 2010, 1924 ff.

Bosch, Ulrich, Expertenhaftung gegenüber Dritten – Überlegungen aus Sicht der Bankpraxis, ZHR 163 (1999), 274 ff.

Bräuer, Jacqueline, Beratung von „Nichtmandanten", Anw-Bl. 2008, 199 f.

Brox, Hans/ Walker, Wolf-Dietrich, Allgemeines Schuldrecht, 42. Auflage, München 2018 (zit.: *Brox/Walker*, Schuldrecht AT).

———, Besonderes Schuldrecht, 42. Auflage, München 2018 (zit.: *Brox/Walker*, Schuldrecht BT).

Brüggemeier, Gert, Gesellschaftliche Schadensverteilung und Deliktsrecht, AcP 182 (1982), 385 ff.

Büttner, Benjamin, Umfang und Grenzen der Dritthaftung von Experten: Eine rechtsvergleichende Untersuchung, Tübingen 2006.

Canaris, Claus-Wilhelm, Ansprüche wegen „positiver Vertragsverletzung“ und „Schutzwirkung für Dritte“ bei nichtigen Verträgen: Zugleich ein Beitrag zur Vereinheitlichung der Regeln über die Schutzpflichtverletzungen, JZ 1965, 475 ff.

——, Die Vertrauenshaftung im deutschen Privatrecht, München 1971.

——, Schutzgesetze – Verkehrspflichten – Schutzpflichten, in: Festschrift für Karl Larenz zum 80. Geburtstag, München 1983, S. 27 ff.

——, Schutzwirkungen zugunsten Dritter bei „Gegenläufigkeit“ der Interessen: Zugleich eine Besprechung der Entscheidung des BGH vom 10.11.1994 – III ZR 50/94, JZ 1995, 441 ff.

——, Die Haftung des Sachverständigen zwischen Schutzwirkung für Dritte und Dritthaftung aus culpa in contrahendo, JZ 1998, 603 ff.

——, Die Reichweite der Expertenhaftung gegenüber Dritten, ZHR 163 (1999), 206 ff.

——, Die Schadensersatzpflicht der Kreditinstitute für eine unrichtige Finanzierungsbestätigung als Fall der Vertrauenshaftung, in: Festschrift für Herbert Schimansky, Köln 1999, S. 43 ff.

——, Die Vertrauenshaftung im Lichte der Rechtsprechung des Bundesgerichtshofs, in: Festgabe 50 Jahre Bundesgerichtshof, Band I, München 2000, S. 129 ff.

——, Wandlungen des Schuldvertragsrechts – Tendenzen zu seiner „Materialisierung“, AcP 200 (2000), 273 ff.

——, Die Reform des Rechts der Leistungsstörungen, JZ 2001, 499 ff.

——, Die Reform deutschen Schuldrechts: das neue Recht der Leistungsstörungen (독일 개정채권방식의 신급부장애론), The Yon-Sei Law Review (법학연구) Band 12 Heft 3 (2002), 279 ff.

Chang, Jae-Hyoun (장재현), Die Vertrauenshaftung im KGB (민법상의 신뢰책임), Kyung-Pook Law Journal (경북대학교 법학논고) 16 (2000), 35 ff.

——, Contractual responsibility to the third person in korean civil law (계약의 제3자에 대한 효력), SungKyunKwan Law Review (성균관법학) Band 19 Heft 1 (2007), 227 ff.

Choe, Byeong-Rok (최병록), Forschung zur zivilrechtlichen Haftung von Experten (전문가의 민사책임에 관한 연구), Seo-Won The Journal of Social Science (서원대학교 사회과학연구) 12 (1992), 281 ff.

Choi, Heung-Sub (최흥섭), Culpa in contrahendo im Koreanischen Internationalen Privatrecht (국제사법에서 「계약체결상의 과실」 준거법), In-Ha Law Review (인하대학교 법학연구) Band 15 Heft 3 (2012), 527 ff.

———, Die Auskunftshaftung des Experten gegenüber Dritten (전문가의 제3자에 대한 정보책임), The Journal of Property Law (재산법연구) Band 11 Heft 1 (1994), 131 ff.

Choi, Jin-Goo (최진구), Kommentar zur rechtlichen Konstruktion der Haftung von Rechtsanwälten (변호사책임의 법적 구성에 관한 소고), Dan-Kook Law Review (단국대학교 법학논총) Band 23 Heft 1 (1997), 243 ff.

Choi, Su-Jeong (최수정), Nichterfüllung, die das Rücktrittsrecht auslöst (해제권을 발생시키는 채무불이행 – 주된 의무와 부수적 의무의 구분에 대한 재검토), The Justice (저스티스) 68 (2002), 76 ff.

Chung, Jin-Myung (정진명), Nonfulfillment of Subsidiary Debt and Rescission of Contract (부수적 채무의 불이행과 계약해제 – 연구대상판결: 대법원 2005. 7. 14. 선고 2004다67011 판결 (공보 2005, 1317) –), The Korean Journal of Civil Law (민사법학) 30 (2005), 213 ff.

Dahm, Henning, Vorvertraglicher Drittschutz, JZ 1992, 1167 ff.

Damm, Reinhard, Entwicklungstendenzen der Expertenhaftung: Vermögensschutz und Drittschutz auf dem Markt für sachkundige Informationen, JZ 1991, 373 ff.

Do, Yong-Rak/ Kim, Tae-Han (도용락/ 김태한): Die Auskunftshaftung von Experten (전문가의 정보책임), Ho-Seo The Journal of Social Science (호서대학교 사회과학연구) Band 18 Heft 1 (1999), 103 ff.

Ebke, Werner F., Zur Dritthaftung von Rechtsanwälten, Steuerberatern, Wirtschaftsprüfern und öffentlich bestellten und vereidigten Sachverständigen, JZ 1990, 688 ff.

———, Abschlussprüfer, Bestätigungsvermerk und Drittschutz, JZ 1998, 991 ff.

Eichler, Jochen, Vertragliche Dritthaftung: Eine Auseinandersetzung mit der Frage der Dritthaftung von sogenannten Experten und anderen Auskunftspersonen im Rahmen des § 311 Abs. 3 BGB, Diss., Berlin 2007.

Emmerich, Volker, Berufshaftung, Anmerkung zu BGH, Urteil vom 20.4.2004 – X ZR 250/02, JuS 2004, 1102 ff.

Eor, Soo-Young (어수용), Duty of Disclosure in The Process Of Making Contract and Protection of Option – A Study of Supreme Court Dicision, Febrary 25, 2010 (2009 da 86000) (계약체결과정에서의 설명의무와 선택권의 보호 – 대법원 2010. 2. 25. 선고 2009다86000 판결에 대한 평석 –), The Journal of Property Law (재산법 연구) Band 27 Heft 3 (2011), 87 ff.

Faust, Florian, Der Schutz vor reinen Vermögensschäden – illustriert am Beispiel der Expertenhaftung, AcP 210 (2010), 555 ff.

Finn, Markus, Zur Haftung des Sachverständigen für fehlerhafte Wertgutachten gegenüber Dritten: Besprechung von BGH, Urt. v. 20. 4. 2004 – X ZR 250/02, NJW 2004, 3035, 3752 ff.

Fischer, Detlev, Vertragliche Dritthaftung von Rechtsanwälten, Steuerberatern und Wirtschaftsprüfern, Der Betrieb 2012, 1489 ff.

Fischer, Gero/ Vill, Gerhard/ Fischer, Detlev/ Pape, Gerhard/ Chab, Bertin, Handbuch der Anwaltshaftung: Unter Einbeziehung von Steuerberatern und Wirtschaftsprüfern, 5. Auflage, Bonn 2020 (zitiert als: *Bearbeiter*, in: HB der Anwaltshaftung).

Flume, Werner, Das Rechtsgeschäft und das rechtlich relevante Verhalten, AcP 161 (1962), 52 ff.

Frassek, Ralf, Umfang der Haftung eines vertraglichen Ratgebers und Einbeziehung Dritter in den Schutzbereich vorvertraglicher Pflichten, BGH, NJW-RR 2003, 1035, JuS 2004, 285 ff.

Ganter, Hans Gerhard, Die Third Party Legal Opinion und das Verbot der Vertretung widerstreitender Interessen eine „Tretmine" in der Anwaltspraxis, NJW 2014, 1771 ff.

Gellmann, Nico, Die Haftung von Experten gegenüber Geschäftspartnern ihres Auftraggebers für die fehlerhafte Erstellung von Gutachten: Eine Fallgruppe des § 311 Abs. 3 S. 2 BGB?, Diss., Münster 2006.

Grunewald, Barbara, Zur Haftung von Fachleuten im Zivilrechtsverkehr, JZ 1982, 627 ff.

——, Die Haftung des Experten für seine Expertise gegenüber Dritten, AcP 187 (1987), 285 ff.

——, Die Haftung des Rechtsanwalts gegenüber Nichtvertragspartnern, AnwBl. 2000, 209 ff.

Grüneberg, Christian: Bürgerliches Gesetzbuch, 82. Auflage, München 2023 (zit.: Grüneberg/*Bearbeiter*, BGB).

Gwag, Yun-Jig (곽윤직) (Hrsg.), Kommentar zum koreanischen Bürgerlichen Gesetzbuch IX (민법주해), Schuldrecht II, 1. Aufl., Seoul 1995 (zit.: KoKomm/*Bearbeiter*).

——, Schuldrecht Allgemeiner Teil (채권총론), 6. Aufl., Seoul 2003 (zit.: Schuldrecht AT).

——, Schuldrecht Besonderer Teil (채권각론), 6. Aufl., Seoul 2014. (zit.: Schuldrecht BT).

Habersack, Mathias (Hrsg.), Münchener Kommentar zum Bürgerlichen Gesetzbuch, Schuldrecht Besonderer Teil IV, Band 7, §§ 705–853, 9. Aufl., München 2024 (zit.: MünchKomm/*Bearbeiter*).

Heinrichs, Helmut, Bemerkungen zur culpa in contrahendo nach der Reform – Die Tatbestände Bemerkungen zur culpa in contrahendo nach der Reform – Die Tatbestände des § 311 Abs. 2 BGB –, in: Festschrift für Claus-Wilhelm Canaris zum 70. Geburtstag, Band 1, München 2007, S. 421 ff.

Henssler, Martin, Das Verbot der Vertretung widerstreitender Interessen, NJW 2001, 1521 ff.

——— (Hrsg.), Münchener Kommentar zum Bürgerlichen Gesetzbuch, Schuldrecht Besonderer Teil III, Band 6, §§ 631–704, 9. Aufl., München 2023 (zit.: MünchKomm/*Bearbeiter*).

Herrmann, Harald, Die Sachwalterhaftung vermögenssorgender Berufe – Zu den berufssoziologischen und wirtschaftsrechtlichen Grundlagen der culpa in contrahendo, JZ 1983, 422 ff.

Höhne, Christiane/ Kühne, Aline, Der Vertrag mit Schutzwirkung zu Gunsten Dritter – Anspruchsgrundlage und Anspruchsumfang, JuS 2012, 1063 ff.

Honsell, Heinrich, Zur Frage, unter welchen Voraussetzungen ein Dritter in den Schutzbereich eines Auskunftsvertrages einbezogen wird, Anmerkung zu BGH, Urteil vom 23.1.1985 – IVa ZR 66/83 (OLG München), JZ 1985, 951 ff.

———, Die Haftung für Gutachten und Auskunft unter besonderer Berücksichtigung von Drittinteressen, in: Festschrift für Dieter Medicus zum 70. Geburtstag, Köln 1999, S. 211 ff.

Hong, Sung-Jae (홍성재), An Examination on Legal Principles of Culpa in contrahendo (계약체결상의 과실책임 법리의 고찰), The Korean Journal of Civil Law (민사법학) 50 (2010), 389 ff.

Hopt, Klaus J., Dritthaftung für Testate, NJW 1987, 1745 ff.

———, Nichtvertragliche Haftung außerhalb von Schadens- und Bereicherungsausgleich: – Zur Theorie und Dogmatik des Berufsrechts und der Berufshaftung, AcP 183 (1983), 608 ff.

Höra, Niels, Haftung für fehlerhafte Informationen gegenüber Nichtvertragspartnern, Diss., Frankfurt am Main 2008.

Huber, Konrad, Verkehrspflichten zum Schutz fremden Vermögens, in: Festschrift für Ernst von Caemmerer zum 70. Geburtstag, Tübingen 1978, S. 359 ff.

Hübner, Ulrich, Die Berufshaftung – ein zumutbares Berufsrisiko?, NJW 1989, 5 ff.

Im, Geon-Myeon (임건면), Die Drittschadensliquidation und der Vertrag mit Schutzwirkung für Dritte (제3자손해청산과 제3자보호효를 가진 계약 – 독일 민법상의 문제점을 중심으로 –), The Journal of Property Law (재산법연구) Band 15 Heft 1 (1998), 105 ff.

——, Duty to Disclose Information in Formation of Contract and Duty to Inform the Defects of Subject Matter of a Contract of Sales – Focus on the German Civil Law on Seller's Duty to Inform the Defects (계약체결상의 정보제공의무와 매매목적물의 하자에 관한 설명의무 – 독일민법상의 하자에 관한 매도인의 정보제공의무를 중심으로 –), SungKyunKwan Law Review (성균관법학) Band 27 Heft 2 (2015), 145 ff.

Im, Geon-Myeon/ Hwang, Seong-Il (임건면/ 황성일), A Proposal to Create the Duty to Disclose Information in the Contract Negotiating Phase in the Civil Law – Focus on the Principles of Legislation (계약체결상의 정보제공의무에 관한 규정을 민법에 신설함에 고려해야 할 사항), SungKyunKwan Law Review (성균관법학) Band 30 Heft 2 (2018), 159 ff.

Jee, Won-Lim (지원림), Das Rechtsverhältnis bei grundlosem Abbruch der Vertragsverhandlungen (계약교섭이 불당하게 파기된 경우의 법률관계), Journal of Private Case Law Studies (민사판례연구) 25 (2003), 159 ff.

——, "Sozialmodell" of Civil Law and the Duty to Disclose Information (민법의 사회상과 정보제공의무), The Korean Journal of Civil Law (민사법학) 62 (2013), 371 ff.

——, Vorlesung des koreanischen Bürgerlichen Gesetzbuchs (민법강의), 19. Aufl., Seoul 2022 (zit.: Vorlesung KBGB).

Jeong, Ki-Wung (정기웅), Eine Betrachtung über die Rechtswidrigkeit in der unerlaubten Handlung (불법행위 성립요건으로서의 위법성에 대한 고찰), An-Am Law Review (안암법학) 36 (2011), 419 ff.

Jungblut, Gianna-Maria, Die Dritthaftung von Rechtsanwälten für Vermögensschäden: Eine rechtsvergleichende Untersuchung am Beispiel des Legal Due Diligence Reports im deutschen und US-amerikanischen Recht, Diss., Baden-Baden 2020.

Jung, Hae-Sang (정해상), The Theories on the Liability of Culpa in contrahendo (계약체결상 과실책임에 관한 법리의 재론), Chung-Ang Journal of Legal Studies (법학논문집) 32/1 (2008), 123 ff.

Kang, Hee-Won (강희원), Die rechtliche Konstruktion für die zivilrechtliche Haftung von Rechtsanwälten (변호사의 민사책임에 관한 법적 구성), Journal of Consumer Policy Studies (소비자문제연구) 15 (1995), 117 ff.

Keller, Moritz, Schuldverhältnis und Rechtskreisöffnung: Von der Lehre der culpa in contrahendo zum Rücksichtnahmeschuldverhältnis der §§ 311 Abs. 2 und Abs. 3 BGB, Diss., Gießen 2007.

Kersting, Christian, Die Dritthaftung für Informationen im Bürgerlichen Recht, München 2007.

——, Informationshaftung Dritter: Vertrauen auf Verlässlichkeit, in: Jahrbuch der Heinrich-Heine-Universität Düsseldorf 2007/2008, Düsseldorf 2008, S. 457 ff.

Kim, Dae-Jeong (김대정), Vertragsrecht I (계약법 (상)), Seoul 2007 (zit.: Vertragsrecht I).

Kim, Dong-Hoon (김동훈), Legal Issues before Conclusion of Contract (계약체결 전의 법률관계), The Korean Journal of Civil Law (민사법학) 36 (2007), 323 ff.

——, Interpretation of Culpa in contrahendo in Korean Civil Code (민법상 계약상의 과실책임제도의 운용방향), Kook-Min Law Review (국민대학교 법학논총) Band 32 Heft 1 (2019), 9 ff.

Kim, Doo-Hyung (김두형), Liability and Social Morality of the Professional (전문자격사의 책임과 역할), Lawyers Association Journal (법조) Band 53 Heft 8 (2004), 179 ff.

Kim, Hyung-Bae (김형배), Schuldrecht Allgemeiner Teil (채권총론), 2. Aufl., Seoul 1998 (zit.: Schuldrecht AT).

——, Schuldrecht Besonderer Teil – Vertragsrecht (채권각론 – 계약법), 2. Aufl., Seoul 2001 (zit.: Schuldrecht BT (Vertragsrecht)).

Kim, Jung-Yeun (김정연), Gatekeeper Liability under the Article 178 of the Financial Services and Capital Markets Act (금융투자상품거래와 전문가의 민·형사상 책임 – 자본시장법 제178조의 해석을 중심으로 –), The Korean Journal of Securities Law (증권법연구) Band 20 Heft 2 (2019), 239 ff.

Kim, Min-Kyu (김민규), On the Civil Liability Principles of Legal Practitioners (변호사의 직무행위로 인한 민사과실책임법리 – 전문가책임법의 관점에서), Theses Collection (외대논총) Band 16 Heft 1 (1997), 397 ff.

——, The Development of Professional Liability (전문가책임법의 전개), Theses Collection (외대논총) Band 13 Heft 1 (1995), 485 ff.

Kim, Sang-Chan (김상찬), Liability with Fault on Signing a Contract in the German Law (독일법상 하자있는 물건 급부시 계약체결상의 과실책임), Law Review (법학연구) 21 (2006), 41 ff.

Kim, Sang-Chan/ Lee, Choong-Eun (김상찬/ 이충은), A Study on the Liability with a Fault on a Contract (계약체결상의 과실책임에 관한 연구), Ho-Nam Studies in Humanities and Social Sciences (호남대학교 인문사회과학연구) 24 (2009), 157 ff.

Kim, Sang-Joong (김상중), Die Haftung des Experten für seine Expertise gegenüber Dritten: Ein Beitrag zur Diskussion über die Haftung für Vermögensschäden Dritter, Diss., Köln 2003 (zit.: *Kim*, Expertenhaftung).

——, Die Informationshaftung der beruflichen Sachverständigen gegenüber Vertragsfremden (잘못된 정보에 따른 직업전문가의 제3자에 대한 책임), The Korean Journal of Civil Law (민사법학) 25 (2004), 3 ff.

——, Die Positivierung der vorvertraglichen Informationspflichten im Anlass von Zivilrechtsreform (계약체결 이전 단계의 정보제공의무 – 외국 입법례와 비교에 의한 규정 신설의 제안을 중심으로 –), Korea Law Review (고려법학) 56 (2010), 1 ff.

——, Der Schutz eines Verhandlungspartners vor unrichtigen oder unterlassenen Informationen beim zustande gekommen Kaufvertrag (매매계약 교섭당사자의 잘못된 정보제공에 관한 상대방의 보호 – 대판 1995.3.28, 93다62645 등을 계기로 한 체계적 논의의 발전을 위한 일 고찰 –), The Korean Journal of Civil Law (민사법학) 29 (2005), 149 ff.

——, Einige Diskussionen über die Voraussetzungen für die Deliktshaftung nach § 750 KBGB (불법행위책임 성립요건에 관한 몇 가지 논의), Journal of Law and Politics Research (법과 정책연구) Band 20 Heft 4 (2020), 55 ff.

——, Kritische Untersuchung bei den Drittschutz nach vertraglichen Grundsätzen: zugleich einen Diskussionsbeitrag zur Rezeptionsbedürfnis nach dem Vertrag mit Schutzwirkung für Dritte und der Drittschadensliquidation (간접피해자의 보호 – 제3자 보호효를 가진 계약과 제3자 손해청산제도의 필요여부 –), The Korean Journal of Civil Law (민사법학) 36 (2007), 461 ff.

——, Das Relativitätsprinzip des Schulverhältnisses und Vermögensschäden Dritter (채권관계의 상대성 원칙과 제3자의 재산상 손해), The Journal of Property Law (재산법연구) Band 20 Heft 1 (2003), 15 ff.

Kim, *Sang-Yong* (김상용), Comparative Research on Precontractual Liability (계약체결상의 과실책임에 관한 비교고찰), Lawyers Association Journal (법조) Band 52 Heft 4 (2003), 5 ff.

——, Schuldrecht Besonderer Teil (채권각론), 3. Aufl., Seoul 2016 (zit.: Schuldrecht BT).

Kim, *Seoung-Cheol* (김성철), Zivilrechtliche Haftung von Architekten als Berufsangehörige (전문가로서의 건축사의 민사책임), Theory and Practice of Private Law (민사법의 이론과 실무) Band 12 Heft 1 (2008), 20 ff.

Kim, *Seoung-Soo* (김성수), Culpa in contrahendo in Korea Civil Law – Reception of the European Civil Law and Independence in East Asia (계약체결상의 과실책임 – 동아시아에서 유럽민사법의 계수와 토착화 –), The Korean Journal of Civil Law (민사법학) 71 (2015), 149 ff.

Kim, *Si-Ho* (김시호), Tort by Omission – with priority given to Verkehrspflicht (부작위 불법행위(das Delikt durch die Unterlassung) – 독일 거래안전의무와의 비교를 중심으로 –), Theory and Practice of Private Law (민사법의 이론과 실무) Band 23 Heft 1 (2019), 141 ff.

Kim, *Tae-Jin* (김태진), Betrachtung über die Verletzung der Offenlegungspflichten beim M&A-Vertragsschluss (M&A계약 체결시 고지의무 위반에 관한 고찰), Journal of Private Case Law Studies (민사판례연구) 37 (2015), 635 ff.

Kim, Yong-Duck (김용덕) (Hrsg.), Kommentar zum Zivilrecht (주석민법), Schuldrecht Allgemeiner Teil (채권총칙) I §§ 373–396 KBGB, 5. Aufl., Seoul 2020 (zit.: Komm/*Bearbeiter*).

———, Kommentar zum Zivilrecht (주석민법), Schuldrecht Besonderer Teil (채권각칙) I §§ 527–553 KBGB, 5. Aufl., Seoul 2021 (zit.: Komm/*Bearbeiter*).

———, Kommentar zum Zivilrecht (주석민법), Schuldrecht Besonderer Teil (채권각칙) VII § 750 KBGB, 5. Aufl., Seoul 2022 (zit.: Komm/*Bearbeiter*).

Kim, Young-Kyu (김영규), The theory of specilist's liabiliy and doctor's liability (전문가책임법리와 의사의 책임), Dan-Kook Law Review (단국대학교 법학논총) Band 21 Heft 1 (1995), 277 ff.

Koch, Jens, Haftungsbeschränkungen bei der Abgabe von Third Party Legal Opinions, WM 2005, 1208 ff.

———, § 311 Abs. 3 BGB als Grundlage einer vertrauensrechtlichen Auskunftshaftung, AcP 204 (2004), 59 ff.

Kong, Sun-Jin (공순진), Der Abschluss eines nachteiligen Vertrags aufgrund der Verletzung von Nebenpflichte (부수의무위반으로 인한 불리한 내용의 계약 체결), The Journal of Property Law (재산법연구) Band 8 Heft 1 (1991), 97 ff.

Köhler, Helmut/ Lorenz, Stephan, Schuldrecht I Allgemeiner Teil, 22. Aufl., München 2014 (zit.: *Köhler/Lorenz*, Schuldrecht AT).

Köndgen, Johannes, Selbstbindung ohne Vertrag – Zur Haftung aus geschäftsbezogenem Handeln, Tübingen 1981.

Krebber, Sebastian, Der nicht zufällige Kontakt ohne Vertragsnähe auf der Grenze zwischen vertraglicher und deliktischer Haftung – Eine Untersuchung zu § 311 Abs. 2 und 3 BGB –, VersR 2004, 150 ff.

Krüger, Wolfgang (Hrsg.), Münchener Kommentar zum Bürgerlichen Gesetzbuch, Schuldrecht Allgemeiner Teil I, Band 2, §§ 241–310, 9. Aufl., München 2022 (zit.: MünchKomm/*Bearbeiter*).

——— (Hrsg.), Münchener Kommentar zum Bürgerlichen Gesetzbuch, Schuldrecht Allgemeiner Teil II, Band 3, §§ 311–432, 9. Aufl., München 2022 (zit.: MünchKomm/*Bearbeiter*).

Kwon, Hyeok-Jong/ Park, Jong-Chan (권혁종/ 박종찬), A study on the legal configuration of the lawyer theory of duty for explanation (변호사 설명의무론의 법적구성에 관한 고찰), Dan-Kook Law Review (단국대학교 법학논총) Band 40 Heft 4 (2016), 275 ff.

———, A Study on the relationship with third party not client to a lawyer (변호사의 의뢰인 아닌 제3자와의 관계), A-Jou Law Review (아주법학) Band 10 Heft 4 (2017), 298 ff.

Kwon, Yong-Woo (권용우), Schuldrecht Besonderer Teil (채권각론), Seoul 1996 (zit.: Schuldrecht BT).

Kwon, Young-Joon (권영준), Protecting Reliance in a Contractual Relationship (계약관계에 있어서 신뢰보호), Seoul Law Journal (서울대학교 법학) Band 52 Heft 4 (2011), 215 ff.

Lang, Arno, Die Rechtsprechung des Bundesgerichtshofes zur Dritthaftung der Wirtschaftsprüfer und anderer Sachverständiger, WM 1988, 1001 ff.

Lammel, Siegbert, Zur Haftung eines Wirtschaftsprüfers gegenüber Kreditgebern seines Auftraggebers, Anmerkung zu BGH, Urteil vom 5. 12. 1972 – VI ZR 120/71 (Hamburg), NJW 1973, 700 ff.

——, Zur Auskunftshaftung, AcP 179 (1979), 337 ff.

Larenz, Karl, Lieferungsvertrag zugunsten Bediensteter des Bestellers, Anmerkung zu BGH, Urteil vom 25. 4. 1956 – VI ZR 34/55, NJW 1956, 1193 ff.

——, Lehrbuch des Schuldrechts, Allgemeiner Teil, Band 1, 14. Auflage, München 1987 (zit.: *Larenz*, Schuldrecht AT).

——, Entwicklungstendenzen der heutigen Zivilrechtsdogmatik, JZ 1962, 105 ff.

Lee, Chang-Sang (이창상), Requirements regarding the establishment of tort theory and case law trends (불법행위의 성립요건에 관한 학설 및 판례의 동향), Kyung-Sung Law Review (경성법학) 22 (2013), 95 ff.

Lee, Choong-Hoon (이충훈), A Critical Analysis on culpa in contrahendo (계약체결상의 과실책임의 재검토), The Journal of Comparative Private Law (비교사법) Band 14 Heft 4 (2007), 1 ff.

——, Critical Consideration of Protective Duty Recognized by Court (판례가 인정하는 보호의무에 대한 비판적 고찰), The Korean Journal of Civil Law (민사법학) 90 (2020), 161 ff.

Lee, Dong-Su (이동수), Die Entwicklung der Drittinformationshaftung im deutschen Privatrecht bezüglich der Auslegung des neu geregelten § 311 Abs. 3 BGB (독일 민법에서의 제3자에 대한 정보책임의 발전 – 독일민법 제311조 제3항의 법정책임의 해석론을 중심으로 –), Dong-A Law Review (동아법학) 60 (2013), 99 ff.

——, Die Entwicklung und eine Perspektive der Dritthaftung des Wirtschaftsprüfers im Hinblick auf das deutsche Haftungssystem (회계사의 손해배상책임의 전개와 전망 – 독일에서의 제3자에 대한 책임을 중심으로 –), The Korean Journal of Civil Law (민사법학) Band 63 Heft 1 (2013), 81 ff.

Lee, Eun-Young (이은영), Schuldrecht Allgemeiner Teil (채권총론), 4. Aufl., Seoul 2009 (zit: Schuldrecht AT).

——, Schuldrecht Besonderer Teil (채권각론), 4. Aufl., Seoul 2004 (zit.: Schuldrecht BT).

Lee, Ho-Haeng (이호행), Critical reflections on the Duty to Provide Information (정보제공의무에 대한 비판적 고찰), Korea Law Review (고려법학) 72 (2014), 565 ff.

Lee, Jae-Mok (이재목), An Attorney's Liability for Legal Malpractice (변론과오와 변호사의 민사책임에 관한 일고), Chung-Buk Law Journal (충북대학교 법학연구) 14 (2003), 245 ff.

Lee, Jung-Sik (이정식), A theory on the Liability of the Legal Malpractice (변호사의 과실책임에 관한 법리), Myong-Ji The Social Science Research (명지대학교 사회과학논총) 16 (2000), 433 ff.

———, The Theory on a Breach of an Obligation the Legal Malpractice (변호사의 의무위반에 관한 고찰), Myong-Ji The Social Science Research (명지대학교 사회과학논총) 17 (2001), 377 ff.

———, The Theory an Obligation the Legal Malpractice (변호사의 주의의무에 관한 고찰), Chung-Ang Law Review (중앙법학) Band 5 Heft 2 (2003), 207 ff.

Lee, Sang-Wook/ Bae, Sung-Ho (이상욱/ 배성호), Lawyers' Liability and the Third Party (변호사책임과 제3자 – 특히 부당소송, 부당집행, 명예훼손을 중심으로 –), Yeung-Nam Law Journal (영남법학) Band 6 Heft 1–2 (2000), 277 ff.

Lee, Young-Jun (이영준), Eine Studie über die Rechtsnatur der culpa in contrahendo (계약체결상의 과실책임의 법적 성질에 관한 연구), Journal of Private Case Law Studies (민사판례연구) 2 (1980), 26 ff.

Leyens, Patrick C., Expertenhaftung: Ersatz von Vermögensschäden im Dreipersonenverhältnis nach Bürgerlichem Recht, JuS 2018, 217 ff.

Lieb, Manfred, Culpa in contrahendo und rechtsgeschäftliche Entscheidungsfreiheit, in: Festschrift für Dieter Medicus zum 70. Geburtstag, Köln 1999, S. 337 ff.

Littbarski, Sigurd, Die Berufshaftung – eine unerschöpfliche Quelle richterlicher Rechtsfortbildung?, NJW 1984, 1667 ff.

Löhnig, Martin, Grundfälle zu culpa in contrahendo, Sachwalterhaftung und Vertrag mit Schutzwirkung für Dritte, JuS 2003, 727 ff.

Lorenz, Stephan, Eigentümer-Besitzer-Verhältnis als auskunftspflichtbegründendes Rechtsverhältnis?, NJW 1994, 173 ff.

———, Vertragsaufhebung wegen unzulässiger Einflussnahme auf die Entscheidungsfreiheit: Der BGH auf dem Weg zur reinen Abschlusskontrolle?, NJW 1997, 2578 ff.

———, Vertrauensschaden des Wohnungskäufers bei Verschweigen der Sozialbindung und falschen Finanzierbarkeitsangaben – Was schützt die culpa in contrahendo?, NZM 1998, 359 ff.

———, Haftungsausfüllung bei der culpa in contrahendo: Ende der „Minderung durch c.i.c."?, NJW 1999, 1001 ff.

———, Grundwissen – Zivilrecht: Was ist eine Pflichtverletzung (§ 280 I BGB)?, JuS 2007, 213 ff.

——, Grundwissen – Zivilrecht: Schadensarten bei der Pflichtverletzung (§ 280 II, III BGB), JuS 2008, 203 ff.

——, Grundwissen – Zivilrecht: Culpa in contrahendo (§ 311 II, III BGB), JuS 2015, 398 ff.

——, Vertragsaufhebung wegen culpa in contrahendo: Schutz der Entscheidungsfreiheit oder des Vermögens?, ZIP 1998, 1053 ff.

Lorenz, Stephan/ Riehm, Thomas, Lehrbuch zum neuen Schuldrecht, München 2002 (zit.: *Lorenz/Riehm*, Schuldrecht).

Lorenz, Werner: Das Problem der Haftung für primäre Vermögensschäden bei der Erteilung einer unrichtigen Auskunft, in: Festschrift für Karl Larenz zum 70. Geburtstag, München 1973, S. 575 ff.

Maier-Reimer, Georg: Nochmals, Third Party Legal Opinion und das Verbot der Vertretung widerstreitender Interessen, NJW 2014, 2613 ff.

Mäsch, Gerald, Allgemeines Schuldrecht: Haftung des Gutachters gegenüber Dritten, JuS 2013, 935 ff.

Medicus, Dieter, Die culpa in contrahendo zwischen Vertrag und Delikt, in: Festschrift für Max Keller zum 65. Geburtstag, Zürich 1989, S. 205 ff.

——, Bürgerliches Recht: Eine nach Anspruchsgrundlagen geordnete Darstellung zur Examensvorbereitung, 19. Auflage, Köln 2002.

——, Zum Personenkreis, für den ein Verhandlungspartner wegen culpa in contrahendo einzustehen hat, Anmerkung zu BGH, Urteil vom 8. 12. 1989 – V ZR 259/87 (OLG München), JZ 1990, 340 ff.

Medicus, Dieter/ Lorenz, Stephan, Schuldrecht I Allgemeiner Teil, 21. Auflage, München 2015 (zit.: *Medicus/Lorenz*, Schuldrecht AT).

Mertens, Hans-Joachim, Berufshaftung Haftungsproblem alter Professionen, VersR 1974, 509 ff.

——, Deliktsrecht und Sonderprivatrecht – Zur Rechtsfortbildung des deliktischen Schutzes von Vermögensinteressen, AcP 178 (1978), 227 ff.

Mohr, Jochen, Rechtswidrigkeit und Verschulden im Deliktsrecht, JURA 2013, 567 ff.

Müssig, Peter, Falsche Auskunftserteilung und Haftung, NJW 1989, 1697 ff.

Nam, Yoon-Bong (남윤봉), The Negligence in Contract (사법 – 계약체결상의 과실), The Han-Yang Journal of Economic Studies (한양대학교 법학논총) 12 (1995), 137 ff.

Nüßlein, Elke, Die Integration der culpa in contrahendo in das BGB nach der Schuldrechtsreform: Eine Studie zu den Erhaltungspflichten im Licht des Linoleumrollen-Urteil des Reichsgerichts RGZ 78, 239ff., Diss., Erlangen-Nürnberg 2017.

Odersky, Walter, Die Berufshaftung – ein zumutbares Berufsrisiko? Zum Dialog zwischen Rechtsprechung und Rechtswissenschaft, NJW 1989, 1 ff.

Pak, Hee-Ho (박희호), Vertrag mit Schutzwirkung für Dritte (제3자에 대한 책임 – 제3자 보호효 있는 계약의 도입을 지지하며), The Korean Journal of Civil Law (민사법학) 30 (2005), 385 ff.

——, Die Schutzpflichtlehre (민법상의 보호의무론 – 보호의무의 본질 및 그 체계상의 지위와 관련하여), HUFS Law Review (외법논집) 27 (2007), 277 ff.

——, Verschulden bei Vertragsverhandlungen und Rechtswidrigkeit (계약체결상의 과실책임과 위법성), HUFS Law Review (외법논집) 18 (2005), 249 ff.

Park, Hyung-Nam (박형남), Legal Liabilities of Faults in Appraisal as Professional Liability (감정평가과오에 대한 법적 책임 – 전문가책임의 관점에서), Korea Real Estate Review (부동산연구) Band 9 Heft 1 (1999), 93 ff.

Park, In-Hwan (박인환), Der Vertragsaufhebungsanspruch wegen Verletzungen der Informationspflichten im deutschen Recht (독일법상 정보제공의무위반을 이유로 하는 계약해소청구권), The Korean Journal of Civil Law (민사법학) 27 (2005), 133 ff.

Park, Jae-Young (박재영), Culpa in contrahendo nach § 535 KBGB (민법 제535조의 계약체결상 과실책임), Journal of Private Case Law Studies (민사판례연구) 35 (2013), 385 ff.

Park, Jeong-Ki (박정기), A Study on the Duty of Providing Information in Processes of Making a Contract (계약체결과정에 있어서의 정보제공의무), Land Law Review (토지법학) 18 (2002), 65 ff.

Park, Kyu-Yong (박규용), Anwaltspflichten als Voraussetzung für die Haftung (책임의 전제로서 변호사의 의무), Civil Procedure (민사소송) Band 8 Heft 1 (2004), 224 ff.

——, Negligence in Torts and the duty of care (불법행위에 있어서 과실과 주의의무), Je-Ju Law & Policy Review (제주대학교 법과 정책) Band 28 Heft 3 (2022).

Park, Whon-Il (박훤일), Professional Liability in the Information Age (정보화시대의 전문가책임에 대한 고찰), Korean Commercial Law (상사법연구) Band 31 Heft 2 (2012), 465 ff.

Park, Young-Mok (박영목), Basis and Scope of Liability for Damages Caused by Breaking-Off of Contract Negotiation (계약교섭의 파기로 인한 손해배상 책임의 근거와 범위), Dong-A Law Review (동아법학) 80 (2018), 105 ff.

Park, Young-Bok (박영복), Die Verletzung von Integritätsinteresse und Vertragshaftung (완전성이익의 침해와 계약책임), HUFS Law Review (외법논집) Band 38 Heft 1 (2014), 131 ff.

Patzina, Reinhard, Nachträgliche Einbeziehung Dritter in den vertraglichen Schutzbereich des Ratgebers einer gesellschaftsrechtlichen Beteiligung, LMK 2003, 123 ff.

Philippsen, Gunther, Zur Dritthaftung des privat beauftragten Gutachters für fahrlässig verursachte Vermögensschäden, Diss., Mannheim 1998.

Plötner, Michael, Die Rechtsfigur des Vertrags mit Schutzwirkung für Dritte und die sogenannte Expertenhaftung, Diss., Tübingen 2003.

Picker, Eduard, Gutachterhaftung – Außervertragliche Einstandspflichten als innergesetzliche Rechtsfortbildung, in: Festschrift für Dieter Medicus zum 70. Geburtstag, Köln 1999, S. 397 ff.

——, Positive Forderungsverletzung und culpa in contrahendo – Zur Problematik der Haftungen „zwischen" Vertrag und Delikt, AcP 183 (1983), 369 ff.

——, Vertragliche und deliktische Schadenshaftung – Überlegungen zu einer Neustrukturierung der Haftungssysteme, JZ 1987, 1041 ff.

Pinger, Winfried/ Behme, Caspar, Der Vertrag mit Schutzwirkung für Dritte als Rechtsgrundlage der Gutachterhaftung gegenüber Dritten, JuS 2008, 675 ff.

——, Die Haftung Sachverständiger für fehlerhafte Wertgutachten, DS 2009, 54 ff.

Rudolf von Jhering, Culpa in contrahendo, in: Jahrbücher für die Dogmatik des heutigen römischen und. deutschen Rechts (Jhering-Jahrbuch), Band 4, 1861, S. 1 ff.

Ryoo, Hwa-Shin (류화신), Physician's professional Liability (의사의 전문가책임), Private Law Review (민사법연구) Band 15 Heft 2 (2007), 1 ff.

Saar, Stefan Christoph, Grenzen des „vertraglichen Drittschutzes" – BGH, NJW 1996, 2927, JuS 2000, 220 ff.

Sack, Mannheim, Der subjektive Tatbestand des § 826 BGB, NJW 2006, 945 ff.

Schlechtriem, Peter, Schutzpflichten und geschützte Personen, in: Festschrift für Dieter Medicus zum 70. Geburtstag, Köln 1999, S. 529 ff.

Schmidt, Eike/ Brüggemeier, Gert, Grundkurs Zivilrecht, 7. Auflage, Neuwied 2006.

Schwab, Martin, Grundfälle zu culpa in contrahendo, Sachwalterhaftung und Vertrag mit Schutzwirkung für Dritte nach neuem Schuldrecht, JuS 2002, 773 ff.

——, Grundfälle zu culpa in contrahendo, Sachwalterhaftung und Vertrag mit Schutzwirkung für Dritte nach neuem Schuldrecht Teil 2. Die Einbeziehung Dritter nach § 311 III BGB, JuS 2002, 872 ff.

Seo, Bong-Seock (서봉석), Drittschadensliquidation – Rechtsvergleichende Betrachtung der deutschen und koreanischen Rechte (제3자손해청산 – 독일민법체계와의 비교를 통한 고찰), The Korean Journal of Civil Law (민사법학) Band 39 Heft 1 (2007), 345 ff.

———, Rechtsystem des Deliktsrechts im BGB – Rechtsvergleichende Betrachtung des deutschen und koreanischen Rechts (불법행위의 민법체계상 법제도적 지위 – 독일 민법체계와의 비교를 통한 고찰), The Han-Yang Journal of Economic Studies (한양대학교 법학논총), Band 24 Heft 2 (2007), 511 ff.

Seong, Seunghyeon (성승현), Die Entwicklung des Leistungsstörungsrechts und die Rezeption der westeuropäischen Rechtstheorien in Korea – mit Bezügen zum japanischen Recht, J.Japan.L. 32 (2011), 199 ff.

Soh, Jae-Seon (소재선), Zivilrechtliche Haftung von Wirtschaftsprüfern (공인회계사의 민사책임), The Korean Journal of Civil Law (민사법학) 22 (2002), 216 ff.

Soh, Jae-Seon/ Yang, Seung-Uk (소재선/ 양승욱), A Study on the Problem of Application of Article No.393 by No.763 of Civil Law in deciding the scope of the liability for damage (불법행위책임의 손해배상범위결정에 있어서의 민법 제393조 준용의 타당성에 관한 고찰), The Journal of Property Law (재산법연구) Band 27 Heft 3 (2011), 35 ff.

Song, Oh-Sik (송오식), The Duty of Providing Information in Consumer Contract (소비자계약에서 정보제공의무), Chon-Nam Law Review (전남대학교 법학논총) Band 29 Heft 1 (2009), 81 ff.

Song, Tuck-Soo (송덕수), Schuldrecht Besonderer Teil (채권법각론), Seoul 2019 (zit.: Schuldrecht BT).

Steinkraus, Astrid/ Schaaf, Christian, Zur Einführung: Das Berufsrecht der Rechtsanwälte, JuS 2001, 167 ff.

Stoll, Hans, Zur neueren Entwicklung des japanischen Zivilrechts in rechtsvergleichender Sicht (Korreferat), in: Die Japanisierung des westlichen Rechts: japanisch-deutsches Symposion in Tübingen vom 26. bis 28. Juli 1988, Tübingen 1990, S. 151 ff.

Stoll, Heinrich, Abschied von der Lehre von der positiven Vertragsverletzung: Betrachtungen zum dreißigjährigen Bestand der Lehre, AcP 136 (1932), 257 ff.

Sung, Dae-Gyu (성대규), Die tatbestandlichen Voraussetzungen der Schadensersatzhaftung aus dem grundlosen Abbruch von Vertragsverhandlungen (계약교섭의 부당한 중도파기로 인한 손해배상책임의 구성요건 – 독일 민법 제311조 제2항 제1호를 중심으로), The Journal of Comparative Private Law (비교사법) Band 27 Heft 3 (2020), 249 ff.

——, Die Lehre von den Schutzpflichten – rechtliche Einordnung und praktische Bedeutung der Schutzpflichten (보호의무에 관한 고찰 – 본질과 시사점), The Korean Journal of Civil Law (민사법학) 87 (2019), 111 ff.

Tarman, Zeynep Derya: Die Gutachterhaftung gegenüber dem Dritten im deutschen und schweizerischen Recht, Diss., Konstanz 2007.

Temming, Felipe/ Weber, Robin, Die Haftung Dritter: Hintergrund, Anwendungsbereich und Potenziale des § 311 Abs. 3 BGB – Teil I, JURA 2019, 923 ff.

——, Die Haftung Dritter: Hintergrund, Anwendungsbereich und Potenziale des § 311 Abs. 3 BGB – Teil II, JURA 2019, 1039 ff.

Theisen, Frank, Rechtsfolgen eines Schadensersatzanspruchs aus culpa in contrahendo, NJW 2006, 3102 ff.

Thiessen, Jan, Von der (Linoleum-)Rolle. Die heimliche Anerkennung der culpa in contrahendo im Streit der Reichsgerichtsräte, in: Festschrift für Claus-Wilhelm Canaris zum 80. Geburtstag, Berlin 2017, S. 51 ff.

Volze, Harald, Die Grundlagen der Haftung des Sachverständigen, DS 2004, 48 ff.

We, Kye-Chan (위계찬), Begründung der Aufklärungspflichten bei Vertragsverhandlungen (계약체결과정에서 설명의무의 근거), Won-Kwang Law Review (원광법학) Band 23 Heft 2 (2007), 167 ff.

Wendelstein, Christoph, Außervertragliche Haftung wegen der Verletzung vermögensschützender Pflichten am Beispiel der Gutachterhaftung, JURA 2018, 144 ff.

Yang, Chang-Soo (양창수), Forschung des koreanischen Bürgerlichen Gesetzbuchs I (민법연구), 1. Aufl., Seoul 1991(zit.: Forschung KBGB I).

——, Forschung des koreanischen Bürgerlichen Gesetzbuchs I (민법연구), 2. Aufl., Seoul 2004 (zit.: Forschung KBGB I (2004)).

Yang, Chang-Soo/ Kwon, Young-Joon (양창수/ 권영준), Übergang und Durchsetzung des Rechts (권리의 변동과 구제), 2. Aufl., Seoul 2015.

Yeo, Ha-Yoon (여하윤), Taking the Form of Statement of General Principles as regards Civil Liability – Comparative Study between the French and Korean Civil Codes (우리 민법상 손해배상책임의 일반조항 형식에 관한 소고 – 프랑스 민법, 독일 민법과의 비교를 중심으로), The Journal of Comparative Private Law (비교사법) Band 27 Heft 1 (2020), 1 ff.

Yoo, Ju-Seon (유주선), A Study of liability insurance contract for lawyers (변호사의 변호과오와 배상책임보험의 의무화), Business Law Review (기업법연구) Band 28 Heft 4 (2014), 411 ff.

Yoon, Hyoung-Youl (윤형열), Vertragliche Drittschutzwirkung (계약의 제3자 보호효에 관한 법적 근거 – 독일에서의 논의를 중심으로), The Korean Journal of Civil Law (민사법학) 73 (2015), 341 ff.

———, Die Enge der geschützten Interessen im Deliktsrecht und die Haftung aus culpa in contrahendo (불법행위법상 保護利益의 협소성과 계약체결상의 과실책임 - 독일 불법행위법과의 비교법적 관점에서 -), The Korean Journal of Civil Law (민사법학) 20 (2001), 13 ff.

Yoon, Seok-Chan (윤석찬), Die Forschung über die professionelle Verantwortung des Rechtsanwalts (변호사의 전문가책임에 관한 소고), Dong-A Law Review (동아법학) 55 (2012), 227 ff.

Yoon, Tae-Young (윤태영), Liability on the violation of duties of providing information in investment contract (투자계약에서의 정보제공의무 위반에 대한 손해배상책임), Theory and Practice of Private Law (민사법의 이론과 실무) Band 14 Heft 2 (2011), 89 ff.

Yun, Keoung (윤경), Analysis on Court Decision - Violation of Duty of Care and Diligence Based on a Good Faith During Negotiating a Contract and Its Responsibility (판례평석 - 계약교섭단계에서의 신의칙상 주의의무위반과 손해배상책임), Lawyers Association Journal (법조) Band 50 Heft 9 (2001), 178 ff.

Zenner, Andreas, Der Vertrag mit Schutzwirkung zu Gunsten Dritter - Ein Institut im Lichte seiner Rechtsgrundlage, NJW 2009, 1030 ff.

Zimmer, Daniel, Das neue Recht der Leistungsstörungen, NJW 2002, 1 ff.

Zugehör, Horst, Berufliche „Dritthaftung" - insbesondere der Rechtsanwälte, Steuerberater, Wirtschaftsprüfer und Notare - in der deutschen Rechtsprechung, NJW 2000, 1601 ff.

———, Uneinheitliche Rechtsprechung des BGH zum (Rechtsberater-)Vertrag mit Schutzwirkung zu Gunsten Dritter, NJW 2008, 1105 ff.

———, Die neue Rechtsprechung des Bundesgerichtshofs zur zivilrechtlichen Haftung der Rechtsanwälte und steuerlichen Berater, WM Sonderbeilage 1/2010, 1 ff.

www.ingramcontent.com/pod-product-compliance
Ingram Content Group UK Ltd.
Pitfield, Milton Keynes, MK11 3LW, UK
UKHW021939290926
8980IPUK00016B/1704

9 783631 932087